逆袭人生
UNSTOPPABLE

从奥斯维辛到华尔街

[美]约书亚·M. 格林(JOSHUA M. GREENE) / 著
袁野 / 译

中国出版集团
中译出版社

对西吉·B. 威尔齐格和《逆袭人生》的赞誉

"西吉是那种一看到喜马拉雅山,就会说'我能爬上去'的人。"
——罗金·科恩,沙利文&克伦威尔律师事务所高级主席

"西吉明白一个金融界专家们常常忽略的真理:人性是市场趋势的最大决定因素。对于一个没有受过多少教育,也没有正式商业背景的人来说,他在被解放后取得的成就和他的幸存本身一样令人惊叹。这是一本引人入胜的读物,深深地打动了我,也启发了我。"
——努里尔·鲁比尼,纽约大学斯特恩商学院

"辛勤努力、直觉和信仰,帮助西吉挺过了奥斯维辛集中营的恐怖,跻身商业世界的上层。尽管他从来未能挣脱记忆的创伤,但他的经历现在将教育和激励其他人。"
——马克·莱德,太阳资本联合首席执行官

"西吉的人生故事是一个大卫和歌利亚的传奇,提醒我们一个人能够做到什么——一部独特的、令人着迷的传记。"
——迈克尔·贝伦鲍姆,纳粹浩劫幸存者视觉历史基金会前主席,美国大屠杀纪念馆前主席

"这本书详细讲述了西吉·威尔齐格令人难以置信的故事,他克服了重重困难,从纳粹死亡集中营的地狱中幸存下来,并在美国建立了丰功伟绩。它教会我们希望,在困难的时候给予我们鼓励。"
——达尼·达扬,以色列驻纽约前总领事

"这是一个有力而动人的故事,西吉是一个高大的犹太人,是时代的榜样,一个了不起的美国人。"
——亚伯拉罕·库珀拉比,西蒙·维森塔尔中心副主任,埃德·斯奈德社会行动研究所全球社会行动议程负责人

"这本书是一记警钟,提醒世人大屠杀否认论者的威胁。它扣人心弦,有力地讲述了美国最成功的企业家和慈善家之一的非凡一生。"
——哈雷·利普曼,美国犹太人大会董事会前主席,创世纪10号创始人/首席执行官

"从纳粹死亡集中营和毛特豪森获得解放后,西吉·威尔齐格为美国陆军反情报部队工作,并收集证据,我利用这些证据将战犯绳之以法。作为多个集中营的解放者和纽伦堡审判的美国检察官,我可以证实西吉描述的恐怖的真实性。他的幸存和他到美国后的成功,对所有读者而言都会是一种鼓舞。"
——本杰明·B. 费伦茨,纽伦堡国际军事法庭首席检察官

"一座力量之塔,一位笃信帮助他人的坚强战士。人类需要像西吉·B.威尔齐格这样的人来保持人性。"

——弗兰克·J.瓜里尼,前国会议员

"一个关于奋斗与胜利的故事……他的事迹将被永远铭记。"

——罗伯特·梅内德斯,新泽西州资深参议员,
参议院外交关系委员会成员

"他教导我们所有人,你不必成为环境的受害者。希望有一天,世界上有更多的人以他为榜样。"

——唐纳德·佩恩,国会议员

"鉴于他没有受过任何正规教育,西吉的商业头脑令人难以置信,他的一生是人类忍耐力的证明——英勇而无与伦比。"

——马克·贝尔,马克·贝尔资本管理合伙人

"西吉有一颗拳击冠军的心。他迎战所有的敌人,躲开致命的打击,一次又一次地站起来,拒绝放弃。你一定要读读这个故事。它令人倾倒。"

——尤里·福尔曼,世界拳击协会超次中量级冠军

关于作者

约书亚·M.格林是一位研究大屠杀的学者，他所撰写的传记在全球销量超过 50 万册。他是一位很受欢迎的讲师，曾在五角大楼和美国陆军军法学校发表过演讲。他关于大屠杀历史的纪录片曾在美国公共广播电视公司（PBS）和探索频道播出。格林曾登上美国多家全国性媒体，包括美国国家公共电台（NPR）推出的、特里·格罗斯主持的"新鲜空气"节目，福克斯（FOX）新闻，以及美国有线电视新闻网（CNN）。

作者的其他作品

《裁缝的女儿：大屠杀的真实故事》
(*The Dressmaker's Daughter: A True Story of the Holocaust*)

《我姐姐的看守人：大屠杀的真实故事》
(*My Sister's Keeper: A True Story of the Holocaust*)

《目击者：来自大屠杀的声音》
(*Witness: Voices from the Holocaust*)

《达豪的正义：美国检察官的审判》
(*Justice at Dachau: The Trials of an American Prosecutor*)

《太阳来了：乔治·哈里逊的精神和音乐之旅》
(*Here Comes the Sun: The Spiritual and Musical Journey of George Harrison*)

《吉塔智慧：关于爱的印度基本瑜伽介绍》
(*Gita Wisdom: An Introduction to India's Essential Yoga of love*)

《异乡的斯瓦米：克里希纳如何来到西方》
(*Swami in a Strange Land: How Krishna Came to the West*)

《隐藏：大屠杀的真实故事》
(*Hidden: A True Story of the Holocaust*)

《我的生存，辛德勒名单上的女孩：大屠杀的真实故事》
(*My Survival, A Girl on Schindler's List: A True Story of the Holocaust*)

目 录

前言 I
序言 III

第 一 章	誓言	1
第 二 章	剁碎的肉	9
第 三 章	奥斯维辛	17
第 四 章	解放	52
第 五 章	领结和"爱心灯"	59
第 六 章	被迫私奔	66
第 七 章	"赶紧把这笔该死的交易完成"	76
第 八 章	西吉与歌利亚	83
第 九 章	摇钱树	96
第 十 章	有爱心的银行	113
第十一章	"我还在奥斯维辛"	119
第十二章	西点军校	124
第十三章	超级推销员	131

第十四章	好一个运动健将！	147
第十五章	"你上道了！"	154
第十六章	美国政府里的傻子	166
第十七章	午夜的清算	176
第十八章	罢工	186
第十九章	"这关系到几百万美元！"	190
第二十章	大屠杀纪念馆	196
第二十一章	不当之举	204
第二十二章	永无止境的战争	221
第二十三章	违抗命令	235
第二十四章	严厉的爱	242
第二十五章	见证	265
第二十六章	不可能的梦	275

后记	278
附笔	282
非营利组织蓝卡推出"西吉·B. 威尔齐格抗癌共同计划"	284
致谢	285
附录 西吉的人生大事年表	290
参考书目	293
注释	298

前　言

我从事有关大屠杀的教学工作已有40多年，经常邀请大屠杀的幸存者为我的学生演讲。其中有一位在德国长大的犹太人，见证了第三帝国的崛起；有一位在犹太聚居区终老的犹太人，描述了在那个鬼地方生活的可怕与艰辛；有一位死亡集中营奥斯维辛－比克瑙的幸存者，描述了那个世界上最大的杀戮场；还有一位在躲藏中幸存下来的人，解释了与家人分离并被迫接受新身份所造成的可怕心理创伤。无论我的课讲授得多么富有启发性、多么鞭辟入里，我的学生们记忆最深刻的，仍然是幸存者们的演讲。我的许多学生以前从未见过幸存者，幸存者的经历对学生们来说总是令人敬畏的。

这本书的出版正值一个特别关键的时期，因为不幸的是，那些最能令人信服地讲述大屠杀的人几乎都已经不在了。这就是为什么幸存者的录像采访、回忆录和传记，比如关于西吉·威尔齐格的这本，是如此重要。所有那些像西吉一样从奥斯维辛幸存下来的人，那些目睹了人们被折磨、殴打和杀害的人，都有一段重要的历史要讲述。然而，这本书做了许多其他回忆录和传记没有做的事情，这凸显了它的重要性。这本书的内容包括了主人公在大屠杀后的经历：西吉重建自己的生活时是什么感觉？他是如何做到的？抚养那些孩子（这些孩子的家人几乎都在集中营中被杀害）是什么感觉？他又是如何学会重新体验快乐的？他还能相信真理吗？

被解放后发生在西吉身上的事情，是他幸存奇迹的重要组成部分。并非每个从那段黑暗中走出来的人都有能力重新开始，因为他们已经失去了一切。但西吉从灰烬中站了起来，从不放弃，一直向前。当然，和其他许多幸存者一样，西吉也遭受了情感上的创伤和怪癖的折磨。毕竟，他也是人。然而，他有着在这个世界上留下自己印记的意志，带着对生活的热爱，带着改变世界的渴望，他以一种非凡的方式做到了这一切。

尽管如此，他始终担心，作为大屠杀根源的反犹主义现在又卷土重来。他对否认大屠杀的无耻恶行感到愤怒，每个正直的人都应如此。他担心，由于那些否认大屠杀的人的鼓吹，人们会忘记过去，沦为仇恨的牺牲品，而仇恨是正视这段历史的基石。遗憾的是，今天我们能看到西吉的担忧并非毫无根据。

这本传记将读者带进主人公非凡的一生，让我们惊叹于这个人的非凡成就。

德博拉·E. 利普施塔特

序　言

可能再也不会有像西吉·B.威尔齐格这样的商人了。他是奥斯维辛集中营和毛特豪森集中营的幸存者，一穷二白地来到美国，从打扫血汗工厂（Sweatshop）*的厕所开始，最终成为一家上市石油公司的总裁，以及一家价值数十亿美元商业银行的首席执行官。他在战后美国最反犹的两个行业中做到了这一点，这让他的成就更加惊人。

大多数对上市公司的收购，都是由出生在美国、受过常春藤联盟教育、来自富裕家庭、拥有商学硕士学位的人主导的。西吉是一个非技术工人，只受过中学教育，从欧洲来到美国时口袋里只有240美元，靠铲雪赚到了在美国的第一笔收入。

这本书接受采访的每个人都同意一点：从未见过像他这样的

---

* "血汗工厂"（sweatshop）一词最早于1867年出现于美国，最初指美国制衣厂商实行的"给料收活在家加工"之制，后来又指由包工头自行找人干活的包工制。一般来说，血汗工厂大都是廉价劳动力工厂，工厂不会为员工购买"五险一金"，整个工厂没有娱乐设施，没有企业文化，有的只是严厉苛刻的管理制度。——译者注

人。尽管所有人都承认他在大屠杀中历经多年苦难并最终幸存的奇迹，但受访者强调的是他如何克服这段悲惨的历史，成为美国商界的一位巨人。他身高不到 5 英尺半（约合 1.7 米），但人们却把他描绘成一个高大的人物，面对再强大的对手也毫不畏惧。一位前同事将西吉的成就与大卫相提并论。大卫是一位身材矮小的战士，以其敏捷的身手和精准的判断力打倒了巨人歌利亚，成为以色列的国王。这种比喻暗示着，西吉对反犹主义敌人的胜利，并不比他在《圣经》中的同行逊色。

根据西吉公开演讲的录音，他还拥有大卫王般鼓舞人心的声音。西吉的演讲能力被不止一位前同事描述为"莎士比亚式"。正如《纽约时报》（*New York Times*）所报道的那样，当他被邀请作为第一位向美国西点军校的军官和学员发表演讲的大屠杀幸存者时，他的演讲是"生动的"和"有个性的"，以如此雄辩的口才阐释了奥斯维辛的恐怖，令学生和经验丰富的老兵们都潸然泪下。尽管有明显的德国口音，但他的声音清晰而准确，随着当时的情绪起伏而抑扬顿挫。他知道什么时候举起手指强调，什么时候应该停顿，什么时候抓紧讲台的两侧，什么时候应该身体靠向听众以增加亲和力。西吉以他的生活方式演讲——全身心投入，关注细节，专注于教育他的听众——而听众们无不深受启发，备感鼓舞。

客户、朋友和商业伙伴都用大国领导人才有的那种热情来形容他，用"令人难忘""一座火山"和"一个天才"这样的溢美之词来描绘他，而其他人则称他为"一种不可抗拒的自然力量"和"我见过的最聪明的人"。当然，所有人都提到了一个身份，他们知道对他来说最重要的一个身份：大屠杀幸存者。

虽然准确描述西吉的大屠杀经历是一项艰巨的任务，但更大的挑战，是描述他在被解放后浴火重生，成为美国商界巨子的过程。每位接受采访的同事、竞争对手都有一个他们最喜欢的西吉的故事可以分享，每个惊人的，经常是滑稽的、偶尔是令人震惊的故事，都有助于塑造一个复杂的人物形象，对他来说，生命的价值在于实现不可能实现的梦想，与不可战胜的敌人斗争。

西吉无所畏惧：没有什么对手是不可企及的。例如，当美联储——美国政府的中央银行系统——强迫他剥离自己的石油公司或银行的股份时，西吉提起了诉讼：他是历史上第一个起诉美联储的人。这是一场他赢不了的战争，但这场战斗令人难忘的，是他对正义之战的热情。时至今日，半个世纪过去了，法学院仍在研究这一具有里程碑意义的案件。

关于西吉的生活，有很多东西是那些从希特勒的集中营里出来的人所独有的。然而，在这位移民幸存者为克服痛苦的过去、建设更光明的未来所做的努力中，我们发现了典型的鼓舞人心的人性光辉。

第一章 | 誓言

1947年12月12日清晨，美国有史以来最寒冷的冬天之一，远洋客轮"海洋弗莱彻"号的乘客们挤在甲板上，目不转睛地注视着自由女神像。女神面朝着来到美国的船只，手中的自由火炬伸向300英尺（约合91.4米）高的天空。"在美国，生活是金色的，"他们手挽着手唱道，"鲜花更美丽，生活更美好……"这艘36600吨的轮船从德国不来梅港出发，花了13天时间才抵达纽约。

在为期两周的海上之旅中，二十一岁的西格伯特·威尔齐格（Siegbert Wilzig）大部分时间都在恶心和呕吐中度过，他的体重也下降了。听到欢呼声，他虚弱不堪地爬上顶层甲板，深吸了一口气。在船舱里忍受了那么久那么多人挤在一起的难闻气味之后，新鲜的空气对他来说是一种解脱。冬天在自由女神像身后撒下了一张由雪和云织成的银网，没有建筑物阻挡他的视线，自由女神被氧化的绿色身躯在晨雾中熠熠生辉。"海洋弗莱彻"号的引擎轰隆作响，甲板在他脚下颤动。集中营被解放后，据统计数据显示，几乎所有被关进奥斯维辛的犹太人都在四个月内死去了。但西格伯特在这里，在那座集中营待了近两年之后，他还活着，而且来到了美国。

客轮太大了，无法在埃利斯岛停靠，所以港口的灯塔引导"海洋弗莱彻"号停泊到一英里外的韦拉札诺海峡。乘客们攥着饱经风霜的行李箱，乘坐摆渡船靠岸，并被送到埃利斯岛接受移民检查。

西格伯特很年轻，但集中营的岁月早已让他知道，外表可能意味着生与死的区别。他用被解放后挣来的一点儿钱买了一顶时髦的浅顶软呢帽、一件冬季大衣和一条正装裤。尽管横渡大西洋的旅程颇为艰辛，他还是尽量体面地走进了检查室。一层到达大厅的窗户关得严严实实，以抵御冬天的寒风。木墙上的三翼金属风扇呼呼作响，保持着空气流通，驱散了恶臭的气味。玻璃罩后面的历代美国总统画像装饰着检查大厅。西格伯特在玻璃前停了很长时间，仔细地端详自己的影子，竭力把一头浓密的黑发整理服帖，这些头发像狮子的鬃毛一样直竖起来，使他矮小的个子增高了差不多1英寸（约合2.5厘米）。

在他的护照上，移民官员注意到了政府特殊身份印章，这是他在为美国反间谍机关工作时获得的，便挥挥手让他通过了。西格伯特——后来改名为西吉·伯特·威尔齐格（Siggi Bert Wilzig），他认为这个名字不那么欧洲化，而且更容易发音——扫视了一眼在木栅栏后面等待的人群，这道屏障将美国与世界其他地方隔开。那里有他的姐姐珍妮，在西格伯特所有的兄弟姐妹中，她最像他们已故的母亲。姐姐勾起了他的回忆：他想起了1936年春天，当时他、珍妮和其他家人正在德国西普鲁士的克罗扬克镇（Krojanke）躲避反犹分子的袭击[1]。天黑后，西格伯特一家爬上一辆敞篷马车，逃往柏林。在那里，表兄弟为他们在一栋三层公寓里安排了住处，公寓位于乔治基尔希广场20号，靠近亚历山大广场。

一家人在新家安顿好后，西格伯特就借了他哥哥埃尔文的自行车，在柏林城四处侦察。通过偷听咖啡馆里的谈话，他了解到有些人正在设法获得出境签证，好逃离欧洲。西格伯特踩点了十几个领事馆,寻找后门和开着的窗户,试图偷取必要的文件。在一个领事馆,他看到一个已经快要临产的孕妇拼命推开警察,跑了进去。领事馆是安全区,不受德国法律约束,在那里出生的孩子有资格移民。这位女性不顾一切地想要挽救她孩子的生命,即使这意味着要在政府大楼的洗手间里分娩。

在接下来的几个星期里,西格伯特冒着生命危险翻越使馆的围墙,闯入办公室,搜集橡皮图章,并用偷来的工具伪造了3张签证。他给了父母两张,但他的母亲索菲拒绝了。"我在这里出生,"她说,"我也要死在这里。"西格伯特把母亲的签证给了他的哥哥乔。乔曾是达豪集中营的囚犯,但设法获释了。西格伯特认为乔已经被盯上了,他需要尽快离开德国。乔年轻时曾是一名拳击手,威尔齐格档案中的一些信件表明,西格伯特可能在签证表格上写道,这是为了让乔参加"体育比赛"而签发的。

姐姐珍妮怀孕了,西格伯特坚持让姐姐和她的丈夫(也叫乔)接受剩下的两张签证。1940年6月10日,当希特勒的军队进攻法国、比利时和荷兰时,珍妮和乔离开了德国,并在中国上海定居。后来,他们从上海去了多米尼加共和国,在那里和另外800名犹太人一道,在北部城镇索苏阿建立了临时家园,靠饲养奶牛勉强维持生计。

在索苏阿锡皮屋顶的商店里出售的英语书籍和杂志中,珍妮发现了一本美国黄页。她花3美元买下了它,并在里面翻找珠宝企业的名字,因为她估计珠宝商会有足够的钱为她和丈夫乔提供移民经济担保。在"珠宝商,罗得岛"一栏下,她找到了"西尔弗曼"这个犹太姓氏,并寄了一封信解释他们的处境。几周后,他们收到了西尔弗曼先生的肯定答复,他提供了必要的文件,很快珍妮和乔就启程前往美国了。

如今，在美国的土地上团聚后，珍妮告诉西格伯特一个悲惨的消息：在前往多米尼加共和国之前，她五岁的女儿玛吉特在上海死于天花。西格伯特想起了自己曾经目睹过的其他几百个孩子的死：他们被赶进毒气室，尸体被扔进焚尸炉。他默默清点了一下自己还剩多少亲人[2]：他还活着，珍妮和她的丈夫还活着，他们的兄弟约瑟夫和埃尔文都活了下来，其他人都死了，包括他的其他四个兄弟姐妹和他们的孩子。在未来的岁月中，他将获知，他失去了整整59名家族成员。

西格伯特手提箱的一个秘密口袋里藏着240美元。他从口袋里掏出40美元塞到珍妮手里，让她买张汽车票去罗得岛拜访西尔弗曼先生，亲自向这位帮助她来到美国的人表示感谢。珍妮试图拒绝，说她自己有钱，但西格伯特坚持要她拿着这40美元去拜访她的恩人。表示感谢是有礼貌的人会做的事，尤其是那些幸运地因某人的好意而得以来到美国的犹太人。

在和乔来到美国后的头两年，珍妮在威廉斯堡洛里默街的一家血汗工厂找到了工作，这是布鲁克林区一块挤满难民的地方。在生产领结的流水线上，珍妮是个"车工"。她拿起一侧打开的丝绸领带，在接缝下插入一枚金属指针，就像汽车天线一样，然后把领结从内向外翻过来。缝制完成后，她又用金属棒再次把它翻转回去，这样就能把针脚隐藏起来。这就是她的工作，一周六天，一天十二小时。

同样在移民通道门口等待迎接西格伯特的，还有一位来自希伯来移民援助协会（HIAS）的代表。她的上衣扣眼里有一枚白色的珐琅徽章，还戴着海军蓝色的袖章，很好辨认。HIAS早在1881年就成立了，但多年来它在安置犹太移民方面所做的努力，根本无法与二战后面临的情况相提并论。大约有十五万名难民设法逃离了

"最终解决方案"（纳粹灭绝犹太人的计划）来到美国，他们都需要栖身之所。HIAS 的工作人员解释说，他们已经为西格伯特安排了哈莱姆区的马赛酒店的房间，头几个月他可以免费住在那里。珍妮曾邀请西格伯特和她一起住，但比起与姐姐分享简陋的公寓，拥有一个自己独立的空间显然更令人憧憬。这是他进入美国的机会，他会按照自己的方式来。他吻别了姐姐，并答应安顿下来后就给她打电话。

西格伯特走出移民大楼，走进了美国近代史上最猛烈的暴风雪之中。他登上一艘渡轮，很快就抵达了曼哈顿。暴风雪变得如此猛烈，以至于 HIAS 的志愿者们不得不动用雪橇，才能把行李从码头搬运到等候的巴士上。西格伯特上了一辆灰狗巴士*，一小时后在第 103 街和百老汇大街的交汇处下车，走进马赛酒店的大堂。自 1929 年股市崩盘以来，这座十一层高的充满艺术风格的酒店早已不复当年之风采，它的砖石外墙、人字形屋顶，俱已化为青苔碧瓦堆。这座有四十年历史的建筑，现在成了难民们临时的家。

环顾大堂，他看到了会议区、娱乐区、体检室和犹太洁食餐厅，这意味着那里提供的食物符合犹太教饮食律例。人们正在用十几种语言交谈。他走到一个布告栏前，阅读邀请移民接受免费英语课程和参加电影放映活动的公告，这些电影将引导他们适应美国的生活。在大堂的一个角落里挂着一幅巨大的美国地图，地图上面的牌子写着"这就是美国的样子"。墙上钉着许多城市场景的照片，一条条彩带指向这些城市在地图上的位置。他看着人们在一张桌子前排队，

---

* 灰狗巴士，又名灰狗长途巴士，是美国跨城市的长途商营巴士，客运于美国与加拿大之间。1914 年，在美国明尼苏达州希宾市开业，1929 年成为有限公司。现在的公司总部在得克萨斯州达拉斯。——译者注

志愿者们在那里分发西装和连衣裙。然后，这些新移民被护送到他们的房间。对许多人来说，这是他们多年来第一次拿到自己住所的钥匙[3]。

西格伯特从他房间的窗户向外望去，俯视着穿过大雪回家的行人。初到美国的惊奇很快就让位于残酷的现实。

"现在怎么办？"他在琢磨。他一无所有：没有人脉，没有证书。他说话带着浓重的德国口音，只上过小学，身高5英尺5英寸半（约合166.4厘米），多年的折磨和饥饿在他的脑海中记忆犹新。然而，他就在这里，还在呼吸，凝视着窗外白雪皑皑的纽约街道。与过去相比，这里的一切简直就是天堂：从埃利斯岛到哈莱姆区的巴士之旅简直就是天堂；附近的杂货店、高层公寓楼和卖啤酒的卡车简直就是天堂；他住在一家人满为患的旅馆里，房间臭气熏天，蟑螂在磨损的硬木地板上乱窜，窗外大雪纷飞，口袋里只剩下200美元，如果他找不到工作，很快就会花光。

在他窗下的街道上，疲惫的行人正在与凛冽的寒风和6英尺（约合1.8米）厚的积雪搏斗，这唤起了西格伯特对另一场令人睁不开眼的暴风雪的痛苦回忆，那时，饥肠辘辘的男男女女只穿着单薄的囚服，在死亡行军中艰难前行。纽约街道上车水马龙，司机们按着喇叭，迫不及待地奔去他们要去的地方。即使对西格伯特这样一个二十一岁的新来者而言，这一点也是很明显的：从未了解过集中营内部发生了什么的美国人，在各种意义上都是活生生的、有目的地朝着明天的某个愿景前进。西格伯特喜欢这样，他也会这样做，抓住机遇，不让过去的黑暗夺走他光明的未来。

在这个开创性时刻，西格伯特对自己许下了三个誓言。第一，他再也不会挨饿；第二，他要娶一个犹太女人，生下孩子，帮助重建犹太民族；第三，他将牢牢记住大屠杀，并在目睹不公正时直言不讳。他对这样的誓言不抱任何幻想。他知道自己不能改变世界，反犹主义永远不会消失，犹太人将永远受到迫害。尽管如此，上帝还是救了他，现在他的使命就是从人生的废墟中尽量捡拾出还能用的断片残垣，把它们重新拼凑成一座大厦，尽管他还不知道它能有多高多大。

　　从马赛酒店房间的窗户往下看，西格伯特想起了他在被解放后许下的一个诺言。他在奥斯维辛最好的朋友是一个大他六岁的年轻人，名叫洛萨·纳尔泰斯基（Lothar Nartelski）。西格伯特曾答应洛萨，他一到美国就会去看望他的父母。洛萨有一段悲伤的历史。他出生时一条腿比另一条腿略短，走路时一瘸一拐。在1932年，这足以使他失去与父母一起申请出境签证的资格，因为大多数国家都拒绝接收身体有缺陷或不能工作的难民。洛萨的父母别无选择：如果想要救他们的孩子，他们就必须离开德国，并寻找其他方式为他获得签证。最终，他们把洛萨交给了一个富有同情心的家庭照料，为儿子的未来大哭一场，然后匆忙登上了一艘前往美国的船。抵达纽约后不久，纳尔泰斯基夫妇把名字改成了纳特尔（Nartel），搬进了布朗克斯区的一处住宅，距离马赛酒店只有几站地铁的路程。

　　酒店大堂的HIAS工作人员向西格伯特解释了纽约地铁系统的运作方式。他顶着寒风扣好大衣，走到附近的地铁口，在木制的转门里放了一枚5分硬币，登上了一列地铁，直奔这条线路的终点站——范科特兰公园。他找到了纳特尔家，敲了敲门，雅各布·纳特尔的妻子凯蒂打开了门。纳特尔夫妇从他们儿子寄回家的信中知道了西格伯特，当西格伯特介绍自己时，凯蒂尖叫起来。

　　"噢！我的天哪！雅各布！是西格伯特！他在这儿！"

"那时候,人们仍然会为陌生人敞开大门,"西吉在接受采访时回忆说,"纳特尔家房子不大,是典型的德裔犹太人的三居室公寓,干净得闪闪发光。洛萨的父亲雅各布是卖领带的。他到处推销,包括理发店和鞋店,这里卖三条,那里卖五条,其他地方卖一打。他们看到我时很吃惊,他们给我准备的晚餐真是太棒了!他们想知道一切,发生了什么,他们的儿子是怎么活下来的,我又是怎么活下来的。"

西格伯特还没有把他的故事告诉过任何人。对于集中营,对于虱子和污秽,对于酷刑、饥饿以及成堆的尸体,纳特尔一家或其他人能理解什么呢?在经历过这些的人和没有经历过的人之间,横亘着一条无法逾越的鸿沟。20世纪40年代的人们已经习惯了战争题材的电影,好莱坞多年来一直热衷于此。电影是有开头、中间和结尾的,但对于在大屠杀中幸存下来的人来说,不存在"结尾"。尽管如此,西格伯特还是向洛萨做出了承诺,尽管他的签证尚未通过,他依然下决心找到洛萨的父母,告诉他们发生了什么。而现在,他们就在面前,他们有权知道一切。

因此,就像多年后他为史蒂文·斯皮尔伯格的大屠杀幸存者基金会(Shoah Foundation)[4]所做的幸存者证词档案那样,像他有生之年为其他组织所做的几十次演讲那样,他忍住痛苦,向他们讲述了这个故事。

第二章 | 剁碎的肉

西格伯特·威尔齐格出生于 1926 年 3 月 11 日，在索菲·萨默菲尔德（Sophie Sommerfeld）和伊西多尔·威尔齐格（Isidore Wilzig）所生的八个孩子中排行老七。一家人住在德国西普鲁士的小镇克罗扬克。西格伯特的父母都曾在当地的世俗小学接受教育。伊西多尔长相英俊，幽默风趣，总是面带笑容，对报纸很感兴趣。他的妻子索菲则更喜欢读书。在西格伯特五岁的时候，母亲已经对他提出了明确的期望：他要在学校表现出色，并始终遵守犹太教规。

和克罗扬克的其他犹太家庭一样，威尔齐格夫妇宁愿挨饿也不愿吃非犹太食品，或者在安息日做生意。举例来说，如果有顾客在周五日落之后，也就是安息日开始的时候来敲当地珠宝商的门，不管这个星期的生意有多惨淡，珠宝商都不会答应。

除了上普通学校，西格伯特每周还在附近的一所宗教学校上两次课，当地的拉比*在那里向孩子们传授犹太教和希伯来语的基础知识。

西格伯特的家乡位于德国领土的最东端，距离一条名为"波兰

---

* 犹太人用作尊称的词，指先生、老师。——译者注

走廊"的狭长地带大约 10 英里（约合 16.1 公里）远。这条走廊是在第一次世界大战结束时，根据《凡尔赛条约》从德国分割出来的，相当于截去了德国领土的 13%。德国的土地被划给了波兰，这使得克罗扬克的犹太人和非犹太人都对波兰人充满敌视。克罗扬克人还把该镇日益贫困的原因归咎于波兰人，因为边界的变化导致了贸易的损失。镇上的 3500 名居民在仅存的几个行业干活：制衣店、染料坊、啤酒酒窖、陶器作坊和砖瓦厂。在这个房地产价值最低的小镇，西格伯特的父亲伊西多尔靠着买卖废金属和毛皮过着简朴的生活。

在很小的时候，西格伯特就表现出了非凡的自信。他六岁刚开始上学时，村里的基督教男孩冲着他大喊："滚去巴勒斯坦吧，你这个犹太小杂种！"他盯着他们的脸，大声回敬道："你们这些基督徒，你们该滚去罗马！"然后他转身就跑，沿着土路一溜烟地逃走，在房屋和理发店之间绕来绕去，在对方追上他之前冲进森林。

在工作日，他会跟在父亲伊西多尔的木马车旁，前往附近的农场。当那些无知、可恨的农民嘲笑他的父亲，并因为他是个犹太人而强迫他以更高的价格购买他们的废金属和毛皮时，西格伯特非常气愤。一天，西格伯特和他的父亲在离镇子大约 5 英里（约合 8 公里）的一个农场停了下来。在一个被日晒雨淋得破旧不堪的木制谷仓外，一个农民站在那里看着他们，脚边是捆好准备上市去卖的羊皮。当伊西多尔和农夫谈价钱的时候，西格伯特在谷仓附近闲逛，从一扇开着的窗户往里看去。他看到农夫的儿子们正在杀猪，把猪肉剁成块，把猪蹄和下水喂进一台齐腰高的绞肉机。西格伯特犯了个错误，他走进谷仓，想看得更仔细些。农夫的儿子们抬起头来，一把抓住他，把他倒吊起来，悬在绞肉机锯齿状的刀片上面。"现在我们绞犹太肉馅。"他们笑着说。当他们终于把他扔到地上时，西格伯特尖叫着逃出了谷仓。

从那以后，西格伯特就总是离年轻人远远的，只待在成年人身边。放学后，他就到商店和大人们常去的场所，去那些男女交际、谈生意、讨论大人事情的地方。他研究他们打牌，并学会了从他们的表情和手势来判断谁的手气好，谁的手气不好。他的母亲把自己对成年人生活的见解传授给他，比如"永远不要向穷人借钱"，还给他起了个绰号，叫他"在锅旁嗅来嗅去的人"，因为他对成人的世界充满好奇。村里的孩子就没那么善良了，他们叫他"嗅槽的"，也就是猪，因为他喜欢把鼻子伸进大人的事情里。

尽管生活艰辛，许多犹太人，包括威尔齐格一家，仍为自己的德国血统感到无比自豪。威尔齐格家族在德国已经有超过六代人了，和该地区的其他犹太人一样，西格伯特的父亲伊西多尔在第一次世界大战期间当过兵，他认为自己首先是个德国人，其次才是个犹太人。1932年希特勒上台后，情况发生了变化。1933年，拉比里奥·贝克在一次犹太组织的聚会上发表演讲，宣布："德国犹太人的千年历史已经结束了。"[5] 即使在德国的小城镇和村庄里，犹太人也无法再对日益增长的纳粹威胁视而不见。

到1936年，犹太人已经不可能在克罗扬克做生意了。那些仇视犹太人的人散布谣言，说这个人或那个人发表了反纳粹的言论，这种子虚乌有的举报足以让市政当局接管犹太人的生意。威尔齐格一家逃到了柏林，因为有传言说，犹太人在德国首都仍有机会谋生。奥运会即将在那里举行，在媒体出席和世界瞩目之下，柏林人无论多么憎恨犹太人，都必须表现得规规矩矩。

威尔齐格一家来到柏林后当起了服装商人，起初确实生意兴隆。西格伯特在一所小学读书，该校招收了1500名犹太儿童。之后，他上了两年的职业学校。但当德国政府开始限制犹太人公共和私人生活的各个方面时，情况发生了变化。到1936年，犹太儿童不再被允许上学，西格伯特的学业也戛然而止。犹太人的企业被关闭或被接管，犹太男子被送进工厂强迫劳动。

到1938年，德国军队已经征召了大多数能端得动枪的人，这导致德国的劳动力不足以满足德军的生产需求。警察把剩下的人，主要是孩子和老年人都抓了起来，强迫他们在工厂里做奴隶劳工。不来上工或工作不卖力的后果很严重。

1943年，十六岁的西格伯特在韦伯灯饰厂上夜班时，一名警官逮捕了他。这名警官穿着一件带木纽扣的棕色羊毛外套，这是当地普通警察的标准制服，而不是希特勒的秘密警察——党卫军穿的那种带有闪亮黄铜纽扣的黑色衣服。根据西格伯特的经验，大多数普通警察都不是登记在册的真正纳粹，而且他知道这个人只是一个普通的警察。此外，西格伯特还盘算过，如果这家伙是个党卫军，那他应该会开车把自己带到警察局。但实际上他们乘坐的公共电车，正驶过漆黑的建筑和空荡荡的街道。

"我不想朝你开枪，"这名警察说，"但如果你逃跑，我就不得不这么做。"

"好的，一言为定，"西格伯特说，"无论你要对我做什么，你都必须做。我不会让你难堪的。你不必向我开枪，我就坐在你旁边。"说着他伸出油腻腻的手（西格伯特的手被一整天的劳动弄得污迹斑斑），警察握了握。

韦伯灯饰厂早就不生产灯具了，该公司已被转为生产军火，以支持德国的战争。在过去的两年里，西格伯特每周工作六天，每天工作十二小时。他有半个月要上白班,另外半个月要上夜班,主要是生产铝制的地雷外壳,供给埃尔温·隆美尔元帅的德国非洲军团[6]。西格伯特的工作是将地雷外壳安装到一个像立式车床一样转动的电动轮上。当外壳转动时,西格伯特用一把坚硬的钢凿子压住外壳的金属壁,为盖了开出凹槽。凿子会吐出锋利的卷曲刨花,有时,为了拖延生产速度,他会往车床上灌注润滑油用的孔里扔一把金属刨花,这么做偶尔能把马达烧坏。他必须非常小心。如果有非犹太工人看到他这么干,他们会举报他的。

西格伯特怀疑这可能就是他被捕的原因。在他旁边工作的一位迷人的德国女基督徒肯定知道他在做什么。他希望举报他的不是她,因为她不时会在纸袋里给他留下一些面包渣,他相信她这是在和他调情,一个十六岁的孩子幻想着跟一个年龄比他大一倍的女人擦出火花。在被赶进韦伯工厂做工之前,他认识了一个名叫玛丽安的漂亮女孩,她家住在柏林郊区一个叫夏洛腾堡的高档住宅区。每月一次的周日下午,西格伯特和玛丽安都会在当地一个犹太人墓地的角落里共度亲密时光,没有人能发现他们。接着他又想起了韦伯工厂里在他附近工作的另一个姑娘,她总是用崇拜的眼神看着他,总是穿着一件深绿色的大衣——但现在不是想姑娘的时候。

警官弯下腰,在他耳边低语:"你有案底。"

什么案底?西格伯特想知道。1943年,在当地警方那里有案底,就足以成为一个犹太人被驱逐出柏林的理由。然后他想起,五年前,他从一家电影院出来时被抓了,因为犹太人被禁止进入公共娱乐场所,那年他十一岁。

那时候,秀兰·邓波儿的电影在全欧洲吸引了大批观众走进影院。德国人对这位金发碧眼的美国童星爱得尤其狂热。德国玩具制造商出售可供收藏的秀兰·邓波儿娃娃。罗斯·弗拉格公司*在每包"祖班"（Zuban）香烟里都放进了一张秀兰·邓波儿的"奖励卡"。西格伯特对秀兰·邓波儿没有兴趣，但在每次放映之前，电影院都会播放新闻短片，它们值得一看。新闻片展示了世界上其他地方正在发生的事情，他对这个世界了解得越多，活下来的机会就越大。

西格伯特找到了进入电影院的办法。他没有像法律规定的那样把黄色的大卫之星缝在自己的外套上，而是用别针别住，这样他就可以在买票之前把布星星取下来。看完电影后，他会在离开影院前重新戴上大卫之星。但有一次，在影院外巡逻的警察发现了他的秘密。一名警官叫他过去，检查了那颗星，然后用手指戳了戳别针。尽管西格伯特当时岁数还太小，不能被拘留太久，很快就被轰回了家，但这件事让他在警方那里留下了案底。

现在他又被捕了，坐在电车里，想象着纳粹将如何杀死他，猜想着他是否会被送上人们私下里议论的那种运牛车。几年前，当警方刚开始围捕犹太人时，一群警察进入了他家的公寓。他们看到他父亲伊西多尔·威尔齐格的一战勋章挂在客厅的墙上，就一言不发地离开了。战争英雄，即使是犹太英雄，也值得一点关照。但那是在1938年11月的"水晶之夜"之前，在"水晶之夜"纳粹砸毁了犹太人店铺的玻璃，烧毁了犹太教堂，逮捕了三万名犹太男子，其中包括西格伯特的大哥乔，并将他们送进了集中营。现在，无论西格伯特会被带到哪里，他都知道这一次，他父亲的老兵身份帮不上忙了。

电车在一栋破旧的公寓楼前停了下来，威尔齐格一家来到柏林

---

* 罗斯·弗拉格公司（The Ross Verlag），一家位于德国柏林的明信片出版公司，以发行电影明星明信片闻名。——译者注

后就一直住在这里。楼里的居民们聚集在大街上,带着他们能拿得动的一切:食物、毯子、床单、锅、专业工具和个人必需品。警察抓着他的胳膊,让他去和等待被驱逐的人们站到一起。

"把你的打字机也带走!"一名党卫军军官向不断膨胀的人群大喊道,"拿上你们的缝纫机头!你们将被安置在一个安全的地方,每个人都有工作!"

西格伯特知道,纳粹说的话最好一个字也不要信。他担心会出现最坏的情况。

在等待被驱逐的人群中,西格伯特看到他的父母和他的哥哥威利站在一起,旁边站着他的大姐玛莎,还有她的丈夫和他们七岁的儿子。西格伯特的另两个哥哥,路易斯和马丁,都在另一队中等待登车。每个人都拿着手提箱和几袋食物。警察把他们赶上敞篷卡车。西格伯特爬上其中一辆卡车,看着他的家人们爬上其他几辆。车队出发了。

二十分钟后,车队抵达一片绿树成荫的田野,在温暖的周末,西格伯特常在这里观看柏林的富人们骑马。一条铁轨与田野相接。党卫军把人们从卡车上推下来,命令他们沿着铁轨排好队,大喊火车很快就会到达,把他们带到重新安置的地方。人群黑压压一片,西格伯特找不到家人的踪影。他远远地看到了一个穿深绿色大衣的女孩,孤零零的,一脸迷茫。在更远的地方,他看见漂亮的玛丽安和她的有钱人父母站在一起,玛丽安向他挥手,要他过去和他们站到一起。西格伯特也挥了挥手,但思索片刻后,他转而向那个穿深绿色外套的女孩走去。她和他一样出身贫寒,他提醒自己,而她只想握住他的手。他为此感到自豪:选择了她,而不是那个富有而美丽的玛丽安。

"现在,我不在乎会遇到什么事了。"穿深绿色大衣的女孩低声对他说。

"我不是王子，"西吉告诉纳特尔夫妇，"我也不是阿尔伯特·爱因斯坦，但她仰望着我，就好像我俩都是一样。她不知道她的家人在哪里。她没有亲人，她知道我不会离开她。"

这群被围捕的人们在野外等了三天，火车才来。西格伯特和穿绿外套的女孩吃光了他们口袋里所有的食物。第三天，一列火车开到了装卸平台。看守将人们塞进运牛的车厢，每节车厢能塞进八九十人，有的甚至能塞进一百多人。看守往每个人的手上塞了一块面包，没有人知道要走多久，一块面包能吃几天？西格伯特和穿深绿色外套的女孩被推进其中一节车厢，彼此紧紧地贴在一起，火车开动了。透过车厢的木缝，他看到了标志"克拉科夫方向"。

火车开得很慢。一天变成了两天，然后是三天。没有水。一百多人挤在原本容纳一半人都勉强的牛车上，大多数人在四天的旅程中不得不一直站着。只有一缕微弱的光线从车厢上的木板条的缝隙中透过。火车一路没停。人们在一个桶里解手，污物很快就溢了出来，撒得满地都是。西格伯特看着几个老人接连死去，一些可能是因为饥饿，另一些可能是因为没有窗户的牛车令人窒息。人们在痛苦和恐惧中呻吟。西格伯特和穿深绿色大衣的女孩紧紧地抱在一起。

四天后，火车到达了一条铁路支线的终点。那是在夜里。砰的一声，门开了，刺眼的反射灯照亮了一切。穿制服的看守用德语大声下令，让所有人在长长的月台上排好队，行动太慢的人会被当场痛打一顿。

"除非你在那里，"西吉在晚年评论道，"否则你无法想象那是一场多么可怕的噩梦。"

西格伯特无意中听到其他囚犯说出了这个地方的名字：奥斯维辛－比克瑙。

第三章 | 奥斯维辛

在被解放后的叙述中，幸存者们回忆了到达比克瑙的卸货平台时的情景[7]。一些人描述了令人作呕的气味，另一些则回忆起直冲夜空的熊熊烈火。那是集中营的火葬场在焚烧尸体。一些囚犯记得狗在狂吠，而另一些人则回忆说听到了小提琴的声音。他们后来发现，看守利用囚犯中的音乐家组建了管弦乐队，并强迫他们在同伴们被押去工作的时候演奏。在 2002 年为大屠杀幸存者基金会提供的视频证词中，西吉描述了他的第一印象：穿着清一色制服的看守，挥舞着鞭子和棍棒，大吼着让每个人都出去把他们的财物堆成一堆。

他所在车厢里的十几名男女拒绝放下他们的行李。看守们对他们拳打脚踢，用长长的硬质橡胶管殴打他们，同时大喊："Raus! Raus! Antreten!"不会说德语的囚犯听不懂"出来！出来！排队！"的命令，看守因为他们不服从命令而一顿暴打。

西格伯特的火车到达奥斯维辛的那个夜晚下起了雪，阵阵冷风吹过比克瑙火车站的月台。在试图从高高的运牛车厢爬下来时，一些年长的人失去了平衡，倒在了地上。运送囚犯的卡车径直碾过他们，把他们血肉模糊的身体轧成泥。穿着条纹制服的囚犯们跑上来，把死尸扔到手推车上推走了。西格伯特在人群中四处寻找，但看不到一个他认识的人。他的爸爸和妈妈在哪里？他的兄弟姐妹们呢？一个穿着厚厚冬衣的看守向他走来。

"你多大了？"他厉声喝道。

"十八。"西格伯特撒了个谎。

"什么职业？"

"熟练工匠。"他又撒了个谎。

看守把西格伯特推到左边的一排囚犯队伍中，然后把穿绿外套的女孩推到了右边一队。西格伯特不知道排在右边的都是被挑出来要处死的囚犯，不知道几乎所有十八岁以下的孩子，还有更小的儿童、老人和病人全会被排到右边。他也不知道，没有一技之长的人都会被排到右边，难逃一死。撒谎的冲动从何而来，谎称自己十八岁，是个熟练工匠？的确，他在职业学校接受过一些工具制造的训练，但他从未完成学业，也从未当过哪怕一天的工匠。这种神秘的冲动无疑将他从毒气室中救了出来，但也会折磨他一辈子。

西格伯特在右边队伍里发现了家人，包括姐姐玛莎的丈夫，牵着他们年幼儿子的手。他们也看到了西格伯特，并示意让他过去。

"我没过去，"半个世纪后他回忆道，"谁知道为什么，也许是因为像西普鲁士的其他青少年一样，我从小就被教育要服从官员的命令。不管是什么原因，我一直待在左边的队伍里。"

西格伯特指了指右边的队伍。"他们要带他们去哪里？"他问一名正在堆放行李箱的囚犯。那人愁眉苦脸地看着他，举起瘦弱的手指在空中转了个圈，模仿着火葬场里冒出的烟。西格伯特刚被押运过来，根本不知道这个手势是什么意思。

"作为一个那些年在德国长大的犹太人，"西吉告诉一位采访者,"你能想到会被殴打和虐待。但是毒气室?火葬场?你肯定想不到。烟囱里的恶臭和浓烟,还有他们对孩子们干的事!他们对孩子们干了什么!我仍然可以听到孩子们的尖叫声,他们被从父母身边扯走了。记忆不会停歇。直到今天,我还在与全能的主争论,如果孩子们的哭声能离开我的耳朵,犹太教堂我就会去得更勤。火葬场冒出的火焰、可怕的气味,真是令人难以置信。"

西格伯特再次扫视右边的队伍,瞥见了那个穿深绿色大衣的女孩。仿佛是第一次看到她,他想:她看上去好年轻,好天真。他看着雪落在装卸平台上,看守们把她和其他人一起带走了。片刻之后,她不见了。

西格伯特,以及其他30名被看守认为适合工作的囚犯被推上一辆卡车,卡车迅速驶入夜色。不到二十分钟后,车停在了布纳-莫诺维茨,这是奥斯维辛集中营的一个分营,里面有使用奴隶劳动的工厂。合成橡胶的气味从附近的建筑物中传来。

"我们一到那里,就经历了一场所谓的冰水淋浴,"他描述道,"之后,他们命令我们迅速穿上条纹制服、戴上帽子、穿上木底的破鞋。然后他们剃光了我们的头,强迫我们跑到大约100码(约合91.4米)外的另一栋楼里,在我们的手臂文上囚犯的编号。有人在泥泞中奔跑时跌倒了,但你学会了不要回头看,因为如果被看守抓住,你会被揍。到处都是泥巴,四处都是水坑,那些倒在泥里躺着的人根本不像人,他们看起来像一堆破布。"

进到楼里后,西吉站在一名囚犯面前,他身穿条纹衬衫和裤子,外面罩着一件白色夹克。这名男子将针扎入西格伯特的左臂,鲜血渗出,数字104732被文进了他的身体[8]。

出来后,西格伯特试图吸出墨水,但没有成功,因为卡波(党卫军指派监督强迫劳动的囚犯）*把他和其他人从车上押到了营房。他精疲力竭地倒在铺着一层薄薄稻草的硬木铺位上。透过营房的木墙，他听到人们的尖叫声和枪声。后来他得知那是囚犯在试图逃跑时被枪杀。他后来还发现，还有一些人在被剥夺了逃脱的所有希望后，选择撞到营地周围的带电铁丝网上一死了之。

凌晨，没人知道具体是什么时候，但天还一片漆黑。一名看守冲进营房，大喊着让犯人到外面排队。他们刚一站好，他就大喊："Muetzen auf! Muetzen ab!"西格伯特说着一口流利的德语，听出了这句话的意思和它背后的虚张声势。他在克罗扬克就认识这样的恶霸。他们想要得到犹太人的敬畏，于是他立即立正，啪一跺脚后跟，甩掉帽子，猛地敬了个礼，咆哮道："Jawohl, Herr Kommandant!"这句话的意思是："是，指挥官大人！"西格伯特把最低级的大头兵"提升"为集中营的老大，赢得了看守的欢心，这是个聪明之举。那人笑了。

一些新来的人不会说德语。他们不知道"Muetzen auf! Muetzen ab!"的意思是"帽子摘了！帽子戴上！"[9]，所以没有摘掉他们的帽子。

"因为无视他的命令，那个看守打了其中的三个人，"西吉回忆说，"以此警告其他囚犯，如果他们不服从命令，会有什么下场。这是我们第一天收到的问候，那个看守对每一批新来的囚犯都这么做。不管出于什么原因，如果有人的手举得不够快，或者不够高，或者根本没有举起来，他就会拿一根里面是铜线的橡胶管来抽他们。他还有另一种施加疼痛的方法。如果你没有足够快地服从他的命令，

---

* 原文为"Kapo"，似乎源于意大利语中的"capo"，意思是"头儿"。——译者注

他就会用拳头打你,然后用胳膊肘跟进。如果第一下没有杀死你,那第二下你肯定会死。"

"如果囚犯没有按他的喜好整理床铺,他也会这么做,"西格伯特继续说,"那不过是把沾着粪便和尿液的稻草扔在硬木板上,再加一张纸当毯子,这样肮脏的东西根本没法收拾。但这些看守都是虐待狂,他们会找任何理由杀人,特别是那个技术如此残暴的看守。他尤其盯着那些戴眼镜、看起来像是知识分子或受过教育的人不放,以殴打他们为乐。纳粹打开了德国的监狱,把最顽固的罪犯带进集中营,让他们任意残害一切被认定为敌人的人,比如像我这么大的孩子,以及牧师、律师和教师[10]。"

"你知道,"西吉对他的采访者描述道,"因为我可以智胜守卫,我总是觉得自己比他们强。我憎恨他们。我痛恨他们的暴行,他们的非人行径。我觉得自己更强大、更聪明,而且我从小就对自己充满信心。当我还是个孩子的时候,我就认为自己是个非常聪明的小家伙。所以即便他们有枪,杀人如麻,我还是觉得自己更强。这显然是一种傲慢,有的有道理,有的没道理,但即使在那种万劫不复的情况下,我还是看不起他们。"

1933 年至 1945 年间,为了监禁来自欧洲各地的犹太人和其他"帝国的敌人",纳粹德国建立了大约 42,000 个不同类型的集中营:集中营、劳役营、战俘营、中转营,以及被称为灭绝营或死亡营的屠杀中心[11]。奥斯维辛不仅是最大的集中营,也是最大的屠杀中心。

为了便于关押越来越多的囚犯,德国人将当地居民从 18 平方英里(约合 46.6 平方公里)的土地上连根拔起。在赶走了周围地区六个村庄的村民后,奥斯维辛集中营的占地面积达到了近 1 万英亩(约合 40.5 平方公里)。距离主营地 2 英里(约合 3.2 公里)

的地方是奥斯维辛 – 比克瑙，运载被驱逐者的列车昼夜不停地驶入这里。有110万至130万人在奥斯维辛集中营被杀害，包括辛提人和罗姆人（合称"吉卜赛人"）、苏联战俘、政治犯和"反社会分子"。在奥斯维辛被杀害的人中，十分之九是犹太人。

最初，对到达奥斯维辛的男女老少的屠杀是在临时毒气室中进行的，这些毒气室很快就被证明不足以处理越来越多的受害者。1943年年初，在比克瑙建起了四个大型高效的火葬场，每个火葬场都有一个内置的毒气室。新的毒气室非常庞大，每一间都能够同时容纳多达2000名受害者。到2月底，当西格伯特被运到这里时，奥斯维辛的人工处决已经被流水线取代，每天"处理"超过4000名受害者。

在奥斯维辛集中营运作的五年中，有超过100万犹太人被驱逐到这里，其中约20万人被筛选出来充作劳工，被带入集中营，并登记为囚犯。战后记录显示，大约有3800人被西格伯特所在的那列火车运抵奥斯维辛。他是在第一次筛选中幸存下来的600人之一，在此期间，集中营官员会决定谁适合从事奴隶劳动，谁不适合，因而应该杀掉。在接下来的二十三个月里，他又经历了十几次筛选，包括在臭名昭著的门格勒博士（Dr. Mengele）手中的两次[12]。

在布纳 – 莫诺维茨，西格伯特是为德国军火工业工作的大约8万名奴隶劳工之一。这里的一天从清晨4点30分开始，囚犯们被迫从他们的营房跑到点名广场（Appelplatz），无论天气如何，他们都要在那里立正站好几小时，直到清点完犯人。任何虚弱到无法站立的人都会被带走杀掉。

每天的下一道命令是工作细节。囚犯们被押往集中营内外的强迫劳动场所，有时甚至远在6英里（约合9.7公里）之外。一天要工作十二小时或更长时间，而且中间不允许休息。西格伯特被派去挖排水沟、铺设电缆和拖运石头来铺路[13]。物资由卡车运来，看守们在一旁监督着囚犯吃力地卸下上百磅重的水泥袋子和长长的钢筋。每根沉重的钢筋都需要三名囚犯来搬运。只要有可能，西格伯特就会站到三人中间的位置，让两端的高个子承担大部分重量，为自己的肩膀赢得一点喘息的机会。当看守把他放在前面或后面时，粗糙的钢筋摩擦着他脆弱的衣服，把他的肩膀磨得血肉模糊。西格伯特一直等到看守不注意时，才偷偷从水泥纸袋上撕下一角，用来垫自己的肩膀。

"如果看守们发现我撕这些袋子，他们会打我的，"他描述道，"但我的肩膀疼痛难忍，所以我想为什么不冒这个险？这份工作很残酷，它迟早会要了我的命，所以我必须想办法让自己被重新分配。"

一天早上，在去上工的路上，他无意中听到党卫军的人正命令一群囚犯加入砌砖的队伍。西格伯特冲出队伍，跑到他们跟前，摘下帽子，敬了个礼。

"砌砖吗？"他手里拿着帽子，毕恭毕敬地说，"我做过六个月的瓦匠。"

他知道对于一个囚犯来说，直视党卫军军官的脸是很愚蠢的，即使是为了自愿去做某项工作。战后，许多囚犯发誓说，他们不知道折磨他们的人长什么样，只知道他们都穿着靴子，因为他们不敢抬眼看他们的脸，更不用说和他们说话了，这是被禁止的，会招致最严厉的惩罚。谎称自己有特殊技能，则更加危险[14]。看守们看着这个厚颜无耻、半死不活的少年。

"为什么要浪费他？"一个看守耸耸肩，对另一个说。

他们把西格伯特调到一个砌砖工地,并命令他把自己知道的东西教给其他砌砖工人。

"我必须忍住笑,"有一天西吉跟观众开玩笑,"我对砌砖的了解,和你对肚皮舞的了解一样多。但是我通过和他们一起工作来学习,每天我都学到一点东西。所以我把从其他瓦匠那里学到的东西,教给了另一个瓦匠。在奥斯维辛,你要么被送进毒气室,要么就是上帝站在你这边,往你的脑子里注入一个想法,让你能再多活一天。"

砌砖是在室外的阴雨和寒冷中进行的,西格伯特的健康状况迅速恶化。"我想进布纳囚犯医院,好在里面谋到一份更好的差事,"西吉在他的证词中描述道,"那里的大夫从不费心去救治年长的囚犯——反正他们马上就要进毒气室了。他们只让年轻的进来。但我病得不是很重,所以他们通常也不会收我。要进去,我得有他们需要的东西。我偷偷溜进去,听到一个囚犯医生正用波兰语跟人说话。我会说一点波兰语,于是我就用波兰语问他:'需要帮忙吗?我有当男护士的经验。'长话短说,那个人给了我一份工作。他并没有按部就班地测试我是不是真当过男护士,他只是对我会说波兰语这件事印象深刻。"

"在医院的第一天,"西吉回忆道,"卡波让我把犹太病人装上卡车。至今我的脑海中仍然有这样一幅画面:犹太病人咒骂我没有对看守撒谎,没有告诉他们'这个人健康'或'那个人没事'。囚犯们认为,像我这样的男护士有能力拯救他们。我没有这种能力。我只是把他们装上卡车。我知道他们要去哪里,但我无法忍受自己产生正让他们去送死的念头。所以我告诉自己,卡车是要把他们送到其他医院,或者其他集中营去养病。三小时后,卡车带着他们的衣服回来了。他们都死了。"

在医院里，8名病人挤在只能容纳一半人的铺位上，躺在铺有稻草的托盘上，稻草上满是粪便、尿液和脓液。患者们都好几个星期没洗澡了，身上恶臭扑鼻，在很远的地方就能闻到。医院没有下水道，囚犯们在水桶里解手，桶很快就满了，形成了一片人类排泄物的沼泽。因此，病房里充斥着跳蚤和虱子。囚犯医生没有医疗用品，只能用碎纸和肮脏的破布做成绷带包扎伤口。腹泻的人只能吞下一块木炭，唯一的药物往往只是一句鼓励的话。这家医院实在是太差劲了，以至于囚犯们把它称为火葬场的等候室。每天都有数十名病人死亡，而到了晚上，成群的老鼠会在医院外面啃咬一堆堆等着被运走的尸体。

"千万不要单凭你的想象，觉得那是一家真正的医院。"西吉警告说，"请不要去跟你的朋友说，'嘿，事情不可能那么糟。西吉告诉我那里有家医院。'这家所谓的医院给了基督徒一点优惠待遇，但如果你是犹太人，你就别指望能活着出来了。"

从进入奥斯维辛的那一刻起，灭绝就是所有犹太人注定的命运，无论他们是病着还是健康。而少数侥幸活下来的人，如西吉，将永远被自己的幸存之谜所困扰。

一天，一名医生把西格伯特带到医务室的一个区域，在那里他看到了一些濒临死亡的病人。西格伯特环顾四周，发现一个床位的下铺上躺着他的父亲。

"让我们想想……奥斯维辛有近10万人，"西吉解释说，"能在那里找到我的父亲，已经是个不小的奇迹了。他被打得很惨，以至于……"回忆起那一刻，他哭了，然后继续说，"我知道他撑不下去了。他的最后一句话是：'儿子，在柏林，你和你妈一直坚持着吃洁食，即使唯一能吃的就只有面包和胡萝卜。但在这儿，你得有力气，你只有孤零零一个人。谁来照顾你啊？'"

"别担心，我有朋友。"西格伯特安慰他。

"第二天，值班看守带着一大桶切碎的生土豆来了，"西吉向采访者描述道，"想象一下，你快要饿死了，而现在你看到了土豆碎，就像你奶奶以前用来做煎饼的一样。让你拿一条胳膊换，你也会乐意的。看守站在那里，命令我把它拿给囚犯，于是我给了这些垂死的人喂了十到十五大勺这种生土豆。"

西格伯特在病房里走来走去，给生病的囚犯舀出了一些土豆，包括他的父亲。一个年长的囚犯把勺子推开了。

"那个年长的囚犯对我说：'你是白痴吗？'

"'我不是白痴。'我告诉他。他对我说：'是的，你是。你不知道什么是什么。明天再来。你会知道的。'

"第二天早上，80％的人都死了，肚子胀得厉害。他们整晚都在流血。还有我父亲，死了。土豆里下毒了。你永远也弄不明白党卫军是怎么想出这些主意的。"西吉告诉采访者。

"毒土豆？我想我是杀死我父亲的帮凶。"[15]

年轻的西格伯特用毯子盖住他的父亲，并在囚犯前来将尸体运往火葬场之前走开了。"我想记住的是他生前的样子，"他后来解释说，"而不是他在一堆尸体中的样子。"当他们带走他父亲的尸体时，他没有哭。如果他表现出哪怕一点情绪，党卫军都会把他也扔上马车，连同尸体一起拉去火化。

伊西多尔·威尔齐格，享年五十七岁，死于1943年4月8日。他们来到奥斯维辛还不到四十天。

几周后，西格伯特得到消息，他的母亲在抵达的当天就被送进了毒气室。西格伯特很崇拜他的母亲，她传授他智慧，总是给予他无条件的爱。他想，至少她没有被折磨或者被拿去做实验。在集中营里，还有比死亡更可怕的命运。

"纳粹对第10区的囚犯做了很多可怕的事情，"西吉说，"那是实验区——而我就在那里，假装自己是医生的助手。我甚至都不敢看杀鸡，更别说那些折磨了。一天早上，那些所谓的医生让我在一张桌子上放上三个玻璃杯。这是一个实验，据说是为了弄清如何麻醉受伤的士兵。他们让我往每个杯子里倒入不同瓶子里的透明液体，像三杯伏特加。然后他们挑选囚犯，让他们喝下去。第一个人喝了之后睡了两三小时。第二个人喝完睡了大约八小时。第三个人喝完之后，立刻倒在地上死了。从这一分钟到下一分钟，你都不知道会发生什么。"

"还有一天，"西吉继续说，"他们带着我去找那种额头向后倾斜的人。我无法解释为什么。他们想要这种斜额头的人，然后把他们从波兰的奥斯维辛运到法国边境附近的一个小镇。解放后我才知道，当美军和法军攻入德国时，他们发现这些人的头被保存在酒精里。你能想象吗？令人作呕！"

"他们不仅是邪恶的怪物，"西吉说，"而且他们的思想是如此扭曲，在他们像对待豚鼠一样拿我们做实验，杀害我们的同时，如果我们让他们取我们的血，他们会给我们额外的面包。根据一些囚犯告诉我的情况，他们用我们的血来抢救前线的德国士兵。就是这些犹太人的血，据说正在毒害'纯正'的雅利安种族。有一次，我不得不承认，为了那块额外的面包，他们让你们面前的这个小家伙去卖血了。但当我得知他们用我们的血来救德国士兵后，我就再也没这么做过。不，我不会去救一个纳粹党卫军。留着你那块该死的面包吧，我宁愿挨饿。"

西格伯特所在的营房里有一个男孩，曾是他在柏林的同学，直到有一天学校对犹太人关上大门。西吉说他是个聪明的孩子，来自一个离异家庭，和他的母亲住在一起。他的名字叫达根伯格·亚历山大，是一个又高又瘦的男孩，被同学戏称为"特克尔"（Teckel），意思是腊肠犬。通过省吃俭用，特克尔从柏林的黑市上买到了爵士乐唱片。他最喜欢的艺人是艾灵顿公爵和路易斯·阿姆斯特朗，在那些好日子里，西吉的母亲曾和他合唱过一首二重唱：美国艺术家索菲·塔克的名曲《总有一天》（Some of These days）。"当你离开我／我知道你会让我伤心／你会想念你的小宝贝／总有一天。"在特克尔身上，西格伯特找到了家人的感觉。

"但他不像我的家人那么虔诚，"西吉回忆道，"我父亲在奥斯维辛死后，我孤身一人，感觉和特克尔非常亲近。然后，特克尔发了高烧。他的情况很糟糕。我在医院里见过那些奄奄一息的囚犯，知道他活不下去了。我们没有药，我没有什么可以给他的。"

西吉说在特克尔死前不久，有人用大约只有雪茄盒一半大小的木头容器，偷偷运进来一些臭奶酪，"穷人的奶酪。"西吉这么叫它。"全是虫子。外面看像一块曲奇，"他说，"里面是白色的，被虫子弄成了糊状。喜欢它的人说：'哦，虫子，这说明它很好吃。它现在已经成熟了。'是的，成熟了。总之，有人带了一盒这种奶酪给医院的领班，然后特克尔闻见了。他知道自己快死了，他坚持要我给他拿一块。但问题是，你不喝水就没法吃这种奶酪。"

奥斯维辛的自来水肮脏有毒[16]。西吉回忆说，集中营里有一条收集雨水的排水管，在雨后的早晨，囚犯们宁愿舔水管，也不愿从水龙头里喝水。但是特克尔快要死了，西格伯特不能拒绝一个垂死的朋友。"我知道他活不了多久了,所以我从水龙头给他接了点水,还给他弄了块臭奶酪,他又活了两天。"

西格伯特和另一个囚犯成了朋友,他是一个名叫马克斯的波兰犹太人,也在医务室工作。"有一次,我得了双侧肺炎,差点要死了。"西格伯特回忆说,"我发烧了,浑身滚烫,喊着要水喝。当时房间里只有马克斯一个人。他不忍心听我喊叫,就走了出去。"这时,一名狱卒端着一只盛满深褐色液体的陶瓷碗进来,把它放在壁橱最顶层的架子上。他走后,西格伯特慢慢地爬到一张椅子上,把碗拿了下来。这些液体在他看来,就像早上他们给犯人喝的劣质咖啡。马克斯回来时看到他的朋友端起碗来正要喝,赶紧跑过去猛推了他一把。碗飞了出去,西格伯特倒在了地上。

"那是莱索尔*!"马克斯大喊,"你喝了会没命的!"

几天后,西格伯特恢复了一点力气,被送回医务室继续干活。

"从那以后,馊汤和霉面包对我就全都管够了,"吉尔说,"怎么回事呢?因为卡波们会从那些半死不活、吃不下饭的囚犯那里拿走食物,用来换东西。我从来没有偷过任何囚犯的食物,但我找到了东西可以和卡波交换食物,或是换一小块肥皂来保持自己的卫生。"

囚犯被污秽吞噬,一切都散发着恶臭,害虫往他们的皮肤里钻。犯人们没地方洗澡,所以一下雨,西格伯特就跑到屋外尽可能地清洗自己,忧心如捣地试图避免和其他人一样,因身体败坏腐烂而缓慢痛苦地死去。

和纳特尔一家谈起他在集中营里的朋友,让西吉想起了曾和他

---

* 莱索尔(Lysol),一种美国研发的家用消毒剂。——译者注

一起住在第9区的一个男孩,那个男孩经常说起他的母亲,他刚到这里就和她分开了。有一天,这个男孩从第9区的窗户偶然往外一瞥,碰巧看到他的母亲正被押进第10区——实验区。"那是我妈妈!"他告诉西格伯特。

"有人设法给这个男孩的母亲写了一张纸条,告诉她透过窗户看看她的儿子,"西吉解释说,"每天他都从他的窗户看着她,而母亲则从她的窗户望着他。这是一幅悲伤的画面。后来有一天,妈妈不再到窗前来了。那个男孩仍旧日复一日地盯着窗口,但我知道她已经死了。据我所知,没有一个女人活着从那里出来。"

西格伯特不忍心看男孩这么痛苦,就编了个故事来安慰他。

"你知道,"他对男孩说,"我看见你妈妈从第10区出来了。我看见她回到了女子区。她就穿着她进去时的那件衣服。她看起来还好,瘦了一点,但也就只掉了几斤。"

"这不可能,"男孩说,"我的眼睛从来没有从她的窗户上移开过。为什么你看到她而我没有?"

"那时你不在,是在排队的时候。"

"哦,"男孩松了一口气,"是在我不得不去排队的时候。"

"就是那时候,"西格伯特说,"在排队的时候,她和另外十几个女人一起出来了。"

这是一个和他一样的男孩,再也见不到他的母亲了。

"我现在似乎还能看到他,"西吉告诉采访者,"站在窗前,对着玻璃哈气,把它擦干净,好寻找他的母亲。不久之后,男孩去接受了一次筛选。他再也没有回来。"

在医务室待了八个星期之后,西格伯特受命协助一名囚犯医生做手术。一个病人的胳膊下长了一个苹果大小的疖子,由于没有乙醚或其他麻醉剂，大夫在病人完全清醒的状态下进行了手术。当医生开始动刀时，西格伯特不得不帮忙按住这名男子。血和脓从伤口喷涌而出，因犯发出尖叫。西格伯特愣住了。

"你到底是干什么的，"医生大吼，"是个护士还是个鞋匠？"

西吉在医院的日子结束了，如果他想活下去，就必须琢磨出另一种技能。第二天，西格伯特听到党卫军军官谈论即将从布纳－莫诺维茨调一批年轻因犯去奥斯维辛主营接受木匠培训[17]。西格伯特回到他的营房，问年长些的狱友他是否应该报名。

"在奥斯维辛没有工作培训，"他们告诉他，"只有毒气室。在那儿你活不下来的。你最好现在就逃跑，去扒电网。跟你会在主营遭遇的事情比，这么干还能少受点罪。"

"我不能接受这种必死无疑的说法。"西吉说，"我不想听这种话。每当我的脑子告诉我我只有死路一条时，上帝就会告诉我要继续前进。所以我离其他人远远的。"

在医院里，西格伯特遇到了一位来自科隆的因犯医生，他说这个医生"有点像哲学家"。西格伯特告诉医生党卫军关于在主营进行木匠培训的说法，并问他怎么想。

"我没法告诉你该怎么做，"医生说，"那边的情况可能同样糟糕，或者更糟。"

"我想我在布纳这儿也活不了多久了。"西格伯特说。

"你是个聪明的小伙子，"医生说，"跟着你的直觉走。"

这是个西格伯特终生难忘的建议。

奥斯维辛集中营里的"选择"令因犯们陷入了痛苦的两难境地。一方面，基于可靠信息的选择可以挽救你的性命。"不要靠近那个卡波，"有人可能会说，"他是个打手。"另一方面，要判断这些说法的真实性，又是不可能的。正确的"选择"可能和其他选择一样致命——"没有选择的选择"，也就是在坏事和更坏的事之间二选一[18]。西格伯特做出了选择：他向党卫军报名去参加木匠培训。出发当天，眼前停着两辆卡车。

"你选吧！"党卫军告诉他。一辆卡车开往比克瑙，另一辆开往主营。谁也不知道哪辆去哪儿，也不知道两辆车上的乘客的命运将会如何。在一辆卡车上，他看到了五具尸体。在另一辆上，是几名只剩一口气的囚犯。西格伯特爬上装着尸体的卡车，卡车轰隆隆地开动了，到达了奥斯维辛主集中营。后来，他得知第二辆卡车把半死不活的囚犯直接送到了比克瑙的毒气室。

在主营大门的左边，西格伯特看到一个囚犯乐队在演奏一首流行的波尔卡舞曲。西格伯特听出了这首歌："滚过来，酒桶，啤酒在桶里翻动……"卡车开进了营地。透过右边营区的窗户，西格伯特看到了年轻的女人。

"那是第 24 区，"他回忆说，"一家妓院。这些女人是伺候党卫军的。女人在 24 区待六到八个月就会被带走，没人知道她们去了哪儿，新的年轻女孩被带进来接替她们。"

第 24 区过后是另一栋建筑，西格伯特后来得知那里是惩罚区。"那是人们被绞死的地方，"他说，"这就是我们第一次来到奥斯维辛主营时所看到的，管弦乐队、妓院还有绞刑架。"

在卡车上，他无意中听到党卫军说他们需要有经验的人来洗衣服。"哦，我在一家洗衣店干了好几年。"十七岁的男孩撒了个谎，编造了另一个他如何获得一技之长的解释。他们给了他这份工作，让他洗了一段时间的衣服，然后发现他对此一窍不通。"哦，我的专长不是清洗，"西格伯特向党卫军解释说，"是烧热水。"在接下来的几个月里，党卫军让他给六个炉子铲煤，用来加热洗衣房的水。

在西吉向洛萨的父母讲述他的故事的那天，外面的暴风雪在纽约市倾泻了超过 26 英寸（约合 66 厘米）厚的积雪，掩埋了汽车和人行道，让街道无法通行。西吉从客厅的窗户向外望去，看到鹰大道已经变成了一条银白色的雪带。街对面，通往药店的人行道消失在暴风雪中。西吉是乘坐市长下令停运之前的最后一班地铁到达纳特尔家的，他将在这里过夜。凯蒂·纳特尔一边准备晚餐，一边听他继续讲述他的故事。

他解释说，囚犯们被迫赤身裸体地站在严寒之中，往往一站就是几小时，而医生则对他们进行检查，看谁能活下来，谁会死。一些犯人在原地慢跑，以显示他们仍然精力充沛。那些被选中去死的人，被勒令在一条连接第 1 区和第 2 区的窄巷里排队。这里是囚犯洗衣房的所在地，西格伯特被安排在这里值夜班。洗衣房里有一大堆的洗衣盆和煤炉[19]，有两扇窗户通向那条小巷。党卫军就是从这里把犯人押到毒气室里处死的。他描述说，有一次，他和另外两名洗衣工一直等到党卫军走到巷子的尽头，然后他们从窗户伸出手，把能抓住的年轻犯人拉进洗衣房。有一天，西格伯特被挑出来受死，和其他人一起排队等着进毒气室。看守们把队伍往前推，这时战友们就是通过这扇窗户把他拉了出来。西格伯特得救了。

和其他工作一样，洗衣房的活儿并没有持续多久，很快，西格伯特就发现自己又要在外面的冷风和阴雨中工作了。奥斯维辛下雨的时候总是雾气弥漫，所以在一个雨雾缭绕的日子，为了防止西格伯特所在的小组里有人企图借着雾气逃跑，看守们把他和其他 100 名囚犯带到了附近的一个谷仓。其中一名看守是臭名昭著的暴力酒鬼。

"匈牙利炖牛肉怎么做？"他大声说，"谁能告诉我？"

一名囚犯开口了，描述了西红柿和其他配料。这个看守站起来，走过去，用枪托照着他的脸就是一下，把他砸得晕头转向。"你忘了洋葱。"看守说。然后他转向其他人。"谁会唱歌？"他大声说，"谁会唱歌，你们这些犹太浑蛋？"他们都饿得要死，没有人想唱歌，但西格伯特心想，如果他们不唱歌，这个疯子可能就会杀了他们。他站起来，把一只脚放在另一只脚上，快速地跳着舞，唱着："滚过来，酒桶，啤酒在桶里翻动……"看守拍着掌，用靴子打着拍子。当西格伯特唱完后，看守递给他一块有霉味的面包。

　　"一片额外的面包对我来说，尝起来就像一顿菲力牛排大餐，"西吉描述道，"但如果他不喜欢我的歌声，会怎么样？你永远不知道你所做的事是会救你，还是会害死你。"

　　党卫军实施了一项名为死于苦役（Vernichtung durch Arbeit）的政策，即强迫囚犯执行既无意义又折磨人的任务。囚犯们被迫扛起重达 100 磅（约合 45.4 千克）的石头，从一个地方跑到另一个地方，小心地把它们堆起来，然后再把这些石头搬回它们原来的地方。

　　"他们想把我们活活累死或者饿死。"西吉解释说，"那里没有真正的食物，你只有一碗恶心的汤，是用腐烂的胡萝卜皮、烂土豆皮和发臭的卷心菜做的，臭气熏天。"偶尔，会有机会偷到真正的食物。有一天，一名军士长让西格伯特照看四只兔子，他想养肥它们，好在圣诞夜大快朵颐。"要是它们死了，你也得死。"他威胁道。然后他签署了一份文件，允许西格伯特去军官区的猪圈，用一只桶为兔子们收集食物。

　　西吉知道给猪吃的食物比给犯人们吃的要好，所以他用一块旧锡皮做了一个托盘，卡在离桶的顶部大约 2 英寸（约合 5.1 厘米）

的位置。他走进猪圈，把猪食舀起来，装满了桶底。那是他一会儿要吃的东西。然后他用托盘盖住它，又给兔子加了两英寸的食物，开始往外走。一名手里拿着鞭子的党卫军队长拦住了他。西格伯特出示了他的通行证。党卫军看了看那张纸，又看了看那只满满的桶。四只兔子能吃多少？他开始把鞭子戳进桶里。如果党卫军发现了西格伯特偷猪食的企图，西格伯特就会被残忍地鞭打或者立即枪毙。

就在这时，一名女党卫军骑着自行车从旁边经过。

"集中营里只有一个迷人的女党卫军，"西格伯特解释说，"她在自行车鞍座上扭屁股的姿势很性感，所以自然而然地，每个人都在看，包括那个男党卫军。所以，他盯着她看，挥挥手让我走了。那个女党卫军救了我的命——两次。那是一次。第二次，我带着从仓库偷来的手套被抓了。为这个，我可能会被用来抽牛的鞭子抽二十五下。我身体那么虚，这肯定会要了我的命。一个看守正在记下我的编号以供报告，就在这时，那个金发碧眼的女党卫军骑着自行车经过。他一边写我的编号一边看她在后面转来转去，不由得心烦意乱。"

第二天，在点名时，看守宣读了被判受刑的囚犯的编号。西格伯特听到自己的编号被叫到了："1—0—4—"编号是正确的，除了最后一位。

"幸亏有她在后面。"他想。

有时，当他和洛萨被带到集中营外时，他们会遇到有货物可以交易的波兰平民。"我不想让你觉得我们在经营一家百货商店，"西吉解释说，"但有时我们的确可以做笔交易。有一天，我用一块手表换了一块丝绸[20]，我把那块丝绸裹在我的囚服下面，走回了集中营。但我知道会有人搜身。有个党卫军的人站在门口，总是抓住这个、拦下那个，检查他是否携带违禁品。我的想法是，如果我撞到他，他会打我，但可能不会费劲地搜查我的衣服。这个想法从何而来，只有上帝知道。"

西格伯特以前见过这个看守，他叫奥斯瓦尔德·卡杜克。有一次，卡杜克强迫西格伯特看着他殴打西格伯特的朋友洛萨。在奥斯维辛所有虐待和折磨囚犯的无情之徒中，卡杜克是最坏的一个。根据卡杜克在 1963 年至 1965 年法兰克福战争罪审判中的证词，他是一个铁匠的儿子，从小就需要靠展现强硬来证明自己是一个"真正的"德国人[21]。

"这个杀人狂，卡杜克，就是我要去撞的人，这样他就会打我，"西吉回忆说，"我们走进营地，八个人一排。当我走到卡杜克面前时，我用肩膀撞了他一下。他给了我脑袋一拳——果然，他没有搜我的身。"

回到自己的营房后，西格伯特疯狂地找地方藏起这条长长的丝绸。他从门上的钥匙孔窥视，确定没有看守靠近，却看到一名党卫军军官朝营房走来。营房边上有一大桶正在冒泡的热汤，是留给党卫军的。西格伯特不假思索地跑出去，把布塞进滚烫的汤里，两只手都烫得通红，然后飞快地跑回屋里，将烫伤的双手藏在背后。

"当军官端汤时，他发现了里面的丝绸，"西吉描述道，"那个纳粹杀手环顾四周，想找出是谁把它放在那里的，但当他的目光落在我身上时，我保持了冷静。感谢上帝，他没有走近看。如果他看到我烫伤的手，就会知道是我干的。这些全是我每天都必须在一瞬间做出的决定，只是为了保命。"

"我是个 schlepper，"西吉解释说，这个词在意第绪语中指的是"走卒"或"搬运工"，"水泥袋、钢筋，凡是他们想要挪动的东西，我都得去搬。但即使你对他们有用，他们还是会选你去死。你会经历生与死的选择——左边意味着你能多活一天，右边意味着你那天会死，你能做什么来挽救你的生命？捏住你的脸颊，让它们看起来更明亮、更健康？你永远不知道什么会有用。你当教授或律师对你都没有用，智力没有用。囚犯们有句话：'所有聪明的都化了烟，上了天。'没人知道谁会活下来，谁会死。我知道有个卡波专打红头发的人，其他卡波会打高个子、同性恋[22]或者身体有残疾的人，根本就没有什么规律可言，这真是令人难以置信。"

"我现在有时坐着会回想起当时的饥饿，"他回忆说，"我对自己说：'那不可能是我。我不在那里。那不可能是我。'"

在奥斯维辛，饥饿是一种扭曲的、令人咬牙切齿的痛苦，使囚犯们头晕目眩，逼得他们精神失常[23]。犯人们每天只能分到一碗发臭的馊汤，热量不到700卡路里。面包就像金子一样，稀有而珍贵。每天，西格伯特都发现自己的腿越来越细，胳膊越来越像棍子，裤子也越来越松。饥饿变得难以忍受，他只好什么都吃。

"我记得我吃过芥末。"西格伯特说，他回忆起奥斯维辛的一个夏日午后。他已经好几天没吃东西了。那里有一道篱笆，另一边是军官的宿舍。从远处，他看到党卫军和他们的家人在院子里野餐。

"党卫军的孩子们在吃喝、跳舞，而在营地的其他地方，犹太儿童们正在被燃烧。"他描述道，"那气味一直都在。这取决于风从哪里来。可能有三分之二的时间你能闻见那种气味，它有点难以描述，因为没有其他类似的气味。我们拿什么比较？你有没有闻到过人烧焦的味道？你没有，你也不会想知道。但它确实在那里，真真切切。"

"有个党卫军向围栏外扔了一纸杯的芥末酱，"他描述道，"我太饿了，把它全吃了。我非常恶心反胃，但我还是把芥末都吃了。"

"让我告诉你什么是饥饿，"他说，"周日下午，当我们从苦役中抽出一点时间时，我们能聊几小时关于吃的话题。捷克人说，他们在家里煮土豆时，会加入李子或培根。但希腊人说：'不，不，你要加橄榄。'在聊了几小时的食物之后，你会觉得你真的吃了东西[24]。芥末对你来说就只是芥末，但在奥斯维辛，芥末是食物。我们就是这么饿，真的不知道自己为什么还活着。"

不仅仅是芥末，奥斯维辛的一切都被赋予了怪异而悲惨的意义。像雨水这种常见的、通常能滋养生命的东西，在奥斯维辛则意味着死亡。雨水会渗透一切，浸透了衣服、毯子和营房屋顶的木板。"当你只有一件湿漉漉的破烂囚服时，你能做什么？你可以把它脱下来晾干，但那样你可能会被冻死。或者不脱，那样你就会因染上肺炎而死。"

"没人知道什么是对的，什么是错的，"他说，"我不知道我今天是怎么在这里的。我们都经历了那么多艰难可怕的事情。"

在奥斯维辛，有一项工作最有可能让人活下来：在仓库里工作。囚犯们把那里称为"加拿大"，一个他们想象中的富庶之地。衣服、鞋子、手提箱，以及其他从刚到达的囚犯们身上没收的东西被分门别类地储存在"加拿大"的仓库里。这里任何时候都有1000到1600名囚犯在工作，整理数以万计的手提箱和其他行李。手表、手镯、现金、钢笔、安全剃须刀、剪刀、袖珍手电筒、戒指和其他贵重物品都存放在木箱里，然后被密封并运往柏林的纳粹总部。

被分配到"加拿大"仓库工作的机会非常抢手，因为这意味着能在室内工作，而且有机会"整理"（或者说偷走）珠宝、药品，以及被纳粹没收的衣服内衬里的其他东西。被分配到"加拿大"仓库的囚犯之一，是纳特尔家的儿子洛萨。此时，西格伯特已经发现忠诚对于生存是多么重要，尽管奥斯维辛的环境并不利于发展友谊。在一个充满恐惧和忌惮的世界里，囚犯之间很难培养信任或感情。愤怒爆发，猜疑蔓延，自我保护等情绪压倒了慷慨或亲近的冲动。

虽然极端的环境迫使一些囚犯不信任任何人，但同样的环境也让其他人之间建立了联系。找到一个你可以信任的人，意味着在搜寻食物或其他生存必需品时有了一个盟友。洛萨欣赏西格伯特解决问题的技巧，而西格伯特则欣赏洛萨冷静的举止和渊博的知识。当洛萨被分配到"加拿大"仓库工作时，他首先想到的就是想办法把西格伯特也弄进来。他有了一个计划。

"仓库里有人死了，"西吉告诉纳特尔夫妇，"洛萨冒着生命危险，把那个死去的囚犯的编号给了我，并涂改了记录。他就是这么把我弄进仓库和他一起工作的。"

西格伯特和洛萨整理衣服，分享食物，把珠宝和其他贵重物品藏在空的卫生纸卷里，拿去集中营的黑市上交易，他们培养了一段帮助他们保持神志正常的友谊。

"他帮我找到了那份工作，救了我的命。"西格伯特告诉洛萨的父母。"感谢上帝。"他们说，并在听到他们的儿子和西格伯特所承受的无数苦难后哭了起来。

在仓库"整理"和我们所理解的"整理"不一样。在囚犯们眼中，从纳粹那里偷和从别人那里偷也不是一回事。如果一个囚犯抢了另一个囚犯的食物，犯人里的大哥们就会判他为杀人犯，而如果一个人偷了另一个人的面包，他可能会被其他囚犯活活打死[25]。另一方面，偷纳粹的东西被认为是值得称赞的，任何能够做到这一点而不被抓住的人都会受到大家的尊重。在奥斯维辛，"整理"的机会比其他集中营要大，因为被运到奥斯维辛的犹太人被告知他们将被重新安置，应该带上贵重物品或任何有用的东西，好在东方开始新生活。然而在到达后，所有东西都被没收了。

任何从"加拿大"仓库偷东西的人被抓到，都会面临严重的后果，尽管有看守不断监视，偶尔还是会出现"整理"贵重物品的机会。犯人们用这些宝贝，与党卫军的人和平民工人交换各种各样的物资：酒、香烟、食品、肥皂，或者一双好一点的鞋子。这些物品的价值通常远低于因犯们为之付出的价格。一名幸存者说，在妇女营区，一个苹果的价格是一枚钻石戒指。因犯们用他们的仓库战利品来收买看守，获得更好的工作分配，并在医务室得到优先照顾。腐败一直蔓延到集中营长官办公室，在那里，足够的黄金和现金甚至可以取消惩罚和处决的命令。

在堆积如山的衣物中，西格伯特发现了标有他的亲戚——萨默费尔德夫妇名字的物品，他们在20世纪30年代末从德国逃往荷兰。"因为他们的成长经历，"西吉告诉采访者，"他们总是在衣服上标注个人信息——名字、出生日期和出生地，就像美国的父母为参加夏令营的孩子所做的那样。在这么一大堆衣服里找到他们的衣服，这真是百万分之一的巧合。"

纳粹士兵在荷兰追上了萨默费尔德一家，把他们驱逐到奥斯维辛，西格伯特找到的，就是表亲们所有的遗物：几件衬衫和背心。

就在1944年春天，西格伯特在奥斯维辛集中营待了整整一年后，美国飞机开始飞过营地上空。那时，盟军已经控制了天空，美国陆航第15航空军*从意大利南部起飞，对中欧和东欧的轴心国工

---

* 二战期间美国尚未组建独立的空军，空中力量分别归属陆军和海军航空兵部队。——译者注

业综合体进行狂轰滥炸。奥斯维辛及其铁路线第一次进入了盟军轰炸机的攻击范围。逃亡者一直在向同盟国当局提交报告，详细地指出了集中营的地理布局，并描述了毒气室和火葬场的恐怖情形。根据这些报告，美国战时难民委员会*和其他有声望的机构多次敦促美国战争部轰炸奥斯维辛以制止屠杀，但美国军方拒绝了，认为轰炸集中营会牵扯精力，影响其他对赢得战争而言更迫切的需求。

1944年7月至10月间，有2700架轰炸机在奥斯维辛附近执行任务。8月20日星期日，127架B-17"空中堡垒"在100架P-51"野马"战斗机的护航下，将1336枚500磅（约合226.8千克）的高爆炸弹投向了奥斯维辛的工厂区，工厂区位于毒气室以东不到5英里（约合8公里）的地方，但没有向毒气室投弹。同盟国也没有其他任何行动以阻止集中营对犹太人的屠杀[26]。

"一次也没有，"西吉说，"他们一次也没有尝试过轰炸火葬场、毒气室，或用于将人们送去屠杀的铁路。当纳粹听到飞机飞来时，他们就释放了人工烟雾来掩盖弹药厂。美国人错把三四枚炸弹投在了我们附近，炸死了几名党卫军——但只是因为投错了。他们从来没有正式采取过任何军事行动来摧毁毒气室。其他党卫军知道战争快要结束了，你真该看看，他们是怎么开始表现得好像他们是我们最好的朋友一样。炸弹爆炸时，他们喊：'战友们，来这里和我们一起躲着吧！'是啊，当然，现在我们是战友了。就在三小时前，他们会很乐意杀了我们。但现在美军正在赢得战争，而德国人即将成为俘虏。所以现在他们叫我们'战友'，好像这样就能得到更好

---

* 大战时期美国政府机构。根据罗斯福总统1944年1月22日的行政命令而创设，由国务卿、财政部部长、陆军部部长等组成。佩勒（John W.Pehle）和奥德怀尔（William O'Dw-yer）为实际行政官。负责救援在纳粹德国占领下欧洲的犹太人和其他遭到残杀的少数民族。——译者注

的待遇似的。坦率地说，我们向天祈祷，希望美国人把我们都炸成碎片，但奥斯维辛再也没有被轰炸过，不知美国人是有意的还是无意的。第二天，一切又恢复了正常：筛选和杀戮。"

德国和苏联之间的东线战斗，成了人类军事史上规模最大、最残酷的交战。据估计，二战中共有 7000 万人死亡，其中超过 3000 万人死在那里。到 1945 年元旦，德国东普鲁士的大部分地区已经处在了苏联的控制之下，第三帝国*已经到了崩溃的边缘。

1945 年 1 月 17 日，斯大林的军队进入华沙，并在几天后攻入德国。为了应对苏联的进攻，也为了避免目击纳粹罪行的人落入敌军手中，纳粹将受害者们从奥斯维辛和其他集中营中撤离，转移到德国和奥地利腹地的集中营。德国当局的死亡行军一直持续到 5 月，就在战争结束前几天。

奥斯维辛死亡行军开始的前一天晚上，其他囚犯都睡着了，西格伯特、洛萨和另外四个人蹑手蹑脚地溜了出来，躲在营房下的泥地里，裹着毯子挤在一起，看着远处燃烧的火光，讨论着该怎么办。有传言说德国人要炸掉集中营，不给他们的罪行留下任何证据。一个人说，"健康"的囚犯，就是那些还能走路的人，将在黎明时分被带出去，只有上帝才知道去哪里。另一个人说，不可能一直藏在营房下面，谁知道他们能在严寒中存活多久？他们一致同意，与其躲起来冻死，不如在行军途中碰碰运气。他们悄悄回到营房，等待早晨的到来。

---

* "第三帝国"一般是指"纳粹德国（国家名称）"。纳粹德国是第二次世界大战的发起国之一。1939 年 9 月 1 日纳粹德国闪击波兰挑起二战，此后占领了大半个欧洲（包括法国、比利时、卢森堡、荷兰、丹麦、挪威等），并与意大利、日本结成了侵略性军事同盟。1945 年 4 月，苏联红军攻入柏林；5 月 8 日，德国投降并签署投降书，纳粹德国宣告灭亡。——译者注

1945年1月18日，奥斯维辛的看守们在标有"工作使你自由"（ARBEITMACHT FREI）的大门前让囚犯排好队。大约6万名囚犯[27]被迫离开波兰的奥斯维辛集中营，被驱逐到弗洛森堡集中营、萨克森豪森集中营、格罗斯——罗森集中营、布痕瓦尔德集中营、贝尔根——贝尔森集中营、达豪集中营和毛特豪森集中营。囚犯们排成五列纵队行军，悲惨的人们排成长长的队伍，被迫在刺骨的寒冷和冰雪中跋涉求生。谁停下来，谁就会在后脖颈挨枪子儿。因筋疲力尽而倒下的囚犯则被看守抛弃，任其自生自灭。囚犯们听到枪声，过了一会儿就被到处都是的尸体绊倒。看守们抓住西格伯特和洛萨，命令他们把尸体拖到路边，埋在雪里。

队伍停下来喘口气，一些囚犯试图逃跑。西格伯特看到一名囚犯逃进一间鸡舍。听到鸡的叫声，农夫从他的房子出来，拿着一把猎枪，打死了蜷缩在羽毛和稻草中的囚犯。

四五天后，囚犯和他们的看守到达了波兰的格莱维茨。"我当时不知道，但现在知道了，格莱维茨是一个巨大的交通中心，有来自波兰各地、德国和捷克斯洛伐克的火车。我们大概从凌晨4点开始出发，最后到达了那里。我们走过几列敞开着的运牛列车，一列刚到站的火车的门也被打开了，我在那里看到了一个毕生难忘的场景，那场景每一天都在我眼前晃着——我们看到人们挤在车厢里，肩膀上盖着一条毯子，像白骨做成的骷髅。车里堆满了尸体，看守们命令这些皮包骨的囚犯把它们扔出去。我们已经习惯了每天早上看到有人没能熬过这一夜，这已经很可怕了。但看到这些裹着毯子的"骷髅"从运牛车上抛下死尸，真是毁灭性的景象。只要我还活着，我就永远不会忘记。看守把我们赶上其中一节敞篷车厢，我们乘火车穿过了捷克斯洛伐克。

"捷克人对我们很好,"西吉继续说,"他们会把面包、洋葱、土豆或任何他们有的东西扔进敞篷车厢里,即使党卫军从火车上向他们开枪。我接住了一块面包,但当然了,其他囚犯都扑向我。我把面包掰成两半,把一半抛向空中,让他们去抢。另一半我藏在了外套里,后来我和洛萨一起分了它。

"我的腿因为站了好几天而疼痛难忍,所以有一刻我蹲下来想歇一会儿,突然有个比我大一倍的家伙坐到了我头上,把我死死压在地上。他坐在我的头和脖子上,我拼命叫着,试图把他沉重的身体从我身上推开,但他根本理都不理。他和其他人一样筋疲力尽,看到有东西可以坐就不管不顾了。幸运的是,我还是从他屁股底下挣脱出来了。"

最后,火车到达了一个车站,没有人知道确切的位置。看守们命令他们从车上下来,行军又开始了。西格伯特和洛萨把手伸进他们的囚衣里,捏了一撮糖,抓了一把雪,把糖撒在上面。

"在奥斯维辛,只有党卫军有糖,在正常情况下,没有一个囚犯能得到糖,"西吉解释说,"但在我们离开的前一天晚上,有关于死亡行军的传言四处流传,恐慌开始了。囚犯们撬开了厨房旁边补给室的门。有些人偷了鞋子,有些人偷了衣服,洛萨和我抓了几把糖。我们没有纸袋之类的东西,所以就把它塞在了囚服的合缝里。在行军途中,我们抓了一把雪,在上面撒了些糖,我们称之为冰糕。我告诉洛萨,'如果我们能活下来,最好的一餐就是雪加糖,再加上其他什么吃的。'"

一天之后,洛萨再也走不动了。他停了下来,精疲力竭,准备等死,扔下了毯子和他们在行军前"整理"的一罐生锈的肉罐头。西格伯特看到拿着枪的党卫军从队伍的后面走过来。在他们向洛萨开枪之前，西格伯特迅速转过身来，弯下腰，让洛萨把胳膊搭在他的肩膀上。西格伯特挣扎着站了起来，背着他的朋友跌跌撞撞地向前走。

有两个人好不容易追上了队伍。西格伯特认出他们是基督徒囚犯，他们一直对他做事的方式印象深刻。

"今晚，我们准备要逃，"他们低声对西格伯特说，"我们希望你和我们一起走。你的波兰语说得比波兰人还好，和我们一起吧，我们会一起跑掉的。我们不会向任何人提供这个机会，除了你。"

西格伯特摇摇头，"不，"并向他背上的洛萨点了点头，"他是我的朋友，他的一只脚瘸了，如果我离开他，不出一小时他就会被枪毙。"

"你必须为自己考虑。"他们告诉他。

西格伯特又摇了摇头："他是我最好的朋友，他救了我的命，我不能离开他。"

这两个人向队伍的前面走了。

另外两名囚犯从后面跟了上来，西格伯特也记得他们。在奥斯维辛，他曾看到洛萨教他们如何为党卫军军官制作柜子和窗帘，会制作家具意味着有可能从党卫军那里得到更好的待遇，因为他们一直在搜罗家具装饰自己的住处。

"坚持住，洛萨。"他们低声说，拍了拍他的背，然后往前走了。

他们对洛萨的漠不关心令西格伯特感到厌恶。洛萨教给他们的技能很可能救了他们的命，但现在他们却对他袖手旁观。难道他们能为他做的事就只有拍拍背吗？

"我想说的是，"西格伯特对采访者说，"我不是什么英雄，但那两个人怎么能就这么走了呢？洛萨曾帮他们保住了性命，就像他把我弄进"加拿大"仓库一样,而现在他有麻烦了,他们却就这么一走了之,什么也不做?他们根本就不屑一顾。我对此非常愤怒。"

背着洛萨带来的额外重量,使西格伯特那双轻薄的木鞋不堪重负,细细的鞋带快要勒断了,鞋子在他的脚后跟上来回滑动。囚犯们没有袜子,只有一小块抹布一样的破布,根本包不住他们的脚,木鞋的碎片很容易刺穿抹布,扎进他们的脚。一根小小的刺就会造成伤口感染化脓,而饥饿的人的身体没有力量抵抗感染。在奥斯维辛,西格伯特见识过一根刺的可怕:使一条腿完全腐烂,腐烂的洞大到足以让纱布从一侧穿进,从另一侧拿出来。这种感染的医学术语是蜂窝组织炎,囚犯称之为"黑色霉菌"。在奥斯维辛,人们不仅仅死于饥饿和酷刑,他们还因腐烂而死。

"这双鞋是用廉价的材料制成的,鞋底和鞋跟都是木头的,非常脆弱,已经成了碎片,"他描述道,"我需要找些东西把它们固定在一起。我本想把外套上的线头抽出来系住它们,但那件外套全是破布,线一扯就烂,根本抽不出来。周围除了雪什么都没有,但我看到了一棵细细的树。奥斯维辛不许你用刀叉,但你可以用石头一点一点地把勺子刮得很锋利。我拿着那把勺子挪到这棵小树旁,刮下像我的手指一样细的树枝,把它们放在口袋里等了一会儿,好让上面的霜融化。我把它们揉搓了一会儿,让它们软一点,然后把两条树皮拧在一起,绑在我的鞋子上。"

他站起来,小心翼翼地走着。树皮撑住了。西格伯特默默祷告感谢上天,因为只有上帝才能让他的脑子产生这样的念头,从而救了他的命。

一天晚上,看守们停止了行军,命令囚犯们睡在雪地里,而他们则睡在一个谷仓里,有牛和马的体温可供取暖。西格伯特和洛萨挨到谷仓门口，希望能蹭到点热气，并蜷缩在他们那条破旧的毯子里。在谷仓旁边，西格伯特看到一堆混合着马粪和牛粪的高稻草中冒出蒸汽。他记得小时候在什么地方读到过，在第一次世界大战期间，如果一个士兵生了冻疮，德国人会在这种稻草和粪便堆里挖一个洞，把他放进去，直到没过脖子，据说这比酒更能让人保命。

"你看到那坨屎上冒出来的热蒸汽了吗？"他低声对洛萨说，"天一黑，我们就挪过去。"

一小时后，这对朋友爬到了那堆粪便旁边，感受着它们的温度。他们去摘蒲公英，吹掉头部的毛，吃了茎，呕吐了出来，在自奥斯维辛出发的死亡行军中又活了一晚。

在离开奥斯维辛十天后，1945年1月30日，西格伯特、洛萨和其余的囚犯步履蹒跚地走进了奥地利毛特豪森集中营的大门[28]。在开始行军的近6000人中，只有不到1600人还活着。

在营房和栅栏之间的一条窄巷里，西格伯特、洛萨和其他囚犯找到了一根蒸汽管，并紧紧地挤在一起取暖。附近，一个年轻的囚犯站在两个垃圾桶上，向营房的窗户里张望。其中一个桶倒了，滚出来一块烂掉的卷心菜根。西格伯特把它捡了起来，掰成两半，给了洛萨一块。他们想吃掉它，但菜根冻得像石头一样硬，于是他们把它当作冰袋，放在滚烫的额头上，因为在死亡行军中，两人都发烧了。

"我们休息的时间并不长，"西吉回忆说，"带着机枪的看守命令我们进入这个天花板上有管道的水泥房，然后砰的一声把门关上。那时我做了最后的祈祷，因为我确信这是一个毒气室，脑子里想着：'到此为止了，我们出不来了。'人们四脚朝天地躺在地板上，在恐惧中呻吟或尖叫。我们躺在那里，时间仿佛停止了。最后，一股冷水从管子里流了出来。没有毒气，只有水，没有人能想象我们在那一刻的感受。"

"然后他们把我们赶出了那个浴室。我们又病又累，他们强迫我们在冰冷的夜里，手里拿着木鞋，光着身子跑了好几英里。然后他们用枪指着我们的头，把我们赶进一个木制营房。"

西格伯特、洛萨和其他一些死亡行军的幸存者瘫倒在了营房的地板上。

"洛萨，"西格伯特用微弱的声音说道，他所剩无几的力气正在逐渐消失，"当他们问你能做什么时，就说你是金属工人或者制造工人，能制造任何他们能用于战争的东西。别忘了。"

"好的，好的，"洛萨在高烧、饥饿和疲惫的昏沉中咕哝着，"我会跟他们这么说的。"

"一次又一次，我反复告诉他要这么说，"多年后，西格伯特沮丧地回忆道，"我告诉他那正是他们需要的，金属工人。如果你说你是金属工人，他们就不会杀你。他说：'是，是，是，我会这么说，我会这么说。'但他没说！他没说！德国人把他送到了埃本塞，那是毛特豪森最糟糕的分营之一。"

就这样，十八岁的西格伯特失去了他最好的朋友的踪迹，也不知道他是否能活下来。如果活下来，又是否能再找到对方。

党卫军让西格伯特在毛特豪森主营工作，把尸体扔进万人坑。一周后，党卫军要求制造工人站出来。西格伯特举起手，被卡车送到170英里（约合273.6公里）外的梅尔克镇，在一家被转为制造军火的巴士工厂工作。

"党卫军在那里对我们好了一点，"他回忆说，"也许是因为那里离维也纳很近，当死亡行军去工作时，平民能看到我们。"

这种较好的待遇并没有持续多久。1945年3月初，在西格伯特十九岁生日的前几天，卡波命令他从工厂另一头的炉子里给他端来热水。西格伯特小心翼翼地装了满满一桶水，一滴不漏地搬了回来，但仍然不足以让卡波满意。

"你打水的速度不够快。"卡波说，然后用一根棍子抽向他的脸。西格伯特倒在了地上，一只眼睛肿了起来，脸颊又青又紫。

就在同一天，得知苏军正从东方逼近后，德国人开始了第二次死亡行军。西吉说："美国士兵对他们的战俘的人道是出了名的。所以德国人带我们进行了第二次死亡行军，这次是从梅尔克回到毛特豪森，传闻美军将前往那里。"

队伍出发时大约有2000人，包括来自其他较小集中营的囚犯，每天有100多人死于疾病、营养不良或德国人的子弹。两周后，西格伯特成了仅存的讲德语的犹太人。"以前还有一个人，"他回忆说，"一个名字听起来像哈里·列维或哈利·莱文的人，但有一天晚上，党卫军的人把他带到一个谷仓里，让他脱掉鞋子跳舞，一直跳到他倒下。然后他们用鞭子抽他，逼他爬起来继续跳。每次他倒下，他们就鞭打他，直到他最后死去。"

行军过程很缓慢。当西格伯特和剩下的囚犯终于回到毛特豪森时，他被塞进一个营房，同另外四个人一起躺在一张铺位上。他们都累瘫了，第二天早上，西格伯特醒来时发现其中一个人已经在睡梦中死去。第二天晚上，又有一个人死了，接着又一个，直到他成了铺位上唯一活着的人。他把尸体摆在身边，就像它们睡着了一样，这样在发口粮的时候，就会有更多的霉面包给他吃。死尸的气味充满了整个房间。一名党卫军军官走了进来，嗅了嗅空气，让西格伯特打开窗户。

"然后那个军官对我们说：'卫生很重要。现在我要去镇上买一匹马。今晚，我们会有肉和土豆吃。'他为什么要这样做？他已经知道美国人就在附近了，他想找证人，来洗白自己。他是个聪明人。如果他们抓住他，他希望能够说：'来，看看，我给他们买了匹马，我给他们买了东西——你说我没人性是什么意思？'这才是他买那匹马的真正目的。"

西格伯特将军官关于肉和土豆的承诺从德语翻译成波兰语，告诉给营房里的其他囚犯，但这个消息对于那些生不如死的人来说毫无意义。

"没人还有感觉了，"西格伯特说，"但是那个党卫军军官真的去了一个农场，买了一匹马，农夫把它宰了。然后农夫的妻子把马肉和土豆混在一起，煮成了杂烩。当然，我知道最好一口也别吃。我们的身体已经毁了，没有人能够消化这样的食物。这就像毒药一样，吃了它的囚犯都死了。"

第二天早上，西格伯特慢慢地坐起身来，从营房的窗户向外看去。德国人不在了，在远处的山坡上，有一个士兵穿着他以前从未见过的制服。在西格伯特的注视下，美国坦克和装甲车撞开了毛特豪森的大门。囚犯们慢慢地从营房里走出来，拖着脚往前挪动，西格伯特一瘸一拐地跟在他们后面。一个美国士兵一脸茫然地看着他，这些解放者完全不知道该如何面对会走路的骷髅。他打开自己的野战背包，拿出饼干。几个更有劲儿的囚犯把它们抢走了，西格伯特两手空空，跟跟跄跄地回到了营房[29]。

在战争的最后几天，毛特豪森集中营的囚犯们成立了一个国际委员会，1945年5月5日，美国解放者抵达后，该委员会就接管了营地。委员会心安理得地将正义掌握在自己手中。他们是集中营的警察，处决了所有附近的看守和党卫军军官。那天晚上，委员会的人杀了 8 名卡波和 6 名党卫军。

一群来自委员会的波兰和俄罗斯囚犯找到了西格伯特。"我们抓住了那个用水管打你的卡波，"他们告诉他，"你应该帮我们杀了他。"

西格伯特拖着脚出了门，走进隔壁的营房，发现那个卡波已经被打得浑身是血。一名囚犯把一张破凳子上的木腿递给西格伯特，示意该他打了。

"我打了他一下，"西吉描述道，"但我当时太虚弱了，这一下能有什么用？什么用也没有。其他人干了什么，那是他们干的，我不能谴责他们。但我不赞成复仇或杀人，而且我从没杀过任何人。"

重获自由的第一天，囚犯们为了找吃的，把营地翻了个底朝天。但他们只在仓库里找到了几袋动物的干饲料。"他们就着水把饲料吃了，"西吉回忆说，"大错特错。水把他们的胃撑爆了，一些囚犯死了。尽管我只吃了一点，还没喝水，但我还是差点死了。我在外面闲逛，在路上找到了一包面条，直接生着吃了，那是我自由后的第一顿饭。"

被解放那天，十九岁的西格伯特瘦得皮包骨头，体重还不到 90 磅（约合 40.8 千克）。他因精疲力竭、营养不良和肺炎而几乎死掉。

"我哭了，"多年后，他在接受采访时说，"不是为我自己，我是为其他人而哭，就连吃的都没法让他们免于一死。"[30]

第四章 | 解放

美国军队将幸存者们从毛特豪森集中营移出，并将一些人送往奥地利林茨的一家红十字会医院休养。西格伯特和洛萨就是在那里重逢的：命运将他们分配到了同一家医院。洛萨给西格伯特看了一张剪报，上面有一张他从埃本塞被解放出来那天的照片。第一批进入这个毛特豪森分营的美国士兵中，有一个带了台柯达相机，并给洛萨拍了张照片。他当时瘦得像根竹竿，只有一条毛巾遮体。这名士兵回家后，把照片卖给了《纽约邮报》（*New York Post*），该照片登上了头版。洛萨的父母就是这样得知他们的儿子在大屠杀中幸存下来的：在报纸的头版看到了他的照片。他已经成年了，但看起来就像个孩子，瘦骨嶙峋，憔悴不堪。洛萨在他的余生中都会在钱包里放一份剪报。

西格伯特和洛萨在红十字会医院里休养了两个月。体力稍有恢复，他们就开始为美国陆军反情报部队（CIC）工作，该部队在奥地利和巴伐利亚开展行动，总部设在奥地利林茨。他们自愿无偿服务，以示对解放者的感谢，并庆幸有机会抓捕一些之前压迫过他们的纳粹。洛萨负责CIC总部的办公室行政工作。西格伯特的任务则是收集信息，追查可能因战争罪而受审的人的下落。他探访了城镇居民、林茨官员和附近流离失所者营地的幸存者,并根据这些谈话汇编了潜在的纳粹罪犯名单。

尽管西格伯特年轻且缺乏经验,但CIC认为他是一位理想的调查员,因为他有创造性地解决问题的本事,而且能说一口流利的德语。在奥斯维辛,他还掌握了足够的词汇,能说基本的波兰语和俄语,而不到一年工夫,他的英语也能说得过去了。在1945年至1949年期间,被判战争罪的约2000名纳粹罪犯中,大多数都是在战后初期的这几个月被捕的,当时许多前集中营人员和纳粹党的官员仍躲藏在附近的森林和城镇里,而CIC的主管们授权二十一岁的西格伯特,允许他自行逮捕嫌疑人。

"林茨每平方英里的纳粹战犯数量,比欧洲其他任何地方都多,"西吉回忆起他在CIC的日子,"但很难搞清楚谁是、谁不是[31]。我什么都不怕,但从奥斯维辛活下来后,在抓捕纳粹战犯的过程中牺牲可不是我希望的死法。所以我得到了组建武装后援队的许可,选择了三名非犹太人:两名美国军官和一名苏联军官。"

西格伯特的小队得到了一辆吉普车,"咱们去猎几个纳粹吧!"西格伯特对他的队员们说。

此时,德国当地人有充分的理由与驻扎在其城镇的盟军合作。为了换取关于潜在战犯的可靠信息,以前的一些罪过可以被忽略。如果某人曾是当地纳粹政府的一个小官员,或者有传言说某人只是向集中营提供过物资,美军当局就会对他们网开一面,以换取对高级纳粹战犯调查的协助。

一名当地居民向CIC小队提供了一条可能的线索。有一对富裕的夫妇,这名男子说,他们住在主街上的一栋豪华公寓楼里。他们可能隐瞒了一些CIC小队想知道的历史。"他是这里的名人,"

线人说,"某项自行车比赛的冠军。"

当着房东的面亮出他们的美军证件,小队才得以进入公寓,4名军官对房间逐一搜查。

"那是一套豪华的复式公寓,"西格伯特描述道,"家具很贵,不是每个人都能住得起这样的地方。这家伙为什么要买这么豪华的公寓?他一定是个人物。我们花了两小时搜查公寓。我们发现的最有趣的东西是他收藏的秒表,足足有十八块,这意味着我们的消息来源是正确的:这人至少是一个半职业的运动员。如果是这样的话,那么也许他会有一些信件,将他与高层人士联系起来。"

在100华氏度(约合37.8摄氏度)的酷暑下搜查了公寓两小时后,西格伯特的小队成员筋疲力尽。他们走下楼梯,正准备钻进吉普车时,他突然想起了什么。

"我想回公寓去。"他告诉他们。

"你疯了?"他的一个队员说,"我们每一寸都查过了。"

"有一寸我们没查。"西格伯特说。

"哪里?"另一位调查员问。

"不要紧,"西格伯特告诉他,"你们走吧,我一会儿自己走回来。"

城里比较昂贵的公寓以铺着瓷砖的步入式壁炉为特色。西格伯特记得在他们刚刚搜查过的公寓里看到过灰烬。

"现在是7月,"他想,"谁会在7月份生火?"

回到公寓后,他挽起袖子,把手伸进灰里,掏出一把烧了一半的信件和照片。他推测,租户在得知CIC正在进行搜查后曾试图烧掉这些东西,然后匆忙离开了。在部分被烧毁的文件中有一张字条,祝贺一位"奥尔布雷克先生"在自行车比赛中取得优异成绩,上面有希特勒核心圈子的高官的签名。还有一张照片，上面是一个穿着党卫军制服的英俊男子——就在这时，西格伯特认出了他：一个毛特豪森的看守。这一发现使CIC有理由重新审查该地区的一些商店，肯定有人知道奥尔布雷克先生的下落。

西格伯特在公寓楼的两边挨家挨户地走访。透过一家服装店的橱窗，他注意到一个裁缝正在修改一件男士外套。他走进商店，发现一个带着孩子的女人，显然是在等着取那件外套。西格伯特走近一看，发现裁缝正在拆袖子上的纳粹标志。西格伯特看了看那个女人，从他刚刚离开的公寓里的照片上认出了她。

"你丈夫在哪儿？"他装作漫不经心地问道。

"哦，我不知道，"那女人回答，"他肯定是到乡下去了。"

多年后，西格伯特对这一刻发表了评论："如果她说他去俄罗斯了，我可能就会停止搜索。如果他被派去东线战场，那他现在要么被俘了，要么已经死了。但当她说她不知道他在哪里时，我坐了下来。"

"夫人，"他说，"我去过你的公寓。十八块秒表——这在林茨很常见吗？如果我去隔壁，会不会发现别人也有十八块秒表？还是十五块？或者是十块？"

"那个，"女人回答，"你可以这么说。要不要我陪你一起去拜访下邻居？"

"不，我认为没这个必要。我来告诉你为什么。我发现了你丈夫比赛的贺信，上面有一些重要人物的亲笔签名。对了，我还注意到你丈夫从未得过第一名，他总是拿第二，但第二名也不错。"他笑着说，暗示有时当你知道自己不能赢的时候，最好还是让一步的好。妻子屈服了，提供了关于她丈夫下落的信息。随着时间的推移，她供出了另外三名前纳粹军官的下落。西格伯特的小队将他们全部逮捕，并移交给了CIC。

大多数漏网的纳粹高层已经逃离德国，前往了南美和世界其他地方的避难所。然而，当地一名线人暗示，至少有一名纳粹要人仍在林茨附近，并告诉了西格伯特一个小镇的名字。

为了从村里人那里获取情报，CIC安排西格伯特和他的小队接管了一家属于前纳粹党员的杂货店。四人对杂货一无所知，但这是正确的决定。没花多长时间，CIC小队就成了村民们日常生活的一部分。

"当他们来买东西时，我们会给他们一些优惠，这样我们就赢得了镇民的青睐，"西吉解释说，"在那个时候，你得用配给券买食物。如果我的小队够慷慨，比券上的数额多给了某人四分之一磅（约合113.4克）的黄油，他们可能就会告诉你一些你在别处不会听到的事情。"

顾客们八卦着谁住在这里，卧底的CIC小队震惊地得知，在这个有900人的小镇上，几乎所有人都是正式的纳粹党党员。一位名叫凯斯勒的女士是店里的常客，在用额外的食品赢得了她的好感后，小队了解到，当她的丈夫在一场被这对夫妇认为毫无意义的军事演习中失去一条腿后，他们开始对纳粹党怀恨在心。小队向她透露了他们CIC特工的身份，并询问她是否知道可能对他们有用的信息。凯斯勒太太低声说，在他们附近的沃尔夫拉茨豪森镇的一间农舍里，住着一个高级纳粹分子。

人们对汉斯·戈培尔了解不多，只知道他是约瑟夫·戈培尔的弟弟，后者是已故的帝国宣传部部长，也是希特勒最热情的支持者之一。在第一次世界大战中，汉斯曾是一名炮兵。他于1929年加入纳粹党,担任各种职务,包括地方宣传部门的一把手,并在纳粹占领法国期间出任要职。CIC 小队还知道另一个细节,这对找到他至关重要,汉斯和他臭名昭著的哥哥一样,也有畸形足,先天性畸形导致他的一只脚扭曲了。

西格伯特和他的小队轮流监视农舍。他们不分昼夜地开车经过,但从未发现过有人在家。他们在大雨中继续监视,不定时地突击检查,最终他们的努力得到了回报。一个男人终于开车来到农舍,特征符合对汉斯·戈培尔的描述:身材矮小,马一般的鼻子,一只脚畸形。队员们冲了上去,给他戴上手铐,开车把他带到了 CIC 总部进行审问。

在他的身份得到确认以后,CIC 就把汉斯·戈培尔交给了法国人,后者以他在法国领土上犯下的罪行对他进行了审判,并判处他无期徒刑。1947 年,戈培尔死在法国一处拘留营里。

目睹集中营里发生的这么多暴行,西格伯特的信仰受到了严峻的挑战,但他坚称自己对上帝的信仰从未动摇过。

"上帝存在吗?这在奥斯维辛是个大问题,"西吉告诉一位采访者,"没人知道答案。有人说,也许从来就没有过上帝。有人说,也许曾经有过上帝,但他辞职了。还有人说,也许他不再关心我们了,也许他想让我们死。看守会嘲笑我们,这些虐待狂有一种把戏,他们设置一条禁止囚犯越过的线,警卫会点一根烟,吸上一口,然后把烟扔到那条线的另一边。如果你抽烟,你就会知道长时间没有烟抽是什么感觉。有些囚犯会试图去拿那根烟,然后看守就会向他们开枪,并报告说他们试图逃跑。其中一个党卫军看守在杀死一名吸烟者后看着我说:'你的上帝现在在哪儿?'"

"在我为反情报部队执行一项特殊任务时,答案变得清晰起来,"西吉解释说,"我要坐飞机去某个地方。那是我第一次坐飞机,那是一个阴天,下着雨。飞机起飞,升入云层,然后越过云层,阳光普照。我告诉你,云端之上阳光灿烂,这再次提醒我,上帝一直都在。有人说他死了。不,他没有。上帝在对我说话:'我在这里,不要绝望,有时像希特勒那样的乌云会挡在我们之间,但是你知道,我就在这里。'在那一瞬间,我意识到他从未离开过。"

  1947年11月,作为为CIC服务近两年的回馈,二十一岁的西格伯特获准免费搭乘"海洋弗莱彻"号,从德国不来梅港出发,前往纽约[32]。12月12日,他抵达美国,开始新生活。

第五章 | 领结和"爱心灯"

在听了几小时西吉的悲惨故事后,雅各布·纳特尔迫不及待地打了个电话,安排了西吉在美国的第一份工作。在布朗克斯区纳特尔家的斜对面,有一家药店在1947年12月的暴风雪中被大雪掩埋,西吉受雇在人行道上铲雪,每天2美元。第二天,他在附近找了两个孩子帮他铲雪,每个孩子50美分。1美元的利润,不用动一根手指。到了月底,他已经在美国赚到了他的第一个20美元。

他的第二份工作是由一对兄弟提供的,他们姓弗雷德,是他在从德国来的船上结识的朋友。哥哥给他找了份工作,在曼哈顿闹市区一家生产皮革制品的血汗工厂做工。每周28.50美元,西吉和其他30名工人一起站在一条长木凳上工作,给布料衬里涂上胶水,然后把衬里粘到皮革手提包和书包的内侧。

"我必须告诉你,"他在五十年后说,"你得戴上口罩,那里臭气熏天。那是很脏的活儿。"每天早上,工人们都要爬上深色的木楼梯,楼梯通向阁楼的另一边,然后在长凳上就位。阁楼的一端是一间用玻璃围起来的办公室,老板谢弗在那里一边观察谁在干活、谁没有干活,一边跟客户和承包商通电话,并埋头处理文书工作。每个人都穿着厚厚的鞋子,因为粗糙的木地板上有碎片。晚上,在工人们回家后，一个黑人老头会来打扫厕所。

"让我打扫厕所吧，"西吉对老板说，"我可以免费为你打扫办公室。"这些额外的工作意味着他的工资信封里每周会多出1.5美元。谢弗摇了摇头。"那不适合你，"他说，"那是有色人种的工作。"

"法律规定了吗？"西吉回应道，"先试试我，再决定是否让我接着干。"他计上心来，挽起袖子，仿佛准备立刻就开始打扫，同时装作不经意地露出了文在手臂上的数字：104732。在战后初期，每个人都知道集中营的编号意味着什么。谢弗一定知道西吉是想给他施加压力，让他多做一份工，但他也注意到这个年轻人愿意努力工作的态度。他给了他打扫厕所的工作，这使西吉的收入达到了每周30美元。

为了省钱，西吉决定搬去和姐姐珍妮一起住，她的公寓在布鲁克林罗里默街。为了过上更好的生活，他说服她把他介绍给她在领结工厂的老板，弗里德曼夫人。

"你在谢弗那里挣多少钱？"弗里德曼夫人问道。

"36美元一周，"西吉回答说，夸张了20%，"低于这个数我不干。"

弗里德曼夫人的腿有问题，总是缠着绷带，但她的头脑是敏锐的，当她遇到一个努力工作的人时，她能认出来。她答应给他36美元的周薪，不是像别人的计时工资一样，是每完成一打领结就领薪一次的计件工资。于是西吉离开了谢弗的皮货血汗工厂，开始在弗里德曼的领结血汗工厂工作。每天早上，他从姐姐珍妮的公寓走到弗里德曼的工厂，然后爬上楼梯。在他工作台上方的位置，一条橡胶软管从天花板上垂下来，向房间喷出一团团化学蒸汽。西吉坐在一个高脚凳上，吸着致癌的烟雾。他用一只手抓住软管，在领结上来回挥舞，以软化它们；另一只手拿着沉重的熨斗，把领带熨平。由于缺乏新鲜空气，车间里令人窒息，每个人都躲不开化学品的气味。工人们拿自己的命运讲笑话打发时间，一半是开玩笑，一半是认真的。与此同时，他们的手如同机械一般自助生产着领结。

"谁需要这个？"一个工人说，"这里闻起来很恶心，我无法呼吸。"

"你在抱怨什么？"另一个人说，"看看他，那个可怜的孩子，他都经历了些什么。"他们都同意，西吉的故事最悲惨。西吉只关心自己的事，熨领带，不说话，嘴巴只用来呼吸。他环视了一下阁楼，看了看一排排的领带、木凳和化学软管，又看了看坐在木桌后面的女人们。"如果我母亲还活着，"他想，"我不会让她在这样的血汗工厂工作。"

西吉想找一份更好的工作，并在他弟弟埃尔文的帮助下找到了。1942年，十五岁的埃尔文从他们在柏林的公寓里逃走，希望能去瑞士。他被抓获，并被送往拉脱维亚的里加犹太人区。1944年10月13日，苏联军队解放了犹太人区，1945年5月1日，瑞典红十字会将一小批囚犯转移到了瑞典，埃尔文也在其中。通过《建设周刊》（*Aufbau*），这是一家为讲德语的犹太人寻找家人的刊物[33]，埃尔文与西格伯特以及他们唯一幸存的兄弟乔取得了联系。西格伯特和乔安排埃尔文移民到美国，他在布鲁克林大师工艺领带公司找到了工作，这是一家位于布鲁克林法院街的服装批发公司。

埃尔文的老板格拉泽喜欢西吉，雇他做领带推销员。西吉离开了弗里德曼夫人的工厂，轻松地过上了推销员的生活，他的所有天赋和讲故事的技巧都得到了发挥。最重要的是，每一笔销售都为他赢得了佣金。西吉打电话给他的朋友洛萨·纳尔泰斯基，后者在收到移民文件后改名为拉里·纳特尔（Larry Nartel），与父母住在布朗克斯。西吉说服格拉泽也雇佣了拉里，和他一起做领带推销员。

西吉和拉里凑了些钱，买了一辆1947年的道奇车，带着一大箱领带开走了：三类产品，第一类零售价为每条1美元，第二类每条1美元50美分，第三类工艺更好更精致，售价2美元一条。他们驶出了纽约，驶出了血汗工厂和难闻的气味，驶进了美好的国度*。这对朋友开车到宾夕法尼亚州西部、西弗吉尼亚州、肯塔基州和俄亥俄州的小城镇，由西吉握着方向盘，决定他们要去哪里和谁交谈，一边磨炼自己的销售技巧，一边探索美国。

西吉控制着这次公路旅行的一切，甚至包括个人卫生的细节。如果拉里有口臭，西吉就会把手伸进他的口袋，递给他一个薄荷味的"救生圈"。"去刷牙，"他对拉里说，"你嘴里臭死了，这会搞砸交易的。"他们开车穿过阿巴拉契亚的煤矿城镇，那里是劳工领袖约翰·L.刘易斯的地盘，他为他的工会会员赢得了高工资，同时压倒了包括美国政府在内的对手。就在西吉和拉里的道奇车驶进他的地盘的前几天，刘易斯曾呼吁举行全美范围的罢工。由于罢工，阿巴拉契亚的大多数人都没有足够的钱买食物，更不用说花哨的领带了。上路的第一周，西吉和拉里挣的钱还不到100美元，勉强够付油钱和伙食费。

在给纽约打了几个电话之后，西吉在自己的产品系列中增加了男士运动衫和女士棉质长袍。

但是产品种类的增加对西吉和拉里并没有什么帮助，这些产品

---

* 原文为God's Country，通常用于称呼那些地广人稀、自然风光优美的国家和地区。——译者注

销售缓慢，加之西吉和拉里都有德国口音，一旦店主猜到他们是欧洲犹太人，他们就会明确表示没有兴趣从他们那里进货。到1949年夏天，路上的生活似乎已经结束了，西吉和拉里来到了拉里的哥哥在密歇根州弗林特的家。

"我知道有一家公司，"拉里的哥哥维尔纳说，"本地的国家电影公司，但它和电影没有任何关系。总之，这家公司派销售人员根据产品目录，挨家挨户地兜售东西。你不必全职做这个，只要告诉他们你要搬到这里来，他们会慢慢让你上手的。你可能会去卖毯子，或者那些放在电视机上的小灯。"

国家电影公司有50名员工，他们每周赚75美元，还外加佣金，这在当时可是一大笔钱。但销售人员得昧着良心做事。

"他们95%的产品都是卖给穷人的，而这些人本来可以在商店里用更便宜的价格买到这些产品，"西吉描述道，"但他们没有能力一次付清。我们卖给他们一盏灯、一套床罩床单或其他什么东西，他们会分期付款，每周一到两美元。我们为他们在家购物提供了便利，但首先我们得先迈进一只脚。你不能带着冰箱、摇椅或床到处走，你需要一块敲门砖。因此，我们会卖这个东西——它看起来像个花盆，里面有电线。盆里面有一个一瓦的灯泡，我们会告诉他们，当他们看电视时，这个灯泡对他们的眼睛有好处，但这是个谎言。因为它太暗了，我们称它为'爱心灯'。这玩意的成本价是3美元，我们卖12.95美元。我们还会告诉他们，这是由残疾退伍军人制造的，这又是一个谎言。然后，等他们买了爱心灯之后，你就可以卖给他们一台缝纫机，或产品目录中金额更大的商品。"

一天晚上，西吉和拉里从底特律的密歇根大道上走向他们的车。太阳已经下山了，无数的红色小灯泡在大街上的玻璃店面里闪烁，看着就像要在 8 月中旬过圣诞节似的。身披轻纱薄衫的女人在橱窗后面搔首弄姿，二十四岁的西吉以前从没见过这个。也许她们会买一盏爱心灯，他走到一个穿着非常开放的黑人女子面前。

"我想给你看样东西。"他说着把手伸进包里。

"我想给你看样更好的东西。"她说着，摆出一个性感的姿势。西吉左右打量着街道，惊叹于密歇根大道上商业的种族融合，人们轻松地混在一起，仿佛歧视并不存在。他心生敬畏。小时候，在来美国之前，他唯一一次见到黑人是在柏林马戏团，那是一位魁梧的举重运动员，在矮小的西吉看来，足足有 10 英尺（约合 3 米）高。黑人对他来说，或多或少是个谜。

第二天，国家电影公司的区域经理福克斯开车把他们带到了街上。"我来教你们怎么干销售。"他说。他带着他们走到街上的第一所房子前，敲了敲门。一个身材壮硕的黑人妇女开了门，旁边是她十六岁的漂亮女儿。"嘿，今天我们吃什么？"福克斯叫了一声，然后在她俩的背上狠狠地各捶了一下。福克斯转身对两个年轻的推销员说："你们该这么干！"

西吉对他老板的粗俗行为感到厌恶不已。"我宁愿死，也不愿意这么卖东西。"他告诉福克斯，他和拉里在国家电影公司的销售生涯就这么结束了。

西吉会永远感激拉里在奥斯维辛救了他一命，但他确实不适合做商业伙伴。两位朋友就此分道扬镳，西吉回到了他姐姐在新泽西州帕塞伊克的公寓。他一直通过电话与拉里保持联系，但现在是西吉独自前进的时候了。

他的下一个住处是离他姐姐三个街区远的一间公寓，里面有一间小厨房和一间不大的次卧。一个金属浴缸占据了厨房的大部分空间。西吉在浴缸上铺了一块木板，就成了公寓里的一张桌子。厕所在楼上的大厅里。他每月支付 26.5 美元的租金，还另外花了 5 美元买了一张二手单人床和一个木制衣柜。

有朝一日，当他回过头来看这个狭小的空间时，会把它描述为"一个效率不高的地方"。对这个陋室来说，这个描述可真够宽宏大量的。

第六章 | 被迫私奔

同年，也就是1950年，商人杰罗姆·西塞尔曼举家迁往新泽西州纽瓦克的一栋舒适的大房子里。他的女儿娜奥米只用了两个学期就获得威奎克高中的"年度公民"称号，这让在纽瓦克学校待了更长时间的同学们大为懊恼。她的成就还不止于此：娜奥米的平均成绩一直是A，并熟练掌握了希伯来语，足以在当地的犹太教堂辅导孩子。

杰罗姆和他的妻子洛琳都于1903年出生在美国。杰罗姆是新泽西房地产行业的风云人物，后来拥有了工业园区和各种大型公墓（基督教和犹太教的都有），以及梅多兰兹地区的数百英亩土地（距离纽约市仅半小时车程）。洛琳患有忧郁症[34]，会周期性地变得紧张、发呆，不与任何人说话。有时娜奥米会让她妈妈去做饭，这能让她恢复理智。洛琳擅长做lokshen kugel，这是意第绪语中的鸡蛋面布丁，还有kishkes，意第绪语意为犹太烤香肠，还有latkes，意第绪语意为土豆煎饼，以及其他高热量的犹太美食，这些食物让娜奥米在高中时期一直很胖。

西塞尔曼夫妇是正统的犹太人，他们担心自己的孩子会被同化并与犹太教以外的人结婚，因此，他们对孩子的择友保持高度警惕。

杰罗姆在纽瓦克创建了正统犹太教学校叶史瓦（Yeshiva），并认为女孩不需要接受世俗的大学教育。"那是一种浪费，"他告诉娜奥米，"只要结婚就行了。"娜奥米向她父亲提出了一个交易：如果她以前 10 名的成绩从威奎克高中毕业，他就得让她去上大学。她获得了第 9 名，并考入了新泽西州蒙特克莱尔市的蒙特克莱尔州立师范学院。

  大学校园离克里夫顿很近，娜奥米的姐姐哈丽特和她的丈夫及孩子们住在那里。1953 年夏日的一天，哈丽特有家务要忙，让娜奥米帮忙照看孩子。离开家之前，哈丽特递给娜奥米一张单子，上面写着要从莫里斯·韦纳那里买的东西，莫里斯是当地的水果和蔬菜小贩。那天晚些时候，娜奥米看到莫里斯开着他的食品车向他们家驶来。她等他下了车，然后给他看了购物清单。莫里斯自以为认识附近的每一个人，对这张新面孔感到很吃惊。他上下打量着她。

  "你看起来像个 kalleh moid，"他说，这是意第绪语，指的是适婚年龄的女孩，"我能把你的电话号码给我认识的一个年轻帅哥吗？他也是我的客户之一。"他是个提供全方位服务的小贩。

  "有件事你得知道，"他说，"这个年轻人是个难民。"

  娜奥米耸了耸肩。"他是犹太人吗？"她问道。

  莫里斯点点头。

  "所以呢？"她说，"我为什么要在乎他来自哪个国家？"

  只要他是犹太人，她肯定她的父母就会同意他们俩约会。所以她同意了介绍。

  莫里斯随后和西吉聊了聊，西吉住在隔壁小镇帕塞伊克。莫里斯告诉他娜奥米是多么的漂亮，并给了他两个电话号码：娜奥米和另外一个年轻女法律秘书的。当西吉和娜奥米对彼此更加了解后，他留下了另一个号码，西吉逗她说："以防万一。"

第一次约会时，西吉开玩笑说他没有一辆5000美元的车，所以他坐了一辆4万美元的公交车来接她。

娜奥米很欣赏有幽默感的男人。

"我们立刻就喜欢上了对方，"她回忆说，"他已经在美国待了六年，他说他欣赏我的地方是我让他想起了欧洲女人。他发现美国女人很轻浮，但我很踏实，也很成熟，他喜欢这一点。"

他们看着可一点也不般配。娜奥米很有钱，受过良好的教育，来自一个大家庭。西吉很穷，十四岁就被迫辍学，并在大屠杀中失去了大部分的家人。但娜奥米发现他富有异国情调，感性而且独立，他能理解她独立的天性，至少在当时，他不受主宰她童年的正统犹太教的严格规则的约束。她还了解到她的男友是个企业家，最近和另一个难民欧文·肯普勒（Irving Kempler）一起创办了一家公司，生产零钱包，然后卖给手提袋和手袋工厂。她认为她的父母会对这样一个雄心勃勃的年轻人印象深刻。

结果她的父母差点惊掉了下巴。一想到他们的女儿和一个难民（一个既没钱又没文化，还有可疑历史的人）约会，他们就无法忍受。也许这个人在难民营里被打得发了疯，也许他曾遭受过可怕的医学实验，无法生育。娜奥米的姨妈和姨夫让事情变得更糟，他们自称认识威尔齐格家族的朋友，他们确定西吉以前结过婚，并抛弃了他的妻子。这些谣言并不属实，但它们强化了西塞尔曼夫妇的判断，即西吉配不上他们的女儿。

第一次和娜奥米约会六个月后，西吉邀请她的父母和他们一起去看电影，并在开车回家的路上问他是否可以娶他们的女儿。"不行！"他们异口同声地回答，娜奥米的母亲宣布西吉从此不许再进他们家。

几天后，西吉告诉娜奥米："我们唯一的希望就是私奔了。"

娜奥米同意了。在经历了一系列的意外——验血结果[*]丢失、一个证婚人失踪——之后，1953年新年前夜，他们站在新泽西州帕塞伊克的一个法庭上，面对着当时唯一一位还没休假的法官。西吉将手伸进口袋，掏出一顶犹太小帽，一种犹太教徒戴的圆顶无边便帽。

"这是民事仪式。"法官说。

西吉挥了挥食指："我要结婚了，我是犹太人，我就要戴着犹太小帽。"

仪式只花了几分钟，然后娜奥米打电话给她的父亲杰罗姆，告诉他自己和西吉刚刚结婚，杰罗姆气坏了。

"我就是这样养大女儿的？"他在电话里狂吼，"一个不尊重她的父母、无视犹太传统的女儿？"

"你逼我的，"娜奥米回答，"你不会同意让我们做情侣通常会做的事。"

"你怀孕了？"杰罗姆质问道。

"不，我没怀孕，"娜奥米回答，"我们甚至不打算住在一起，直到我们有一顶天篷（chuppah）。"在传统的犹太教婚礼中，新郎新娘会站在里面。西吉和娜奥米还没有碰过对方，他们都希望先举行一个宗教仪式，以巩固他们的关系。

当父亲在电话里咆哮时，娜奥米静静地等待着。西吉站在她身边，无能为力。最终，杰罗姆的长篇大论结束了。"回家吧，"他

---

[*] 美国许多州至今仍规定婚姻双方必须验血，看有无性病。——译者注

对娜奥米说，"我会和你妈妈一起解决问题的。"

然而，事情的进展并不顺利。三周后，西吉出现在西塞尔曼家，参加娜奥米的妹妹瑞秋的"甜蜜十六岁"派对。他按响了门铃。当娜奥米的母亲洛琳打开门看到他时，她扑向西吉，给了他一耳光。

"滚出去！"她大喊，"这儿不欢迎你！"

一位客人，拉比格林斯坦，抓住了她的胳膊。"西塞尔曼夫人，你在做什么！"他说，"这个人是大屠杀的幸存者，你应该欢迎他。"

"我不关心！"洛琳尖叫道，"让他滚出我的房子！"

娜奥米的姐姐索尼娅插了话："妈，别管他们，他们已经结婚了。"一直被蒙在鼓里的洛琳·西塞尔曼大惊失色。

"你是个妓女！"她朝娜奥米吼道，并命令她滚出家门。

娜奥米搬去和她姐姐哈丽特住了。将近两个月后的一天晚上，电话铃响了，是她父亲打来的。

"你能去米克维（mikveh）吗？"他问道。他指的是犹太女子结婚前的沐浴仪式，"你下周就要结婚了。"

招待宴于1954年3月14日在曼哈顿市中心休斯顿街的小匈牙利餐厅举行。这家餐厅提供犹太食品、塑料花，还有一名手风琴师和一名摄影师，宴席主人需要给每人12.95美元。招待宴上发生了一件很尴尬的事情：娜奥米的姨妈和姨夫们拒绝与西吉，及他的姐姐珍妮、弟弟埃尔文，或坐在新郎家那边的其他移民亲戚说话。娜奥米的母亲仍旧怒气冲冲，她的家人习惯了她的反复无常，并试图让她冷静下来。他们对她说，得到一个姑爷不是比失去一个女儿更好吗？最终，她认命了。西塞尔曼家的房子有六间卧室，西吉和娜奥米被安排到了阁楼上。

现在他们已经结婚了，西吉觉得可以和娜奥米谈论他的过去了。他给她看了他姐姐珍妮从克罗扬克"抢救"出来的珍贵照片。在一张照片中,六岁的西格伯特站在那里,手里拿着一个和他一样高的纸筒,里面装满了水果和糖果。那时候的习俗是,在孩子们上一年级的时候,父母会向他们赠送这样的纸筒。

那是童年里为数不多的快乐时光。西吉的其他童年故事就不那么令人愉快了。他向娜奥米描述说,他曾经和隔壁克罗瑙家的两个信仰基督教的孩子一起玩。他们嘲笑他是犹太人。1936 年,克罗瑙太太意识到包括威尔齐格夫妇在内的犹太人很快就会被围捕并遣送走,于是她开始向西吉的母亲"借钱"。两个女人都知道,如果西吉的母亲拒绝借给她,会发生什么。在那些日子里,如果一个非犹太人向盖世太保投诉一个犹太人,不管理由是什么、不管是多么莫须有的罪名,都会导致其被逮捕(甚至更糟)的下场。克罗瑙太太知道索菲不敢坚持要她还钱,于是她继续定期"借钱"。

"我母亲别无选择,只能把钱给她,"西吉告诉娜奥米,"所以她要求得到一些回报。克罗瑙家有一个农场,离柏林大约 80 英里(约合 128.7 公里)。我母亲问克罗瑙太太,如果犹太人的处境变得更糟,能否请她带上她最小的两个孩子,就是我和我弟弟埃尔文,带到他们的农场去藏起来。克罗瑙太太没说要把我们藏起来,但我要告诉你她说了什么:'警察无论如何都会抓到你们。这只是个时间问题。把你们家的后门开着,这样到时候我就能拿走你的皮大衣了。我们为什么要让警察拿走它?'上帝保佑,我发誓她就是这么说的。"

"我们还有一个邻居,"西吉继续说道,"一个叫斯特鲁卡的波兰农民。在去柏林之前,有一段时间,我们全家都躲在他家。有一天,他把我父亲带到他的谷仓,给他看了一把他用来杀猪的斧头。

斯特鲁卡说：'如果你愿意，在他们抓住你、折磨你、弄死你之前，我会把你的家人一个个送走，砍掉他们的头。他们不会感到疼的。'我父亲说，这不是个好主意。"

"理解这一点非常重要，"西吉说，"斯特鲁卡不是坏人。对他来说，这是他的好意。在那些日子里，很难区分好人和坏人。"

西吉给娜奥米讲了另一个他童年的故事。"我母亲有个姐姐叫贝蒂，她住在农场里，"他说，"她和丈夫、其他姐妹以及她们的丈夫住在一起。我和我的兄弟姐妹偶尔会住进她为客人预留的两个房间。"

1938年11月9日夜里，纳粹暴徒开始横冲直撞。在整个德国和奥地利，他们摧毁了近200座犹太教堂，洗劫了8000多家犹太商店，砸碎窗户，将数以万计的犹太人送进了集中营。这场悲剧后来被称为"水晶之夜"（Kristallnacht），即"碎玻璃之夜"。第二天，西吉的姨妈贝蒂和她的家人得知党卫军正朝他们的方向前来，要逮捕所有的犹太男子。贝蒂的丈夫和姐夫跑到田里，躲在干草堆里。那天晚上，党卫军出现了，问男人们都去了哪里，但是贝蒂拒绝说出他们的下落。

"一个党卫军在贝蒂姨妈的房子里发现了一根粗橡木棒，"西吉告诉娜奥米，"也许这是她丈夫赶牛去市场时用的东西。那个军官拿起那根棍子，朝她的头部猛击。他打得太狠，在她头上打出了一道两指宽的伤口，但她仍然不肯透露亲人的藏身之处。当他们搜查院落时，发现了那些躲在干草堆里的人，并把他们送到了萨克森豪森集中营。一个邻居同情贝蒂，帮她包扎了伤口，并把她藏在一些毯子下面。那天晚上，他用马车把她偷偷运到了柏林郊区的一个小镇。"

在柏林，贝蒂找到了威尔齐格一家住的那栋楼。贝蒂到达时，西吉和他的母亲正在挂窗帘。西格伯特转过身来，看着站在他们门口的陌生女人。"我能帮你吗？"他说。当年早些时候他曾见过她，但现在这个女人的脸青一块紫一块，眼睛也肿胀不堪，以至于西格伯特都认不出她是自己的姨妈了。

"那就是我们过的那种可怕的生活。"西吉对娜奥米说。她坐在那里，听着丈夫讲述自己的童年，震惊不已。

娜奥米告诉西吉，她为他在美国建立新生活感到多么自豪，他可以依靠她的支持。他拥抱了她，并承诺他会同她一起过上好日子，但有一个条件：他不要她家的钱，他的成就将是他自己的。娜奥米同意了，她从大学退学，当了一名簿记员，以补贴家用。随着时间的推移，她证明了自己是一个活泼、浪漫的伴侣，她把他们的家收拾得干净整洁，严守犹太教规。当西吉从噩梦中惊醒时，她会安慰他。自从拉里·纳特尔在奥斯维辛救了他一命之后，西吉第一次有了一个最好的朋友。

1956年，娜奥米生下了他们的第一个孩子，取名伊凡（Ivan）。按照德系犹太人用希伯来语给后代命名的习俗，娜奥米和西吉给他们的儿子取了希伯来语名字伊扎克（Yitzak），以纪念西吉被杀害的父亲伊西多尔，他的希伯来语名字也是伊扎克。娜奥米和西吉未来的孩子雪莉（Sherry）和艾伦（Alan），以及他们未来的孙辈，也将拥有希伯来语名字，以纪念在大屠杀中丧生的家庭成员，或纪念去世的幸存者——这一习惯意味着孩子们有责任代表死者过上正直的生活，了解大屠杀历史，让那些遇难者的名字和记忆永存[35]。

对于一个幸存者，特别是对于家庭遭到灭顶之灾的西吉来说，在所有可能的 nachus 之中，意第绪语中意味着幸福和满足，最重要的就是拥有一个健康的犹太男孩来延续威尔齐格这个姓氏。

在20世纪50年代初，有57个反犹主义团体在美国公开活动，并出版有《美国民族主义者》(*The American Nationalist*)、《十字架与旗帜》(*The Cross and the Flag*)、《霹雳》(*Thunderbolt*)、《卫士》(*The Defender*)和《常识》(*Common Sense*)等发表仇恨言论的刊物，每周发行量达9万份[36]。"犹太人是现代世界所有麻烦、所有冲突和所有叛乱的根源。"1957年，由休伦教会新闻集团（Huron Church News）出版的《犹太问题》(*The Jewish Problem*)里这样写道[37]：这种偏见并不总是那么明显，当度假胜地的广告中出现'附近有教堂'的提示时，所传递的隐含意思就是这里不欢迎犹太客人。"

这不是单纯的势利，而是对犹太人根深蒂固的敌意，因为人们认为，他们是堕落的、非基督教历史的产物。天主教徒在教义中仍被教导说是犹太人杀害了基督，南方农村的一些公共建筑中张贴着"犹太人与狗不得入内"的标志。反犹主义使犹太商人无法进入更高的权力圈子，犹太家庭也无法居住在该国较好的社区。密歇根州繁荣的格罗西角业主协会，持有比较明显的住房歧视倾向，它雇用私人侦探来调查潜在的买家，犹太裔购房者将收到礼貌但坚定的拒绝信。

更阴险、更微妙的反犹主义，则是既承认犹太人的存在，但又限制他们参与法律、医药、石油和天然气生产、商业银行等其他行业的工作。作为参考，直到20世纪60年代，在金融、重工业、通信、交通和公共事业领域的高级管理人员中，犹太人只占1%[38]。在费城最大的几家银行的1000名雇员中，只有6人是犹太人，而且没有一个是高级管理人员[39]。尽管梵蒂冈在1965年宣布犹太人不再对耶稣受难负有责任[40]，尽管犹太组织发起运动，要求结束在商业和社会组织中的歧视，但纽约较有声望的俱乐部，诸如林克斯（the Links）、尼克博克（the Knickerbocker）和纽约运动俱乐部等，仍然将犹太人排除在会员之外。

反犹分子无处不在，他们准备采取任何必要的措施，让西吉这样的雄心勃勃的难民好好待在自己的位置上。

第七章 | "赶紧把这笔该死的交易完成"

到了20世纪50年代，战后的美国充满了创业的活力。被配给制的弊端折磨了多年之后，美国人雄心勃勃，渴望尽享和平的红利。在那些希望充分利用战后美国机遇的人中，有厄尼·瓦赫特尔（Ernie Wachtel）和他的妻子罗丝（Rose），他们是威尔齐格夫妇未来最好的朋友。厄尼和罗丝住在新泽西州纽瓦克市的一个郊区，那里有很多犹太人，有几个犹太教堂，还有对他们孩子的未来最重要的威奎克高中。在情况变得更糟之前，瓦赫特尔一家在1938年幸运地逃离了奥地利，对于他们以及其他渴望实现美国梦的新移民来说，良好的教育是取得成功的必由之路。

厄尼用他做橱窗装饰的收入买了一栋三层的砖房，离学校只有几个街区，这样他的孩子们就可以步行去上课。这实现了他们的梦想。在瓦赫特尔一家居住的纽瓦克地区，住宅的特点是有前院和后院，但房子和房子之间的空间很小。瓦赫特尔家的卧室窗户正对着一栋两层楼的房子，房子的主人是一对老夫妇，他们最近把二楼租给了一个三口之家。一个夏日，厄尼听到邻居家二楼的窗户里传来高亢的歌声。"该闭嘴了！"在忍了好一段时间之后，他从自己的窗口喊道。最终，瓦赫特尔一家遇到了他们的新邻居威尔齐格一家。

"不打不相识。"厄尼回忆说。尽管西吉喜欢在洗澡时唱歌,他们还是成了朋友。

1958年,罗丝和娜奥米在同一个月都生下了女儿,让这段友谊变得更加牢固。娜奥米和西吉给他们的女儿起了英文名雪莉,希伯来语名字则是西吉被害的母亲索菲曾用过的西波拉(Tziporah)。雪莉是早产儿,体重只有3磅(约合1.4千克)。有效的新生儿护理直到20世纪80年代才普及,当时大多数医院只提供基本的早产护理。西吉的女儿又小又弱,医生说她只有50%的生存机会。幸运的是,她活了下来,但因为西吉看到过那么多孩子在集中营里死去,他一辈子都在为她的健康和安全担心。

现在,西吉已经转了行,这次是销售花哨的皮面活页夹。他开车在美国东海岸来回奔波,从一个城市到另一个城市,从一所大学到另一所大学,就像《推销员之死》(Death of a Salesman)中的威利·洛曼一样*:他扛着沉重的样品箱,肩膀酸痛,手指关节磨出了血。娜奥米的父亲反对西吉干这份工作,因为作为一名巡回推销员,西吉和他年轻的家庭难免聚少离多。一方面为了安抚岳父,另一方面为了逃避奔波的疲惫,西吉在新泽西州希尔赛德附近的一家定制家具制造商尼斯旺父子公司当上了销售。该公司位于蒙哥马利街,尼斯旺父子公司的陈列室展示了桌子、椅子、沙发和梳妆台的样品,后面还有一间尼斯旺先生的小办公室。

"去度个假吧!"西吉上班没多久就对老板说。尼斯旺已经很多年没有离开过办公室了,但他信任这位精力充沛、快人快语的销

---

* 《推销员之死》是阿瑟·米勒在1948年创作的"两幕安魂曲"剧本,于1949年上演。米勒因此获得了普利策奖,他将这部作品描述为"一个人为了追求美国梦而献出或出卖生命的悲剧",威利·洛曼是剧中的主角。——译者注

售员，所以他去了欧洲。三周后，当尼斯旺回来时，西吉已经提高了很多产品的销售额。尼斯旺让他担任销售经理，然后就回去继续度假了。三年内，西吉把公司的业务量增加了两倍，尼斯旺将他提升为总经理。

"西吉给我讲了一个他当总经理时的故事，"鲍勃·马古利斯回忆道，他在20世纪80年代成为西吉的法律顾问之一，"我在向大学生教授商业策略时就用这个故事。如果展厅里的销售人员和顾客纠结了太长时间，西吉就会站到旁边，假装在清理烟灰缸。那是他的信号：'把它清理干净，赶紧把这笔该死的交易完成。'"

西吉的岳父杰罗姆·西塞尔曼在新泽西州的克里夫顿市拥有两座公墓：一座是为犹太客户服务的所罗门王纪念公园，一座是为非犹太客户服务的克雷斯塔文纪念公园。这两座公墓都出售墓穴、青铜牌匾和花岗岩墓碑。1963年，新的法律规定公墓不能再向同一客户出售墓地、牌匾和墓碑。这项规定是在作家兼活动家杰西卡·米特福德的《美国式死亡》（*The American Way of Death*）出版后通过的，这本书揭露了丧葬承办人利用悲伤家庭的脆弱，以高利贷的价格向他们出售殡葬服务和用品。米特福德的书广泛流传，并促使政府介入。作为立法的结果，西塞尔曼被迫将其业务一分为二：一方面是公墓，另一方面是墓碑生意。

"交给我吧！"西吉告诉他。

西吉辞去了在尼斯旺公司的工作，不到一周，他就在所罗门王纪念公园后面的一栋建筑里为他的岳父开设了青铜和花岗岩纪念馆。从技术上讲，这是一家不同的公司，但任何前来预约购买所罗门王墓地的人，都肯定会先开车经过青铜和花岗岩的大门。就像他做家具生意时一样，西吉只用了几个星期就创造了强劲的销售业绩。

在业余时间，他研究股票市场，用出售青铜牌匾和花岗岩墓碑赚来的钱试着购买了一点股票。他的投资之一是得克萨斯威尔希尔石油公司（Wilshire Oil Company of Texas），这是一家在美国证券交易所上市的加拿大公司。威尔希尔似乎是一个安全的赌注——一家小公司，其股票以一种可承受的价格出售。

当娜奥米发现丈夫在定期购买威尔希尔的股票时，她斥责了他："更多的股票？我们都快付不起账单了，你还在买更多的股票？"

西吉找了很多借口，但他并没有停止购买。

那年晚些时候，西吉和娜奥米参加了当地一位重要人物哈里·Z.施莱纳的告别宴会。犹太媒体称哈里·Z.施莱纳为"环游世界的拉比"，因为他的职业生涯就是在四处奔波中度过。20世纪50年代中期，他先是在巴黎的犹太裔美国人社区担任拉比，然后去了韩国。在回国短暂休整后，他即将飞赴越南做随军拉比。教友们举办了一场告别晚宴，威尔齐格夫妇和城里的各界名流一同参加。"西吉对普通的社交聚会不感兴趣，"邻居厄尼·瓦赫特尔评论说，"但他喜欢和上层人士打交道。"

在施莱纳的告别晚宴上，有一位名叫索尔·戴蒙德的商人，现年七十八岁，身材高大，风度翩翩，是纽瓦克最杰出的企业家之一。20世纪20年代，戴蒙德曾是纽约证券交易所的一员，退休后，他利用自己对市场的熟悉度，成为矿业公司和其他企业的主要股东。他名下有一家比较不寻常的公司，这就是位于新泽西州北阿灵顿的戴蒙德钢圈公司。该公司制造金属条或"骨架"，帮助胸罩和紧身衣保持形状。自20世纪40年代中期以来，女性内衣界的代表一直是好莱坞的弗雷德里克公司（Frederick's of Hollywood），该公司为贝蒂·佩吉和其他当时红极一时的女模特提供内衣。戴蒙德钢圈公司是弗雷德里克公司的主要供应商之一。

尽管如此，他对自己的商业成就仍然十分低调，从不吹牛，穿着毫不张扬，还开着一辆有二十年车龄的凯迪拉克。"它还能跑，为什么要换呢？"他告诉商业伙伴们。一位同事形容他是"一个低调的千万富翁，从不试图上电视、广播或报纸。他感兴趣的只有囤积股票。"

除了管理他兼收并蓄的投资组合，身材瘦削、白发苍苍的戴蒙德还是突破性事业的坚定支持者。1956年，他取消了在亚拉巴马州蒙哥马利建立一家家具制造厂的计划，以抗议马丁·路德·金和其他民权活动人士因抵制公交车而被监禁的事情。在戴蒙德看来，为他的新工厂重新选址是微不足道的，但这能表明他支持这项有价值的事业。

戴蒙德的身高远远超过6英尺（约合180厘米），当身高5英尺5英寸半（约合166.4厘米）的西吉·B.威尔齐格遇到像戴蒙德这样高大的人时，他有一个标准的问候方式。他会伸出手，跟他握手，然后说："我以前和你一样高，6英尺2英寸（约合188厘米），但我在战争期间加入了蒙哥马利第8集团军[41]，他们让我在120华氏度（约合49摄氏度）的高温下背着沉重的背包。这害我缩到了5英尺5英寸。"他弯下腰，示范了一下背负着一个满载的野战背包是什么样子。

"西吉总是在口袋里揣着笑话，让场面活跃起来，"厄尼·瓦赫特尔回忆说，"他从来没有在英国军队服役过，也从来没有6英尺2英寸高，但这不是重点。他能让人们发笑，人们喜欢他。"

西吉和索尔·戴蒙德相谈甚欢，并在那天晚上发现他们都持有得克萨斯威尔希尔石油公司的股票。戴蒙德察觉到这些老掉牙的俏皮话背后藏着一个敏锐的头脑，他向西吉透露，他担心威尔希尔不能发挥其潜力。该公司正在酝酿一系列交易，只要有合适的人掌舵，就能带来收入的大幅增长。这些机会包括在犹他州和堪萨斯州收购富含石油和天然气的地产，在俄克拉荷马州生产沥青和石油副产品，在得克萨斯州的潘汉德尔和新墨西哥州购买新的油井，以及在全美各地就另外七十多个地产进行谈判等。

但威尔希尔石油公司的问题越来越多。新井的产量低于预期，工程师们对最近开发的一种使用加压水的开采方式感到困惑，董事会在没有必要的产权文件的情况下批准了新的钻探用地。公司陷入了困境，亟需新的活力和一个有魅力的领导者。戴蒙德说，他可以自己接管工作，但他已经快八十岁了，不想冒着心脏病发作的风险去这么做，他的兄弟在其他地方进行的一场类似的收购战就是前车之鉴。他问西吉是否愿意考虑去牵头干这件事。

西吉对这个提议感到兴奋不已。到目前为止，他在各种生意中的角色都只是销售，这限制了他的收入。执掌一家石油公司可以使他跻身高层，能够真正赚大钱。他对自然资源、商业金融或如何接管一家公司一无所知，但他毫不犹豫地接受了索尔·戴蒙德的提议。在晚宴余下的时间里，这两个人一直待在一个角落里，构思想法，讨论策略，戴蒙德大口地抽着雪茄。接下来的几个星期里，只要青铜和花岗岩纪念馆的工作一结束，西吉就会驱车前往戴蒙德在新泽西州纳特利的家，他们在那里度过了一个又一个周密谋划的夜晚。偶尔，他们会在爱德华兹和汉利经纪公司的新泽西办公室见面，研究股市行情，讨论战略战术。

"在西吉身上，戴蒙德看到了一个真正的行动者该有的样子，如果有必要，他会跋涉到天涯海角。"欧文·沃特曼说，沃特曼是爱德华兹和汉利公司的股票经纪人，负责他们的交易。"索尔说他将在财政上支持西吉，并承担律师费和其他费用，前提是西吉愿意承担起推翻威尔希尔时任总裁罗伯特·里德的任务。西吉乐于接受这一挑战，也希望借此机会向世界表明，他比人们所认为的要更懂商业。"

每次与戴蒙德见完面后，西吉都会兴高采烈地开车回家。他把他们对威尔希尔年报的分析口述给他的妻子娜奥米，指出董事会在哪些方面没有遵循特定的规程，或者他们在哪些地方存在失职行为。娜奥米将这些笔记打成信件，然后寄给俄克拉荷马城的威尔希尔董事会及其在纽约沙利文 & 克伦威尔律师事务所的法律代表。这些信切中要害，让威尔希尔的董事会成员和他们的律师惴惴不安。

与此同时，西吉在他们的中产阶级收入所允许的范围内，继续购买威尔希尔的股票。

"我不知道这将如何改变我们的生活，"娜奥米说，回忆起丈夫买过的其他股票和他所投身过的其他事业，"但结果就是这样。"

第八章 ｜ 西吉与歌利亚

叱咤风云的美国石油工业始于 1870 年 6 月，当时该行业最早的参与者之一约翰·D.洛克菲勒成立了标准石油公司，该公司迅速成为美国最大的石油与煤油提炼商和发货商。到 19 世纪 70 年代末，洛克菲勒的公司已经开发了三百多种以石油为基础的产品，如焦油、油漆、凡士林和口香糖，标准石油公司精炼了美国 90% 以上的原油。

洛克菲勒的商业行为引发了巨大的争议。该公司毫不犹豫地攻击竞争对手，无原则地打价格战，并向那些优先为标准公司的产品提供服务的铁路公司提供秘密回扣。记者和政客们抨击洛克菲勒的残酷手段。1880 年，据《纽约世界报》（*New York World*）报道，标准石油公司是"有史以来最残忍、最无耻、最无情、最贪婪的垄断企业"。两年后，洛克菲勒成立了标准石油信托公司：一个包括了四十多家洛克菲勒旗下公司的单一的伞状实体。该信托公司很快成为世界上最大、最富有和最令人生畏的企业。

站在这个金融巨无霸背后的人，约翰·D.洛克菲勒，是伊利街浸信会教会(the Erie Street Baptist Mission Church)的忠实信徒，他在那里的主日学校*教书。宗教是他一生的指导力量，洛克菲勒相信，石油有其神圣的目的。他说，地下财富的存在，是为了帮助在地上建立上帝的王国。石油是"伟大造物主的慷慨礼物"和"对人类的祝福"。洛克菲勒甚至在开采和提炼的机械过程中找到了精神上的灵感。"整个过程，"他说，"似乎是个奇迹。"洛克菲勒并不是唯一一个这么想的人：认为石油是上天赐给世人的礼物，是为了拯救人类而存在的。"事实是，"《纽约时报》记者威廉·赖特在1865年写道，"在佩特罗里亚，人们普遍认为教堂是一个发动机舱，用井架做钟楼，用井装《圣经》，用2英寸（约合5.1厘米）的管子做传教士，嘴里念念有词，以每天二百桶原油的形式'创造新事物和旧事物'。"42

宗教和石油的伙伴关系在第一次世界大战后得到巩固，当时浸信会的石油大亨们资助了贝勒大学等基督教机构，以促进对《圣经》和上帝的承诺。贝勒大学的校长塞缪尔·帕尔默·布鲁克斯承诺："教地质学的教授不仅要了解岩石的年龄，还要了解永恒之石**。"43 贝勒大学的毕业生之一席德·理查森成为石油行业的百万富翁，也是福音传教士葛培理（Billy Graham）***的主要资助者。理查森和其他石油富豪家族，如亨特家族和勒图尔诺（LeTourneaus）家族，资助了葛培理1951年的电影《得克萨斯先生》（*Mr. Texas*）和1953年的《美国石油城》（*Oil Town, U.S.A.*）。这两部影片讲述了堕落的

---

*　主日学校（Sunday school），在星期日对儿童进行基督教教育的学校。——译者注

**　永恒之石（Rock of Ages），这个短语出自《圣经》的某些译本，最初指的是上帝、耶稣或信仰本身，现在的引申意为"无穷无尽的力量或支持的源泉"。——译者注

***　美国当代著名的基督教福音布道家，二战后福音派教会的代表人物之一。他经常担任美国总统顾问，在盖洛普20世纪名人列表中排名第7。——译者注

商人在基督和资本主义的结合中找到救赎的故事。到1960年，葛培理的组织——环球影业公司（World Wide Pictures）声称，由于这两部电影，数以百万的观众已经接受了耶稣作为他们的救世主。

其他来自美国西南地区的复兴派教徒（Revivalists），如奥勒·罗伯茨和查尔斯·富勒，也用他们的石油利润为各部委提供资金。奥勒·罗伯茨是电视福音传道者（televangelist）的先驱，他在1965年利用捐款建立了奥勒·罗伯茨大学。富勒用靠石油赚来的钱建立了富勒神学院，使其成为"新福音派"（new evangelical）运动的中心。好似是为世人宣告他的目的，富勒将他的公司命名为"天赐石油"（Providential Oil）。

理查森家族、亨特家族和勒图尔诺家族是在美国石油工业形成时期主宰该行业的众多非犹太人中的几位，他们强烈捍卫着自己的霸权。"这是一个老男孩的关系网，纯粹而简单。"华盛顿特区的美国石油与天然气历史协会执行董事布鲁斯·威尔斯说。

1879年，约翰·D.洛克菲勒的竞争对手通过建造潮水管道（Tide-water Pipeline），成功打破了标准石油公司对石油输送的垄断。洛克菲勒的竞争者支付巨额费用，让工人铺设直径6英寸（约合直径15.2厘米）、长18英尺（约合50厘米）的锻铁管道，这项工作主要在夜间进行，以免被标准公司的间谍发现。到那年5月，输油管道从宾夕法尼亚州的产油区向东延伸了110英里（约合177公里），穿过阿勒格尼山脉（Allegheny Mountains），与雷丁铁路（Reading Railroad）相连。第一批非标准公司石油于6月3日抵达新泽西州的巴约尼（Bayonne）。当工人们打开阀门时，潮水管道每小时输送二百五十加仑石油，打破了洛克菲勒对输送的垄断，并为独立石油生产商打开了大门。

到三十五岁时，出生在得克萨斯州的乔治·L.马克里斯所取得的成就只是一家不起眼的雪茄盒制造企业。成为石油和天然气行业的一员，对他来说只是个遥不可及的梦。与此同时，在1900年至1910年间，以汽油为动力的汽车的注册量从8000辆跃升至近100万辆。乔治和他的哥哥维克多（一个汽车修理厂的老板）感觉时运已到，开始挨家挨户地卖汽油。他们将自己的利润转化为美国南部地区最早的连锁加油站之一。到1914年，他们已经积累了足够的资本，成立了得克萨斯威尔希尔石油公司，该公司在得克萨斯州、新墨西哥州、怀俄明州和加利福尼亚州的小块土地上进行石油的生产和提炼。公司赚了不少钱，1952年，马克里斯退休后回到了他在加州棕榈泉的家。那年晚些时候，他因心脏病发作而去世。两年后，他的遗孀埃尔西诺与另一位得克萨斯州石油商再婚，并卖掉了她在威尔希尔的大部分股份。

得克萨斯威尔希尔石油公司的新所有者是布里塔石油公司（Britalta Petroleums），这是一家成立于1948年的加拿大公司。布里塔公司的总裁罗伯特·L.里德是一位勤奋的石油商人，他看到了威尔希尔的巨大潜力。然而，加拿大的生意牵扯了他的注意力，他几乎没有时间照管在美国的业务。结果，威尔希尔的石油和天然气生产滞后了。在一系列旨在节约成本的措施中，威尔希尔董事会最近关闭了公司在得克萨斯州米德兰的办事处,并解雇了一些员工。

乔治·马克里斯退休后发生的一连串错综复杂的并购，使威尔希尔的运营变得更加复杂。到20世纪50年代末，公司的账目变得一团混乱，没有人清楚地知道威尔希尔拥有或不拥有哪些资产。即使是决心拨乱反正的公司高管，也被公司复杂的历史弄得晕头转向[44]。

威尔希尔的未来在一个不稳定的支点上摇摇欲坠：马虎的记

账和管理的缺位。该公司的投资策略也是风险重重。1958年年初，董事会批准了在新墨西哥州埃迪县购买一块11000英亩（约合44.5平方公里）的土地。结果在为期三十一天的试生产中，这里只产出了八桶油。董事会认为当地不可能产出更多的石油，于是关闭了这口井。两个月后，测试人员在这块地上挖了第二口井，它也没有显示出商业化生产石油或天然气的潜力，因此第二口井也被放弃了。在1958年的年报中，布里塔没有任何关于他们美国子公司的好消息可以报告。"到目前为止，"总裁罗伯特·里德写道，"还没有任何实质性的商业生产可以报告。"这种情况在接下来的六年里都没有改变。

为了控制得克萨斯威尔希尔石油公司，西吉需要购买大量威尔希尔石油公司的股票。他没有足够的钱独自去做这件事，所以多年来他一直在积极地招揽家人、朋友和熟人，让每个人都去购买威尔希尔公司的股票，加入他的投资集团。

他去拜访他最好的朋友瓦赫特尔一家，和他们一起坐在厨房里，罗丝总是在那里为客人准备好咖啡、犹太蛋糕和一碗坚果。西吉提出了他的建议。如果他们和他一起购买威尔希尔的股票，最终他们便可以控制公司，正确地经营，并为股东带来可观的收益。按照西吉的解释，这个计划非常合理，瓦赫特尔夫妇拿出了他们的支票簿。这就是西吉的天赋：说服任何人相信任何事的能力。人们被他的推销说辞迷住了。

"你没法拒绝西吉，"厄尼·瓦赫特尔说，"他吸引人就像蜂蜜吸引蜜蜂一样。每个人都被他的话吸引住了，人们对他提供的一切都深信不疑。最后我以每股7美元的价格买了一些股票，我父亲也买了。后来，我的女婿和他的兄弟也投入了大量资金，我们都赚了不少。我们是被西吉的销售技巧说服了，否则，我们根本就不会买这只股票。谁之前听说过得克萨斯威尔希尔石油公司？"

"一开始，"西吉的姐夫米尔顿·多南伯格回忆说，他也买了一些股票，"西吉是一只小绵羊，与所有人都相处得很好。随着他的商业界知识的增长，他变得越来越有主见。他做的生意越多，他的演讲进步就越大。他的谈话几乎成了莎士比亚式，你总忍不住要听。"

到 1964 年冬天，西吉和他的一小群投资者终于获得了足够的股份，他现在可以亲自向威尔希尔董事会发言，评估他们对他的要约收购的反应。他收拾好过夜的行李，驱车前往拉瓜迪亚机场，搭乘美国东方航空公司的航班前往俄克拉荷马州的俄克拉荷马城，那里是威尔希尔的主要办公室所在地。

他的飞机降落在威尔·罗杰斯世界机场，西吉迅速取了行李，乘出租车前往 7 英里（约合 11.3 公里）外的俄克拉荷马城市中心。得克萨斯威尔希尔石油公司的办公室占据了石油俱乐部大楼的整整一层。西吉拥有该公司近 17% 的股份，他的小群投资者对威尔希尔董事会构成了潜在的威胁。接下来的一小时，他的任何行动都可能会决定他接管该公司的计划的未来。

在会见威尔希尔董事会之前，他问接待员洗手间在哪里，在那里他整理了领带，洗了脸和手，并用手指捋了捋头上的头发，把发型弄得稍微高一点。人们有时会评论说，西吉看起来像泰隆·鲍华，那个英俊潇洒的好莱坞电影明星，而西吉则会把他的头发梳得尽可能高，以鼓励人们进行这种比较[45]。梳洗完毕后，接待员陪同他来到一间会议室，董事们正站在那里相互交谈。这是 20 世纪 60 年代的美国石油工业，不用说，威尔希尔的董事会成员都是非犹太裔的白人老男人。在一个由基督教歌利亚主导的行业中，西吉是一个犹太大卫，很明显，他涉足石油和天然气行业的举动不会受到欢迎。他走进会议室，和他们握手，做简短的介绍。

"先生们，"他说，"我不会耽误你们太久。"他传达的信息明确而准确。他和他的"投资集团"——一个用来形容他召集来购买股票的十几位家人和朋友的时髦术语——不希望被排挤到一边，但他们也没有敌意。所以董事会没有什么好担心的，他与董事们会面的目的是传达他的意图，即帮助威尔希尔发展，为他们和自己带来经济利益。如果他们对他作为外行人的能力有所怀疑，他们只需看看他的合作伙伴索尔·戴蒙德的业绩记录，他在华尔街和各种行业的历史应该可以让他们放心。从威尔齐格 - 戴蒙德的联盟带来的资历和技能，将帮助公司翻开历史的新篇章，获得比以往任何时候都更大的利润。西吉谨慎地选择了时机。他脱下外套，挽起袖子。董事会成员难以置信地面面相觑。这是什么意思？然后，他露出了文在手臂上的数字，开始讲述他在奥斯维辛的经历。

"先生们，"他最后说，"你们看到的是一个有着狐狸般的本能，能在历史上最黑暗的时刻生存下来的人，一个不怕逆境的人，一个不会被压倒性的困难吓倒的人。上帝给了我第二次生命，同时也给了我发大财的本能。我和我的伙伴们都很期待与你们做生意。"

他穿上外套，道了别，然后走了。

一位有同情心的内部人士后来为西吉描述了他离开房间后发生的事情。董事会成员摇着头，紧张地笑着，谈论着威尔齐格完全没有管理石油公司的经验。其中一位董事问道："这个小犹太浑蛋到底是谁？"[46]

这样的侮辱只会给西吉的成功之路加油。他从奥斯维辛集中营幸存下来，不是为了让一屋子的反犹主义分子把他从美国的成功之路上推开的。

西吉回到新泽西，再次敲开家人、朋友和商业伙伴的门。几个月后，他的集团就又获得了足够多的股份，威尔希尔的董事会再也不能忽视他的存在了。沙利文&克伦威尔律师事务所的律师鲍勃·麦克唐纳代表客户威尔希尔石油公司给西吉打了一个电话，向他提出了一个提议：以确保结束恶意收购为交换条件，威尔齐格-戴蒙德联盟将在董事会获得两个席位。

这是个开始。

不久之前，西吉还是个卖领带和小饰品的新手。现在，他正在打入美国最反犹的行业之一。在20世纪60年代，只有一个犹太人在石油和天然气行业拥有过权威：莱昂·赫斯，他在美属维京群岛的圣克罗伊岛建造了世界上最大的炼油厂。1963年，他的公司赫斯石油化工公司上市。在他们那年的一次会面中，赫斯建议西吉不要费力地进入石油钻探行业。"他们不喜欢犹太人，"赫斯说，"他们会想尽办法阻止你。"

西吉估计，可能是赫斯不想鼓励潜在的竞争者，尤其是像他这样精明强干的竞争者。但是，他推想，如果石油对赫斯来说足够好，为什么对他就不行呢？

"这花了几年时间，"他描述道，"谁会这样，有西吉这么一个犹太名字，还说要接管一家石油公司？你必须是个meshuga（意第绪语中的疯子），或者是个有上帝背书的天才。威尔希尔董事会的人说我永远拿不到足够的份额。好吧，反正我拿到了。我买了5%，又买了5%，然后又买了5%。"

到1964年年底，西吉和他的投资集团已经将他们所持有的威尔希尔股份增加到近20%，这使他们在与威尔希尔董事会的谈判中处于有利地位。根据美国证券交易委员会（SEC）的规定，他们尽职尽责地在 SEC 注册，有效地向公众宣布了他们的计划，并向威尔希尔董事会发出了明确的信号，即他们并不满足于只拥有少数股权[47]。董事会感受到了威尔齐格集团的收购公司计划的威胁，便试图安抚他们，将他们在董事会的席位从两个增加到了四个。

西吉研究了该公司目前的做法，起草了彻底改革其运营方式的激进计划，并向董事会提交了他的建议。董事会对此印象深刻。他们意识到西吉可能会被证明是一种助力而不是威胁，于是将他的计划展示给了他们在沙利文 & 克伦威尔的顾问之一鲍勃·麦克唐纳。麦克唐纳是一位备受尊敬的银行律师和税务专家，曾是 1954 年《国内税收法典》（*Internal Revenue Code*）的主要起草人。麦克唐纳研究了西吉的提议，并将其与威尔希尔董事会过去的做法进行了比较。西吉的计划风险更大，他的结论是，但除此之外的其他选择，只会让威尔希尔公司在自己的麻木状态中继续沉沦。

"让他去做吧！"麦克唐纳对董事会说。

西吉就这样走马上任了，实施了新的项目，并增加了油井的数量。他竭力使自己看起来像个"经营者"（operator），这是石油业的行话，指的是亲自监督石油和天然气的钻探和后续生产的高管，但他实际视察生产现场的频率并不高。"经营者"是能上报纸的人，而西吉则潇洒地扮演了这个角色。例如，他购买了大片 1 美元 1 英亩（约合 0.4 公顷）的未开发土地——"牧羊地"，只是为了让投资者知道公司拥有多少资产。

"有好几次，他把装满石油的试管带回家，"儿子伊凡回忆说，"他让我看威尔希尔最近开采的油井里的石油有多纯净。这些样品是金色的、半透明的。我很惊讶，因为我以为石油会像电影里那样是黑黝黝的。我不确定他到底参观了多少次油井，但我敢肯定，他去是为了给员工留下印象，让他们知道他是一个有团队精神的人，一个像他们一样勤奋工作的人，他不怕弄脏自己的手。"

在第一年，西吉推进了 11 口探井的开发工作。人们"开凿"或钻出一口井，看看能否产出石油、能产多少。如果探井在合理的深度产出了产量令人满意的石油或天然气，威尔希尔的工程师就会建议公司进行投资。西吉的投资决定不仅是基于工程师们的报告，也是基于他对他们本身的评估。

"爸爸连地质学的皮毛都不懂，"雪莉·威尔齐格评论道，她将来会成为这家公司的一把手，"他对人们能力和性格的评估，决定了笔交易的成功与否。他研究一笔交易中潜在的合作伙伴所花的时间，与他研究交易本身的时间一样多。"

1965 年，威尔希尔的总裁罗伯特·里德突发心脏病去世，董事会审视了自己手头的接替人选。最终，董事会没有提拔自己人，而是选择让西吉成为威尔希尔的新总裁和首席执行官。不久之后，董事会还选举他为董事长。西吉职位的蹿升之快令人震惊，要知道，他结识索尔·戴蒙德是在三年之前，首次与威尔希尔董事会会面更是仅仅一年之前的事。

"有人告诉我，我在威尔希尔不会开心，"西吉对记者说，"我会变成一条杂种狗。会有三件事对我不利：我是个犹太人，我是难民，我对他们的行业来说是一个陌生人。当董事会忘记过去的分歧，同意选举我时，那是我生命中最伟大的时刻之一。"[48]

在被任命为威尔希尔公司的新总裁、董事长和首席执行官后不久，西吉主持了他的第一次年度股东大会。数百名股东、股票经纪人和潜在投资者从加利福尼亚、佛罗里达、得克萨斯和美国东北部各地赶来，聚集在西吉在当地一家比较高档的酒店里租用的会议室里。他们的盘子里堆满了三明治和沙拉，以及其他来自新泽西州传奇的犹太餐厅格林斯潘熟食店的美味佳肴。他的长子伊凡还记得，他小时候参加股东大会时，对那些戴着高呢大帽子*的人感到惊奇不已，想知道这些牛仔都是从哪里来的。

之后，会议室里肩摩袂接的人群听着地质学家和石油工程师们用图表和照片描述威尔希尔目前的钻探方位、钻探对象，以及他们预计什么时候能够找到石油。在会议正式部分之前和之后，西吉都在屋里四处走动，与大家握手，确保每个人都觉得自己是会议的一部分。

他向股东们传达的信息是积极而令人振奋的：工程师们对威尔希尔的未来持乐观态度，公司有巨大的潜力，尽管尚未盈利，但威尔希尔拥有多个适合开发的地产的租约。随着新技术的出现，石油行业的机会越来越多，现在有了合适的人掌舵，未来将是繁荣的。股东们发现了一句并不隐晦的潜台词：那些老董事会成员拖累了公司的发展，他们年事已高，缺乏将潜力转化为现实的动力和视野。

"他们的平均年龄在八十岁到老死之间。"西吉曾经评论道。

当三十九岁的西吉·B. 威尔齐格在 1965 年成为威尔希尔的总裁时，公司前 9 个月的总收入为 130 万美元，净亏损近 50 万美元。尽管有人想通过出售可供开发的成熟地块来弥补亏空，但西吉还是说服股东们耐心等待，给他的新团队一个发展公司的机会。就像一匹风驰电掣、追星赶月的赛马，西吉抓住时机奔腾起来，给威尔希尔带来了该公司前所未见的高营收。到 1966 年，剩下的反对派董

---

* 高呢大帽子（Ten-gallon hat），宽边的高呢帽，美国农场工人的常见装束。——译者注

事会成员不得不承认，他们这位说话古怪、行为也古怪的犹太总裁拥有非凡的才能。

"你们的管理层决心持有和开发地产，这是公司新理念的自然结果。"1966年，他在第一封致股东的总裁信中写道，"我们对未来的计划是雄心勃勃的。"

西吉就任威尔希尔新总裁后的第一件事就是削减运营开支。然后，他说服董事会，他们应该使公司的资产多样化，这样利润就不会完全依赖于开凿新油气井的"赌博"行为。在董事会的支持下，1966年，他收购了两家公司：布鲁克林轮胎石油公司，这是一家轮胎、电池和精炼石油产品的特许供应商；东部无线电公司，一家从美国东北地区的九个中心销售和运输电子元件的分销商。对一家石油和天然气公司而言，汽车零部件是一种天然补充，拥有布鲁克林轮胎石油公司使威尔希尔能够销售自己品牌的产品。拥有东部无线电公司，在商业上也很有意义，因为美国几乎所有的工业行业都依赖于电子产品。东部无线电公司销售电容器、晶体管和微芯片，从收音机、电视机到飞机和导弹，一切的制造都离不开这些电子元件。西吉把东部无线电公司的供应商确定为几个全美最好的制造商：德州仪器公司、惠普公司和RCA公司。

"我们的业务是电子行业中最不引人注目的一面，"他告诉记者，西吉指的是包装和运输部件的机械职责，"但它没有制造或研发业务的风险。只要你有最好的产品和支持增长的现金，它就拥有无限的扩张机会。"

1967年，对这两家公司（即布鲁克林轮胎石油公司和东部无线电）的收购，使威尔希尔在该公司的创办历史上第一次向股东分红，股息率4%。

然而，布鲁克林轮胎石油公司最终还是令人失望了。工厂位于一个废弃的街区，频繁的仓库失窃减少了利润，最终这家公司被出售。然而，到1968年底，在西吉的指导下，威尔希尔的收入飙升至近800万美元，净利润50万美元。1969年，他收购了第二家电子产品销售公司：电气供应公司，位于马萨诸塞州的剑桥市。威尔希尔的收入继续增长。天然气销量上升，新的油井正在钻探，董事会第二次宣布派发4%的股息。

不久之后，大多数主要石油公司都知道了威尔希尔的发展，因为该公司与阿美拉达赫斯公司、标准石油公司、菲利普斯石油公司以及业内的其他大公司一起参与了新油井的钻探。就连亿万富翁科赫兄弟也和威尔希尔有了生意往来，在全美范围内经销威尔希尔的石油。股东们欣喜若狂。

在1970年的年报中，威尔希尔公布的收入甚至更高：近900万美元，净利润为70万美元。但在西吉看来，这还不够。"虽然这些收益非常令人满意，"他在给股东的信中写道，"但你们的管理层并不满意，因为公司的增长潜力尚未实现。"西吉的精力和雄心是无限的，但如果威尔希尔想要继续增长，公司就需要稳定的现金流。

"为什么不买一家银行呢？"沙利文&克伦威尔律师事务所的鲍勃·麦克唐纳这样建议，"银行有很多现金。"

第九章 | 摇钱树

每天,西吉都在报纸上寻找可以收购的银行,这样他就有资金发展得克萨斯威尔希尔石油公司了。"我真正需要的,"他告诉他的办公室经理丽莎·罗奇,"是一家 WASP 银行。"

"什么是 WASP 银行?"她问道。

"WASP 银行,是指大多数客户都是盎格鲁-撒克逊白人新教徒(White Anglo-Saxon Protestants)的银行。他们把所有的钱都存进银行,而且从来不取。犹太人呢?他们把钱存进去、取出来,再存进去、再取出来……"

虽然 WASP 银行是最理想的,但任何一家健康的、适合被收购的银行其实都可以。一篇关于新泽西信托公司(Trust Company of New Jersey,TCNJ)的文章引起了他的注意,这是一家在纳斯达克上市的中型商业银行。他拿到了该行的年报副本,发现这家银行的情况与威尔希尔类似:潜力巨大,但掌舵的却是一个缺乏远见的老派董事会。

西吉的法律顾问鲍勃·麦克唐纳告诫他,就像在石油行业中很少有犹太人一样,在商业银行业中也很少有犹太人,TCNJ 的董事会可不会张开双臂,欢迎你插手他们的业务。这里的种族偏见可能比西吉在威尔希尔遇到的还要严重。西吉让麦克唐纳不必忧虑，反犹主义以前从未阻止过他，现在也不会。

商业银行起源于中世纪，是这个世界上最古老、最具影响力的金融机构。今天，商业银行提供多种多样的服务，包括但不限于接受存款、发放贷款、为建立企业提供信贷，在国家经济发展中发挥着关键作用。20世纪60年代，当西吉第一次对进入银行业产生兴趣时，美国大约有12000家商业银行，其资产占美国所有金融机构美元资产总和的整整三分之一。不过除了少数几家由犹太人创办的商业银行，这个行业里几乎没有犹太人的立足之地。

直到1974年，时任参议院银行委员会主席的参议员威廉·普罗克斯米尔还写道："在这个国家，恐怕没有哪个行业比商业银行更一贯地、无情地拒绝让犹太人染指拥有权力和影响力的职位。"[49] 直到20世纪80年代，当这些银行发现自己不得不在国际市场上竞争时，它们才改变了招聘政策。20世纪70年代，美国犹太人委员会对全美二十五家最大的银行进行了调查，发现在总共377名商业银行高管中只有1名犹太人，3027名中层中有38名犹太人，491名基层管理人员中也只有26名犹太人。"犹太人控制着这个国家的银行和报纸，"《美国政治中的犹太人》（*Jews in American Politics*）一书的作者斯蒂芬·D.伊萨克斯写道，"这是最经久不衰的错误观念之一。"[50]

在新泽西信托公司，西吉发现了一家典型的"无犹太银行"。它的创始人威廉·C.赫本海默于1860年3月27日出生在纽约市。在他四岁的时候，他的德国移民父母搬到了泽西城。他在哥伦比亚大学和哈佛大学学习法律，并获得了纽约和新泽西的律师资格。赫本海默与民主党结盟，支持泽西城的高层们，并凭在国民警卫队服役而获得了"将军"的头衔。他很少表现出银行业中那种典型的反犹主义,但他的董事会里的德裔贵族们就不是这样了。

1896年3月,赫本海默和三个合伙人获得了银行及保险监理专员(Commissioner of Banking and Insurance)颁发的授权证书,成立了泽西城人民安全存款及信托公司(People's Safe Deposit and Trust Company of Jersey City)。该银行于4月开业,与一家保险公司共用中央大道上的一栋三层木质建筑。银行里有一个供柜员办公的"小门",或者说窗口,还有一个廉价的普通办公室保险箱被用来存放现金和账本。该行效益不错,董事会便在新泽西州的邻近城市又开了两家分行。

1899年,当赫本海默和他的合伙人宣布在霍博肯设立分行的计划时,他们碰了壁。霍博肯是哈德逊城市储蓄银行的所在地,而联邦政府刚刚通过立法,禁止银行在同业竞争者总部所在的城镇开设分行。赫本海默和他的团队都是精明的商人,知道如何规避限制,所以他们没有把设在霍博肯的机构称为"分行",而是创设了一块全新的招牌:新泽西信托公司。

信托公司的职能不同于银行。无论在当时还是现在,信托公司的主要功能都是管理客户的投资组合,人们可不希望一家银行像信托公司那般行事。联邦政府采取了预防措施,以防止商业银行提供信托式的服务,并对那些试图扩展其核心业务(如存款、储蓄和贷款)的银行进行了处罚。

不过,在信托公司和银行之间一直存在着一个灰色地带,而通过将他们的业务注册为信托公司并提供信托服务,赫本海默和他的同事们有效地绕过了政府的限制,成功地在霍博肯开设了分支机构。随后他们的触角便延伸到了新泽西州的更多地方:1902年开设了卑尔根和拉斐特信托公司（the Bergen and Lafayette Trust Company），1909年开设了格林维尔银行和信托公司（the Greenville Banking and Trust Company），1911年又设立了卡特里特信托公司（the Carteret Trust Company）。

到1912年，现有的办公室已经装不下赫本海默蒸蒸日上的企业了。管理层在泽西城的中央大道与鲍尔街的交汇处购置了土地，建起了一座令人印象深刻的希腊复兴风格的大厦，有大理石柱和地板，并于次年开始营业。那个时候，新泽西州立法机构已经意识到其反分行限制的徒劳无用*，并修订了立法，允许信托公司合并并转型为商业银行。赫本海默的集团迅速将他们的各种机构集中到新泽西信托公司（TCNJ）的大旗之下，成为一家商业银行，并将拥有气派的希腊式外墙的霍博肯分行指定为总行。

到1920年，TCNJ已经成为新泽西州发展最快的商业银行，很快赫本海默就需要一栋更大的建筑来作为总部了。这一年，董事们开始建造一座十一层楼高的三角形庞然大物，采用意大利文艺复兴风格，用波提契诺大理石建造，位于泽西城卑尔根大道和西普大道交会处的日报广场。柜员的窗口、栏杆和弯曲的楼梯都是用红木制成的，并镶嵌着青铜装饰。1927年大楼竣工，并举行了落成典礼。

到1945年5月，也就是美国第3集团军第11装甲师将西格伯特·B.威尔齐格从毛特豪森集中营解救出来的那个月，TCNJ已经在十一个地方开设了网点，雇用了283名管理人员和柜员，吸引的存款总额超过1亿美元。到1946年，该公司管理着近10万个储蓄账户。哈德逊县每7个居民中就有一个在这家银行开过户。同年，

---

* 在美国，允许银行设立分行的立法权一般属于各州。——译者注

公司总裁约瑟夫·G.帕尔宣布，TCNJ 终于被选为联邦储备系统的一员，这代表着政府的认可，证明该银行拥有足够的金融稳定性、可靠的管理和足以满足社区需要的资本。

就像被西吉接管之前的威尔希尔董事会一样，TCNJ 的董事会里从来没有过犹太人。银行大厅里挂着一块牌匾，上面列着董事们的名字：阿姆布鲁斯特、德格罗夫、梅尔、施莱姆、施密特、施罗德和舒曼。"在过去 70 年里，"西吉告诉一位采访者，"我甚至都不相信他们雇过一个犹太人当柜员。你知道那里的德国味有多浓吗？1940 年 6 月 14 日，当两名管理层听说纳粹占领了巴黎时，他们在总行里放起了纳粹的歌曲，并跳起舞来。这里真的很'德国'。"[51]

西吉对美国复杂的税法了解得越多，他就越看到威尔希尔收购新泽西信托公司的一个巨大好处。如果威尔希尔收购了该银行 80% 或更多的股份，两家公司就可以提交一份合并纳税申报表。这样，银行就有权将原本应向政府缴纳的税款"向上游输送"（upstream）给威尔希尔。TCNJ 可以合法地给威尔希尔开一张支票，而不是向美国国税局（IRS）支付同等数额的税款。

这种输送税款的做法是完全合法的，并将为威尔希尔公司提供充足的现金来支持其发展[52]。西吉将亲切地称这家银行为他的"摇钱树"，它为威尔希尔提供了大量稳定的发展资金，用于开发新油井、开拓新领域，并提高利润，从而减少被恶意收购的可能性。这种安排将像一座金矿一样潜力巨大。为了钻探新井和扩大规模，其他石油公司不得不通过复杂的有限合伙协议不断从外部投资者那里募集资金。这个过程既耗时又有风险：如果石油公司的表现没有达到他们的预期，任何外部投资者都可能起诉这家公司。通过从自己的子公司获得资金，威尔希尔可以有效地避免这些风险。除此之外，还有一个利润动机：没有外部投资者就意味着不需要分享利润。

西吉需要几年时间才能获得足够的 TCNJ 的股票，以便出于税收目的将两家公司合并，但这样做的好处是无法抗拒的。因此，收购 TCNJ 成为西吉的首要任务。

"西吉以一种不同寻常的方式处理了 TCNJ 的收购事宜，"前 TCNJ 执行副总裁爱德华·戴文说，"他直接向股东提出要约收购，而不是通过董事会。"要约收购是一种邀请，通常在报纸广告上公布，由潜在的买家向一家上市公司的所有股东发出邀请，要他们在特定的时间内以特定的价格出售或"投标"其股票。当时，在要约收购中，投标人可以直接与股东联系，而不需要与公司董事协商，后者可能赞同或不赞同该提议。

唐·布伦纳曾是莱昂·赫斯在赫斯石油化工公司的助理，他于 1968 年加入了 TCNJ 的董事会。"当西吉想要控制这家银行的时候，"布伦纳说，"市场上并没有很多它家的股票。大部分股份都是由十几个人持有着的。每当它们出现在市场上的时候，西吉就会买下一些。董事会开始注意到这一点，并问道：'这个老是在买我们股票的威尔齐格是谁？'那时候董事会里的大多数董事都是些老纳粹，人高马大的德裔 WASP，没有一个人低于七十岁，彼此的关系亲密无间。所以他们担心会有收购，而且是被一个犹太人收购！我父亲是当时最大的单一股东。他和其他几个董事会成员决定把西吉强行挤出*。"

1968 年 1 月，布伦纳的父亲去世，西吉去他家慰问。唐继承

---

* 强行挤出（Freeze out），也称冻结出局，是指公司的大股东向小股东施压，迫使他们出售所持公司股份的行为。——译者注

了他父亲的股份，西吉想，如果他说的话有道理，这个年轻人是会听的。

"这家银行是一场灾难，"西吉告诉他，"它没有免下车服务*，而且分行非常老旧。是的，它还能赚一点钱。但董事会的其他成员对投资于分行的现代化没有兴趣。他们唯一感兴趣的是收取红利。他们只有十三家分行，没有发展计划。未来它肯定会被淘汰的。"

西吉指望着能把少不更事的布伦纳从董事会里分化出来，把他的股票卖给自己。不光如此，西吉还挽起袖子，给布伦纳看了他的囚犯编号。但还没等他像往常那样说出"没人能再威胁他"的台词，布伦纳就把他的胳膊推开了。

"纳粹没有把你打倒。我明白这一点。但不要试图打倒我。如果我和你一起去，那是因为我想去。"西吉不习惯别人跟他顶嘴，但他知道什么时候事情会朝对他有利的方向发展，所以他就等着。布伦纳点了点头。

"好吧，我把我的股票跟你一起投进去。但有些人如果发现了，会把我踢出董事会的。让我们悄悄干吧！"

"当他们发现时，"布伦纳回忆说，"董事会里没有人对我满意。我不在乎。西吉是对的，这家银行就要倒闭了。"

爱德华·戴文在那些年是TCNJ的主计长，但他仍然是一个有自己抱负的年轻人。"这是一家老派的银行，"他说，"尽管董事会对我很好，但在遇到西吉之前，我一直在考虑跳槽到其他更有发展前景的公司。"西吉出现在TCNJ办公室的第一个星期，他走进

---

* 免下车服务（Drive-through service），也译"得来速"，指不用下车就能办业务的服务方式，例如麦当劳的汽车餐厅。——译者注

戴文的办公室，做了自我介绍，并说："我知道很多关于你的事。我知道你工作很努力，我不希望你为自己的前途忧心忡忡。我将接管银行，但这只会对你的未来产生积极的影响。"他明确表示，如果戴文忠诚于他，他也会对戴文忠诚。

其他高管则犯了佯装效忠的错误。没有人确定西吉是否能成功接管银行，一些员工试图通过讨好他和说主管的坏话来对冲风险。

"他很聪明，看穿了这一点，"戴文说，"西吉知道，如果他们能说还在办公室工作的人的坏话，那么在他接手后，他们也可能说他的坏话。"

到 1969 年 10 月，威尔希尔公司对 TCNJ 有表决权股份的所有权已经增长到 25%[53]。那一年，西吉向 TCNJ 的股东们提出了一项要约：用每股银行股票换取两股半的威尔希尔普通股。这又带来了 18% 的股份，并将威尔希尔的所有权提高到 43%——离成为大股东仅一步之遥。到 1970 年，威尔希尔已经获得了这家银行 50% 以上的股份。威尔希尔现在拥有了对一家商业银行的控制权。

一位《纽瓦克新闻》(*Newark News*)的财经记者写道："一位充满活力的克里夫顿居民承认，他是'这只可能发生在美国'(this-could-happen-only-in-America)的最好例子，他对这家拥有七十五年历史的泽西城银行有宏伟的扩张计划。"

西吉与奥托·韦纳特之间的对比再鲜明不过了。在 20 世纪 20 年代，新泽西信托公司曾是该州的第二大银行；到 1967 年，它已滑落到第 21 位。TCNJ 总裁小奥托·F. 韦纳特是一位经验丰富的银行家，但他属于老派人士，满足于现状。西吉利用他日益增长的影响力绕过了韦纳特，说服董事会对公司的十三家分行进行现代化改造和全面改革。"我们看到的是一家非常成熟的机构，没有随时代变迁而改变，"西吉委婉地向记者解释道，"我们想充分发挥它靠近纽约和华尔街的潜力。"他小心翼翼地避免对韦纳特的消极经营方式提出任何公开批评。刊登在《纽瓦克新闻》上的文章提到，"最初有一些董事反对他接管该行。"这篇文章没有报道的是，这些"反对派"正在窃窃私语，所说的话与西吉在接管得克萨斯威尔希尔石油公司时所受的侮辱如出一辙。"在我背后，"他向一位记者坦言，"银行董事会的一半人都叫我'犹太小杂种'。"

尽管如此，TCNJ董事会还是得出了与威尔希尔董事会相同的认识：这个叫西吉的人具有经营企业的天赋，尽管他缺乏正规的训练，尽管他是个犹太人。董事会意识到，让他执掌公司可能意味着他们可以退休了，并获得前所未有的丰厚红利。这是一个有能力使银行发展的人，一个明白企业的职责就是为其股东增加利润的人。1971年1月1日，董事会选举他为董事会主席，同年5月，他们给他加上了首席执行官的头衔。

"尽管他们没少因为我是犹太人而侮辱我，"西吉告诉记者，"但掌权后，我没有因此解雇任何人。"

西吉现年四十四岁，如今是美国所有大银行中最年轻的董事长和首席执行官。

西吉明白，他现在闯入的是一个根深蒂固的非犹太行业，要尽量避免高调张扬，以免沦为众矢之的。一旦储户得知他接管了这家银行，他们中那些仇视犹太人的人可能会把生意转到别处。西吉需要采取措施来保护他不断增长的财富，他任命托马斯·林奇为银行总裁。林奇是一名爱尔兰天主教徒，曾担任已故新泽西州州长 A. 哈里·摩尔的法律合伙人。林奇还是银行所在地泽西城商会的副会长。让这样一位杰出的天主教徒掌舵，不仅可以安抚那些对犹太人心存疑虑的银行客户，而且可以为西吉争取时间去了解员工，赢得人们的信任，并学习如何管理银行。

西吉的目标一直是让威尔希尔获得对TCNJ的完全控制权。1971年12月，他指示他在沙利文&克伦威尔的法律顾问起草文件，请求美联储允许威尔希尔收购该银行100%的股份。

但是，这个时机再糟糕不过了。

从1950年至1969年，随着德国和日本从二战中恢复过来，美国在世界经济产出中所占的份额不断下降，使越南战争造成的本已暗淡的经济前景雪上加霜。公共债务增加，失业率上升，到1969年，黄金的价格已经降到了1960年的一半。美元贬值，食品价格飞涨，尼克松总统面临的压力越来越大，必须在长期通货膨胀到来之前解决经济问题。

1971年8月13日，星期五的下午，尼克松秘密会见了白宫和财政部的高级顾问，包括美联储主席亚瑟·伯恩斯，即将上任的财政部部长约翰·康纳利，以及当时负责国际货币事务的副部长保罗·沃尔克，他们讨论了尼克松应该做什么。到那天结束的时候，总统已经下定了决心。

"时机已到，"尼克松在白宫通过电视演讲告诉美国人民，"要采取果断的行动，打破价格和成本螺旋式上升的恶性循环。"然后，他宣布了他的决定：暂停美元同黄金之间的兑换，在未来三个月内强制维持全美国的所有物价和工资，并对所有外国商品征收10%的进口附加费。

"我依靠所有美国人的自愿合作，"他说，"靠你们每一个人，工人、雇主、消费者，才能让这项冻结生效。携手合作，我们将遏制通货膨胀。"

作为这些紧急措施的一部分,美联储宣布,任何拥有或经营银行业务的非银行公司,如威尔希尔,都必须在 1971 年 12 月 31 日之前向美联储登记。美联储宣称的目标是禁止"与审慎的银行业利益不相容"的高风险投资。

监管机构开始对美国的银行业进行大规模的重新评估。任何非银行公司被发现经营哪怕是一家银行,都将被强制剥离或按天支付罚款,直到母公司遵守规定。如果这么做还不能说服母公司出售银行,它们将面临美国政府的强制关闭。美联储的意图早已大白于天下。

《周日记录》(*The Sunday Record*)
新泽西州卑尔根县,1972 年 1 月 30 日
美联储将使控股公司"规范化"
美联储宣布,它将通过登记所有持有银行股票的重要公司股东,来使控股公司"规范化"。此前发现,通常被认为与银行不相干的公司持有大量银行股票……根据美联储的新规定,即使是只拥有一家银行的公司……也必须声明它是否将剥离其银行股票或其未经许可的外部业务。

如果西吉从一开始就能清楚地认识到这一声明的重要性,或者美联储没有给控股公司整整十年的时间来服从监管,他可能会立即采取更多行动。也许是因为威尔希尔和 TCNJ 的经营状况欣欣向荣,美联储的反对意见让他觉得是针对其他人的,而不是针对他的。

"我认为这并不适用于我们。"他对记者说。

怎么会有人反对他发展自己公司的方式呢?看看结果吧!他为建设威尔希尔公司所做的不懈努力带来了续租、新油井和利润的

不断增加。1971 年，威尔希尔公司的收入为 1300 万美元，比前一年增长了 38%。

西吉没有理会美联储的声明，向新泽西州银行专员申请正式批准 TCNJ 和得克萨斯威尔希尔石油公司的合并。专员毫不犹豫地批准了合并，剩下的就是等待美联储允许收购该银行剩余的股票了。威尔希尔率先提出了这项请求，美联储于 1972 年 7 月发布了答复。

《先驱新闻》（The Herald-News）
1972 年 7 月 28 日
联邦储备委员会命令威尔希尔放弃银行控股

华盛顿联邦储备委员会昨天裁定，威尔希尔石油公司……要么必须剥离其石油和其他业务，要么出售其在新泽西信托公司（一家泽西城银行）的权益。在拒绝威尔希尔收购该行剩余股份的申请时，美联储表示，该公司的非银行业务与审慎的银行业利益不相容。美联储认为，如果威尔希尔石油公司希望保留其银行利益，就必须剥离其石油和其他业务；如果该公司要继续其非银行业务活动，就必须出售其在信托公司的权益。威尔希尔公司总裁西吉·B. 威尔齐格说，该公司将对该决定提出上诉。他宣称，美联储的理由是完全错误的，是完全不可接受的。

美联储规定的将 TCNJ 与威尔希尔分开的最后期限是 1980 年 12 月 31 日：还有八年时间，西吉认为有足够的时间来寻找出路。

与此同时，威尔希尔如今拥有 700 多口油井和 8 万英亩（约合 323.7 平方公里）油田的股份。因此，1973 年是公司历史上最成功的一年。营收增长了 75%，突破了 2200 万美元，净利润增长了240%，达到近400万美元。所有这些成功并非偶然，因为威尔希尔的三个部门：石油和天然气生产、银行和电子产业，都是美国经济的支柱性产业。

1973年，阿拉伯国家的石油禁运切断了美国的国外石油供应，并给美国经济造成了巨大的震荡。对国内能源的需求对威尔希尔来说是一笔意外之财，激活TCNJ这棵摇钱树的需求比以往任何时候都要大。

为了启动来自TCNJ的资金流，威尔希尔需要拥有该银行80%的股份。到那时，两家公司就可以达到监管的门槛要求，能够提交一份合并纳税申报表，"向上游输送"业务也可以开始了。由于厌倦了等待美联储的正式许可，西吉自行其是，收购了越来越多的流通股。

"我做到了！"他最后在1973年1月19日星期五的日历表上写道，"87%的TCNJ！"

"西吉·B. 威尔齐格可能是当代美国梦的最好例子，"《电子买家新闻》（Electronic Buyers' News）报道说，"这需要的是勇气、坚韧、头脑、努力，以及做出正确的决定。"[54]如果西吉有机会编辑这篇报道，他可能会加上"the chutzpah"，意第绪语中的胆量，"敢于站出来反对政府"。

1974年1月，TCNJ的董事会选举西吉为银行的新总裁。

"人们开始像对待皇亲国戚一样对待他，"伊凡·威尔齐格描述道，"特别是当他同时坐在威尔希尔（一家在美国证券交易所上市的石油和天然气生产公司）和TCNJ（一家在纳斯达克上市的提供全面服务的商业银行）的宝座上时[55]。在经历了惨绝人寰的大屠杀之后，如果他能成为这两家公司中任何一家的总裁、董事长和首席执行官,都能让他成为华尔街的超级明星。但同时掌控两家公司,这是闻所未闻的。"

在新泽西北部,争夺银行客户的竞争非常激烈,那里的银行太多了,以至于在一个四角交叉路口的每个角都可能有一家不同的银行。西吉确保TCNJ为客户提供了比任何竞争对手都更令人满意的体验,客户对这种体贴入微的服务非常感激,他们称新泽西信托公司为"西吉的银行"。在TCNJ,到银行办业务仍旧像是在和邻里街坊、亲朋好友聚会一般,而不像其他银行,早已退化为冷冰冰的存取款行为。

"其他银行和我的银行一样,都是每1美元换100美分,"西吉会说,"他们的钞票也一样是绿色的。我的银行和它们的唯一区别,就是我这里有卓越的个人服务。"

西吉花费巨资将老旧的分行——其中一些可以追溯到1896年银行成立之初——改造为现代的客户友好型银行中心。到1974年12月,当年早些时候开始的联合城*分行的翻新工程已经完成。将柜员和客户隔开的铁栅栏消失了。古板的长椅和办公桌也不见了,取而代之的是舒适的软垫椅子和长绒地毯。桌子上摆满了犹太甜甜圈和一壶壶的热咖啡。每当节日来临,银行外会飘起五颜六色的氢气球,上面写着祝福顾客圣诞快乐和光明节快乐的标语,尽管联合城的犹太人少得可怜——这里的古巴裔人口仅次于哈瓦那。相比于联合城的人口而言,这样的安排可能太奢侈了,这里的人们善于精打细算,但节日精神才是最重要的,而不是客户户头的数字。

---

* 联合城(Union City),新泽西州哈德逊县的一个城市,是美国人口最稠密的城市之一。
——译者注

在每个 TCNJ 分行，西吉都有他的专属车位，上面写着"为银行行长预留"。他来到联合城分行，一名门卫为他开门。西吉叫了他的名字，向他打招呼。大厅里挤满了人。他打量了一下四周，走过去听一个女人和一个年轻的柜员说话。这名女士指着她的存折，语气很激动。柜员一边点着头，一边用手在桌子下面示意，以引起大堂经理的注意。经理来了。

"怎么了？"他问道。

柜员解释说，一个圣诞俱乐部账户*出现了问题。这名女士是来取出她的存款的，她所期望的金额比她实际的存款总额要多。

那位女士指着对账单底部的数字。"我没有足够的钱给家人买圣诞礼物，"她用蹩脚的英语解释说，"我在报纸上看到，如果我加入圣诞俱乐部计划，每周存 5 美元，那么到年底我就有 400 美元了。但是他们说只有 260 美元，我不知道该怎么办。"她双手抱着头。

经理仔细看了看这位女士的存折。"你必须从 1 月份开始缴费，才能存到 400 美元，"他说，"你是 6 月份开始缴费的。你所有的利息都被记入了账户。我很抱歉，但这个数额是准确的。"

西吉走了过来，把经理轻轻推到一边，同时伸出手，"夫人，您好。我是威尔齐格，银行行长，这是我的名片。"

西吉接过存折，假装仔细研究了一下数字，然后把它递还给她，"这是我们的失误，夫人。我们把利息算错了，真正的数额是 400 美元。您可以买礼物了，不要难过。"

那位女士拥抱了他。西吉向经理使了个眼色，严肃地点点头，

---

* 圣诞俱乐部账户（Christmas Club account），由信用社或银行提供的一种储蓄账户。通常在 1 月份开立，定期自动缴款，从关联的支票或储蓄账户中扣除，类似于"零存整取"。——译者注

克罗扬克,西普鲁士,1930年:西格伯特(前排左二)、他的父亲(中间)和其他家庭成员。他的父亲靠卖马车上的皮毛为生。

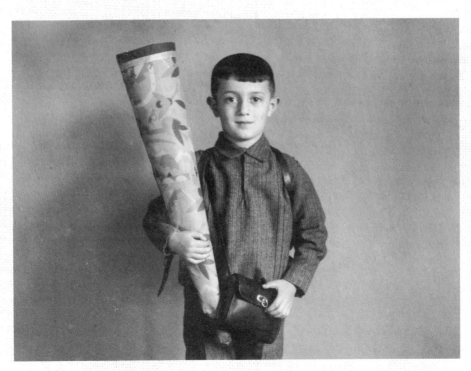

1932年:6岁的西格伯特拿着一个装满糖果的硬纸筒,这是庆祝德国孩子第一天上学的传统礼物。

1941年：奥斯维辛 - 比克瑙的卸货平台。大多数被运到这里的犹太人都被立即处死了。

在奥斯维辛，囚犯们每天的口粮只有一碗发臭的馊汤，热量不足700卡路里。

1945年：汉斯·戈培尔，纳粹冲锋队的少将，纳粹德国宣传部长约瑟夫·戈培尔的兄弟，正在接受美国陆军反情报部队爱德华·莱维上尉的审讯。汉斯·戈培尔被西吉和他的调查小队抓获。安娜·罗斯穆斯供图，来自《瓦尔哈拉终曲》。

1946年：从毛特豪森集中营获得解放一年后，20岁的西格伯特·威尔齐格健康状况有所好转。

1950年,西吉和同为奥斯维辛幸存者的拉里·纳特尔在做巡回推销员。

西吉展示国家电影公司产品目录中的"爱心灯",大约在1950年。

1951年：娜奥米·西塞尔曼，未来的威尔齐格夫人。

1959年：23岁的西吉。为了事业的成功，有必要打扮得体面一些。

到 1973 年，新泽西信托公司每家分行的开业仪式都有主题派对助兴，如新泽西州爱迪生市的狂野西部庆典（上图），以及新泽西州克里夫顿市的消防队主题庆典（下图）。

1975年，西吉成为第一位在西点军校向学员发表演讲的大屠杀幸存者。

1980年，威尔希尔总裁西吉签署出售威尔希尔电子公司的文件。

1985年：埃里克·J.施默茨院长向西吉颁发了霍夫斯特拉大学法学院的荣誉法学博士学位。该学院成立了西吉·B.威尔齐格银行法中心——是当时全美唯一一个银行法类中心。

示意他把钱给她。然后西吉祝这位女士圣诞快乐,并去迎接另一位顾客。TCNJ 并不是镇上唯一的银行。客户有很多选择。因为某人不懂规则而惩罚她是不行的。为什么要给她换一家银行的理由呢?他希望他的顾客快乐。

"我父亲对待他的员工就像对家人一样,他也希望他的员工像对待家人的朋友一样对待银行的客户。"儿子伊凡评论道。

西吉的慷慨并不限于银行客户。当伊凡在他高中的音乐剧《屋顶上的小提琴手》(*Fiddler on the Roof*)中获得书商阿夫拉姆一角时,西吉为演员和工作人员们精心筹办了一场派对。贫穷的犹太人特维亚试图在 1905 年的沙皇俄国维持家庭和传统,这个故事引起了西吉的共鸣,他对演出的欣赏表现为几十个比萨和一个蛋糕,蛋糕上有一个裹着巧克力的屋顶,上面是一个撒着糖霜的小提琴手。派对一直持续到凌晨,演出的合唱团在吉他和曼陀林的伴奏下演唱,西吉则高歌一曲音乐剧主题曲《如果我是有钱人》(*If I Were a Rich Man*),他那充满活力的演绎迷住了年轻的演员们。

在之后的日子里,这首关于财富梦想的百老汇曲子成了他庆祝喜庆日子的颂歌。每当银行的一家新分行开业,每当他得到了一个重要的新客户,每当他的孩子拿着"全 A"的成绩单回家,西吉就会突然变成音乐剧中的主角特伊,载歌载舞,打着响指,闭着眼睛唱道:"如果我是有钱人,我就不必辛苦工作……"

"想象一下 J.R. 尤因扮演的特伊,"一位记者写道。尤因是当时的热门电视剧《达拉斯》(*Dallas*)中那个以自我为中心的石油大亨,"这就是西吉·威尔齐格现在的样子。"[56]

"他的嗓子很好听,"伊凡说,"听起来像个职业歌手,但他会在最奇怪的时候唱歌:在餐馆和公共场所,在过道里跳舞,无视周围的人，整个世界就是他的舞台。"

西吉喜欢唱百老汇音乐剧的曲子。每天，他都会从《亚瑟王庭》（Camelot）中的《如果我要离开你》（If Ever I would Leave You）唱到《爱海高飞》（The Fantastiks）中的《试着回忆》（Try to Remember），到《让世界停下，我想离开》（Stop The World-I Want to Get Off）中的《我是什么样的傻瓜》（What Kind of Fool Am I），再到他最喜欢的歌《梦幻骑士》（Man of La Mancha）中的《不可能的梦》（Impossible Dream）。他经常唱《西区故事》（West Side Story）中的《玛利亚》（Maria），以至于人们怀疑这是不是他妻子的名字。很多时候，他看起来更像一个艺人，而不是一个银行家。

"刚开始的几次，他在公共场合的爆发让我们哈哈大笑，"伊凡回忆说，"但过了一段时间，我们就习惯了，并开始跟着唱。人们会问我们：'你父亲是这家餐馆的老板吗？'我们会告诉他们：'不，他只是高兴自己还活着。'人们认为他疯了，嘲笑他，但他不在乎。他的脸皮很厚。我们为有这样一位快乐的父亲而感到骄傲，他不在乎周围的人怎么想。"

当他心情特别好的时候，西吉的表现就更奇怪了，他咔嗒咔嗒地踩着脚后跟，举起右手，大喊："希特勒万岁！"其兴致之高就像在祝某人"今天过得愉快"一样，让房间里的所有人都惊愕不已。模仿纳粹，是他呐喊的方式："去你的，阿道夫·希特勒，你和你的宏图大业都去死吧！事情跟你想的不太一样，对吧？我们犹太人不仅还活着，而且很快乐、很健康，还有幽默感，尽管你费了那么大劲，想把我们从地球上消灭掉。"

第十章 | 有爱心的银行

到了 1975 年，要想约见 TCNJ 这位异想天开、爱唱小调、爱扮纳粹的总裁、董事长和首席执行官，已经变得很困难了。想和西吉谈贷款、抵押、房地产交易、投资和其他金融事务的人可能要排一个月的队。他的声望如此之高，主要有三个原因。第一，西吉是唯一一个在石油和银行业拥有如此崇高地位的大屠杀幸存者，犹太社区的许多人，特别是大屠杀幸存者，都为他感到骄傲，对他的商业头脑有信心，有什么财务上的需求都来找他帮忙。第二，西吉尽可能多的与银行的主要客户建立个人关系，并将其作为自己的工作。第三，他会从百忙之中抽出时间，为大大小小的客户提供免费的投资建议。因此，虽然 20 世纪 70 年代对其他银行来说可能是一个高通胀和低回报的时代，但 TCNJ 却在不断增长。

20 世纪 70 年代，美国有三种银行：少数巨头，如大通银行和花旗银行；中等规模的社区银行，如拿骚信托公司、奥尔巴尼州立银行和 TCNJ；以及小到可以不受美联储监管的夫妻店。为了扩大 TCNJ 的规模，西吉决心要成为新泽西州最好的社区银行。首先，他创造了一个人人都钦佩不已的口号："自 1896 年以来，一直用爱心经营的银行。"他甚至设计了一个标志：两颗交织在一起的红心。很快，这个口号和标志就出现在了新泽西的杂志和报纸广告上，并装饰在花园州*公园大道和新泽西收费高速公路上的广告牌上。

接下来，西吉建立了两支团队，负责在新泽西扩展TCNJ。其中一支团队致力于用更现代的室内装修来取代老分行的陈旧装置和家具，而另一支团队则在该州的北半部为新分行寻找行址。每家分行都挑选在全国节假日期间开业，并有主题庆祝活动，如美人鱼节**或得克萨斯烤肉活动。在克里夫顿分行的剪彩仪式上，西吉坐在一辆古董消防车的驾驶座上向人群挥手致意。在帕塞伊克的开业典礼上，他委托建造了一艘海盗船。在爱迪生市，他站在了一辆狂野的西部马车的脚踏板上。在这些典礼上，食物随处可见：堆成金字塔的百吉饼，一盘盘的烟熏三文鱼和白鱼，堆满熏牛肉、腌牛肉和火鸡三明治的盘子。总会有一张桌子，上面摆着为正统犹太教顾客准备的最好的犹太食品。

"我的上帝，"一位顾客感叹道，"你从来没见过哪家银行这么铺张！"

"怎么，你以为我会像其他银行那样开张吗？"西吉回答说，"用便宜的椒盐卷饼和蘸酱招待大家？这是我的名片。如果你需要什么，可以直接给我打电话。"

"我父亲讨厌'天下没有免费的午餐'这句话，"儿子伊凡说，"就好像没有人只是为了善良而善良，或者你给别人礼物就必须得到什么作为回报。他喜欢为每一个进门的人提供免费的丰盛午餐，并送出一袋又一袋的礼物，没有陷阱，没有花招。但当然，他希望

---

* 新泽西州的别称。——译者注
** 美人鱼节（Mermaid festival），美国沿海各地常见的一种联欢活动，多由当地商业人士和市民创立，内容通常包括举行巡游、搭建集市等。——译者注

将来当人们需要银行服务的时候，能想起他的慷慨。"

礼品袋在等待着每一个参加TCNJ分行开业典礼的人。即使是那些碰巧路过的非客户人士。也会带着装满袖珍日记本、日历、钥匙链、钢笔和一把亮黄色尺子的袋子离开，尺子从礼品袋的顶部伸出来，把所有人的注意力都吸引到银行的名字上。尺子在那个年代还很贵，没有人会舍得扔掉。免费赠送尺子的成本不低，但这笔钱花得很值，因为这意味着银行在一个人的家里有了一个永久广告。

"TCNJ分行的开业典礼总是很奢侈，"前副总裁史蒂夫·兰道回忆说，"但是每个人都很开心。"

所有的TCNJ的客户都受到尊重，无论他们的账户大小。西吉像慈祥的叔叔一样热情地欢迎每一位客户，向他们分发带有金色镶边的红色珐琅双心别针，并用和家人说话的语气同他们交谈。

"我爸爸几乎每次谈话都会插入意第绪语，即使是跟非犹太人说话，"伊凡回忆说，"然后他会突然想起他并不是在和一个犹太人说话，所以需要用英语解释他刚才说了什么。如果你想想的话就会觉得很有趣：非犹太人学到了意第绪语，而他们想要的只是低利率的贷款或高收益的存单。"

西吉以同样的个人关怀对待他的员工，因此，员工们都忠于他和银行。曾经，银行有三个为TCNJ工作了五十多年的部门主管：爱德华·戴文、艾琳·米勒和约翰·贝尔。

"他非常关心他的员工，"TCNJ人力资源主管、西吉内部团队成员鲍勃·麦卡锡评论道，"二楼的一位女士眼睛不适，西吉在路过时发现了这一状况，立即派他的司机送她去看大夫，并告诉她：'不要担心费用。'由于这种关怀，我们的人员流动率可能是全州所有商业银行中最低的。"

安东尼埃塔·奥利沃从十九岁开始在TCNJ的客户服务办公室工作，她还记得另一个关于西吉的慷慨的例子。"有一次我过生日，"她描述道，"我跑去见我的老板，他说要带我去吃午饭。我拐了个弯，真的碰到了威尔齐格先生，他给了我一个大大的笑脸，说：'这就是我喜欢看到的。跑，跑，跑！你今天要在哪里跑步？'我告诉他今天是我的生日。他说：'我有东西要给你，但它不适合工作时间。'两小时后，他的司机给我送来了一瓶香槟，说：'威尔齐格先生送的，等你回家后再喝。'"

　　西吉向所有的员工、客户、朋友、熟人敞开了心扉，而且好像他的事情还不够多，他会花几小时、几天、几周的时间，以牺牲自己的生意和家庭为代价帮助他人。尽管他正在忙于与美联储作战，但也没有什么能阻止他去帮助有需要的人。无论是白天还是晚上，甚至是凌晨两点，只要有人需要，他都会抽出时间去做婚姻顾问、商业顾问或家庭调解人。为了帮助解决别人的家庭紧急情况，他会放下手头的一切。

　　"客户一有问题就会去找他，"儿子艾伦回忆说，"父亲和儿子会发生争执，而他们唯一信任的调解人是西吉·威尔齐格。他为这家银行设计了双心标志，这并非巧合。"

　　"我母亲很伤心，因为他花了这么多时间在别人身上，而与自己的家人在一起的时间却很少，"女儿雪莉回忆说，"但在他看来，为他人提供这样的个人照顾，是他从集中营里幸存下来的理由。这给了他生活的目的和意义。"

　　在一次工作面试中，一位年轻女性问西吉："你对新员工的要求是什么？"

　　"你不必走得、说得或想得像我一样快，"他回答，"但你必须比普通人走得更快、说得更快、想得更快。你准备好这样做了吗？如果没有，你将无法真正融入其中。"

"嗯，"年轻女性问道，"我有美术和宗教方面的学位，被录用的概率有多大？"

"最多50%，"西吉毫不犹豫地说，"我会立马雇用一个来自法学院或商学院的人，但就你的情况而言，我必须确信，你不会说服我给你一份工作，但一有机会成为老师，你就立马拍拍屁股走人了。我希望你能诚实地对我说：'威尔齐格先生，我听说过你，我喜欢我所听到的，我想为你工作。现在，请告诉我，要想在TCNJ找到一份工作，我需要学些什么课程。'"

"这可能被视作一个弱点，他觉得他必须亲自面试银行行政职位上的每一个候选人，"来自安达信会计师事务所的TCNJ顾问菲尔·库普曼说，"包括从工会进到管理层的柜员。另一方面，由于这种个人关注，人们把他当作偶像。他对他们很忠诚，很多人则视他为某种神灵。"

"后来，当他出售威尔希尔电子公司的时候，"雪莉回忆说，"他拒绝签署文件，直到他确信新老板不会解雇任何员工，他们的工作得到了保护。这使得谈判的时间更加旷日持久，但他希望人们能得到照顾。"

除了与所有潜在的新员工进行面谈外，西吉还在学校团体参观银行时发表欢迎演讲。黄色的校车停了下来，他护送学生和老师进去，带他们参观金库，并向他们解释银行是如何运作的，以及懂得明智地消费和储蓄的重要性。临走前，他把手伸进银行柜员的盒子，拿出一把一美元钞票，发给所有的孩子们，每个学生都是潜在的未来储户。

面试低级别的求职者，给十二岁的孩子讲课，在招待客人的桌子上摆满蛋糕和咖啡，这些妈妈式的招数让竞争对手们大笑不已。当新泽西州最大的商业银行之一——第一泽西银行（First Jersey Bank）的董事长听说TCNJ延长了免下车服务的时间时，他嗤之以鼻。"坏主意，"他说，"那么晚了，你只会遇到些不三不四的人。"

西吉的反应是一如既往的直率。"他们不是不三不四的人，"他竖起了食指，强调说，"他们也是人，也是有价值的客户。"他非常尊重那些没有他幸运的人[57]。

他对以色列的爱也同样强烈。

第十一章 | "我还在奥斯维辛"

1975年6月29日，八百多名身着盛装的宾客聚集在纽约华尔道夫酒店的大宴会厅，出席以色列为西吉·B.威尔齐格举行的致敬晚宴，这场活动后来被证明为以色列国债推销历史上的一个里程碑[58]。

新泽西州的社会名流们悉数参会。豪华轿车一辆接一辆地停在酒店镶金饰银的入口前。身着制服的门卫恭迎客人，并把他们引导到三楼的主宴会厅，在那里，市和州的政要们正与新泽西州的商业领袖和社会名流举杯共饮。州长布伦丹·T.伯恩与银行专员理查德·F.绍布谈笑风生，国会议员多米尼克·V.丹尼尔斯则在和同事罗伯特·A.罗伊交流华盛顿的政坛趣事。泽西城犹太人社区中心的教育总监阿瑟·爱森斯坦，接过了TCNJ客户、麦可运输公司总裁多米尼克·马里诺的名片。

西吉在各张桌子间转来转去，问候客人，确保每个人都舒服自在，并停下来与约翰·J.瑞安投资银行的执行副总裁芬威克·希尔·加维，以及制造企业汉诺威信托公司的副总裁小罗伊·韦勒德斯握手。韦勒德斯是一位杰出的银行家，不是犹太人，但他喜欢西吉，西吉在商业银行业这个限制重重的世界里克服了不知多少障碍才取得成功，韦勒德斯对此十分敬重。

奥斯维辛集中营的幸存者也出席了晚宴，包括TCNJ采购部门的负责人拉里·纳特尔和大型房地产开发商约瑟夫·布基特。西吉公司的高管们在大厅的前面有自己的桌子，TCNJ的高管们靠在椅子上，与威尔希尔石油公司的高管们聊天。一支由10人组成的管弦乐队在演奏，一对对男女在跳舞。

人们纷纷入座，坐满了酒店大宴会厅里的近百张桌子。在房间的一端，六面美国国旗和六面以色列国旗装饰着一个高台。在旗帜前，两张供演讲者和贵宾使用的长桌横跨平台，足足有60英尺（约合18.3米）长，上面铺着白色亚麻布，摆着沃特福德水晶和利摩日瓷器。在两张长桌之间的讲台上，晚宴主席托马斯·林奇站在那里，等着会场安静下来。在他的右边，坐着一名穿着剪裁得体的燕尾服的男士，他就是当晚的获奖者西吉·B.威尔齐格。大厅里渐渐鸦雀无声。

"一个奥斯维辛和毛特豪森恐怖事件的年轻幸存者，"林奇开始说，"后来在美国陆军情报部门工作，现年四十九岁，我们今晚的贵宾，西吉·威尔齐格，新泽西州最年轻的大银行董事长和总裁，也是得克萨斯威尔希尔石油公司的董事长和总裁。他点石成金，使这家石油公司的收入在十年内从100万美元增长到3000万美元，并使这家银行的资产从1.8亿美元增长到3.16亿美元……"

林奇接着又说了几句话，然后坐了下来，新泽西州前州长罗伯特·迈纳走到麦克风前。

"他既能经营好自己多元化的金融帝国，又能有时间从事慈善和社区活动，这太了不起了。"迈纳感叹道。西吉是以色列国债内阁（National Israel Bonds Cabinet）、阿达斯以色列公理会（Congregation Adas Israel）、希勒尔学院（Hillel Academy）、克里夫顿米里亚姆的女儿们养老中心（the Daughters of Miriam Center for the Aged in Clifton），以及新泽西州犹太医院和康复中心等机构的董事会成员。他选择加入这些关注老年人健康与幸福的机构，这并非巧合。西吉在很小的时候就失去了双亲，他无力阻止他们被杀害。现在，位高权重的他选择尽可能多地帮助老人。

迈纳坐了下来，以色列副大使莫迪凯·沙莱夫让西吉登台，向他颁发了总理勋章。以色列总理伊扎克·拉宾原本计划亲自颁奖，但由于与阿拉伯国家的关系十分紧张，他不得不留在以色列。沙莱夫大使对着话筒宣读了颁奖词："感谢他作为人道主义者、兄弟情谊的捍卫者和以色列的朋友所做的奉献。"

宾客们起立鼓掌。一些人喊着他的名字，另一些人则喊着"棒极了！"西吉停顿了一下，看着开阔的宴会厅，给观众带来了庄严的平静，人们坐了下来。他调整了一下话筒，首先感谢了东道主，表达了他对以色列的热爱，并对家人、朋友和同事的忠诚和支持表示了感谢。接着，他请听众起立，默哀片刻。

"我们起立，"他解释说，"是为了数百万死于大屠杀的犹太人，以及许多与他们并肩而死的国际义人（Righteous Gentiles）。我们特别为100多万被杀害的犹太儿童而起立，他们几乎都还不到十二岁。"大厅里静了下来。过了一会儿，他请他们坐下。

"我没有得到解放，"他告诉观众，"我每天都在奥斯维辛。"

这让整个大厅都感到一阵寒意，但那些认识他的人对此并不感到惊讶。西吉通过向世界展示他心中的恶魔，来驱除这些恶魔。尽管如此，这个夜晚应该是喜庆的，而不是令人压抑的，他在演讲中保持了谨慎的平衡，在适当的地方加入了幽默和诗意的时刻。"我们怎么能理解这样的恐怖，"他问他的听众，"尽管如此，我从未放弃对上帝的信仰。他也许创造了老鼠、毒蛇和纳粹，但他也创造了美丽的鸟儿、蝴蝶，并为犹太人创造了最伟大的奇迹：以色列，一个犹太民族的家园。"

当他结束演讲时，来宾们纷纷起立鼓掌，向西吉致敬：他是石油大亨、银行家、慈善家、企业家、事业创造者、公民偶像、犹太社区的领袖，但最重要的是，他是幸存者。他感谢了观众，走下舞台，把娜奥米抱在怀里，示意聚光灯跟上，像弗雷德·阿斯泰尔*和金吉·罗杰斯一样，在舞池里让她转了一圈，跳起了维也纳华尔兹，大厅里的灯光暗了下来，镜子般的墙壁和光鲜的桌子上烛光摇曳。他让妻子左旋右转，伸出双手，向客人展示他并不局限于会议室的花哨步法。牛衣对泣的时光已成往事，那时候与孩子们一起度假，意味着要与伊凡和雪莉挤在一家廉价汽车旅馆的同一个房间里。如果说早年的生活还有什么值得他怀念的，那也只是一小部分。他们的今天是亲手挣来的，他们的明天看起来也是光明的。

事情发展得如此之快，他在商业上的跃升是如此迅猛，以至于当人们看到以色列的最高平民荣誉被授予一个从未涉足过这个国家的人时，似乎没有感到有什么问题。

他的孩子们都会在他们一生中的某个时候访问应许之地，但西吉对以色列的支持体现在其他方面。例如，每当有朋友或家人结婚、庆祝周年纪念日或生日，或不幸去世时，他都会通过犹太民族基金（Jewish National Fund）以 18 的倍数向以色列捐赠树木。在希伯来语中，数字具有独特的价值。Chai 这个词在希伯来语中既

---

* 弗雷德·阿斯泰尔（Fred Astaire），美国电影演员、舞蹈演员、舞台剧演员、编舞家和歌手，德国移民后裔，他在舞台与大银幕上的演出生涯长达七十六年，参与了三十一部歌舞剧的演出。金吉·罗杰斯（Ginger Rogers）是他最著名的舞伴，两人曾搭档演出十部电影。——译者注

代表数字18，也代表"生命"。当纪念的是一位小客户或者一个比较重要的场合时，他会捐赠18棵树；为了一个好朋友或一个大活动，他会捐赠180棵树。对于更特殊的朋友或更大的场合，他会捐赠360棵树，依此类推。多年来，他种了数英亩树，但他总能找到自己不去以色列的理由。

"如果我们要去以色列，"他告诉家人，"我们应该先去奥斯维辛和毛特豪森，但那样旅途就太长了。因此，要么我们分两次旅行，要么等到我有足够的时间去做这一切。"事实证明，要把他繁忙的日程与家人的协调起来是不可能的，所以尽管他的意图很好，但以色列之行始终没有实现。

他不能去圣地还有其他原因，首先是他对其他人能否应对工作中的突发状况缺乏信心：银行抢劫、支票欺诈、信用卡诈骗、洗钱、信贷员涉嫌腐败……银行业充满了风险，而每一个风险都对他个人的以及其他TCNJ股东的财富构成威胁。如何处理危机，他只相信他自己，所以办公室寸步不能远离。位于卡兹奇山的库舍尔酒店是可以接受的，从新泽西开车过来只需两小时。到迈阿密海滩坐飞机只需三小时。但从以色列赶回来要坐十二小时的飞机，太远了，会使他无法迅速应对银行可能出现的紧急情况。

他不去以色列的另一个原因是，根据他对正统犹太律法的理解，一个踏上应许之地的犹太人不应该表现得像个游客。他应该留在那里，把那里当作自己的家。尽管西吉对以色列有着无限的热爱，但他认为自己还太年轻，还不到退休搬去那里的时候。

华尔道夫的活动非常成功。人们纷纷从钱包和外套口袋里掏出支票簿，到当晚结束时，以色列国债内阁已经筹集了250多万美元，对这个有二十五年历史的组织来说，这是一个破纪录的金额。

第十二章 ｜ 西点军校

除了要应付美联储的威胁，西吉要操心的事还有很多。尽管不得不花费时间和金钱与美联储做斗争，但根据存款情况，TCNJ 现在已位列美国三百家最大的银行之一，从 TCNJ 输送到威尔希尔的税款帮助这家石油天然气公司买下了新的地产，并扩大了钻探业务。这是再合适不过的扩张时机。由于能源危机，美国国内石油供应需求旺盛，威尔希尔产生创纪录的收入，反过来导致了另一个意想不到的好处：在 20 世纪 70 年代中期，威尔希尔被邀请在纽约证券交易所上市，这是他们（在被西吉收购前，威尔希尔石油公司曾在美国证券交易所上市）先前在美国证券交易所上市之后的又一殊荣。

一天早上，西吉在日报广场分行的大厅里见到一个年轻人，穿着军装，戴着犹太小帽，他兴奋不已。在 TCNJ 的分行里，犹太小帽并不罕见，因为西吉是新泽西北部正统犹太社区的首选银行家。不过，穿军装的信徒还是很罕见的。

20 世纪 70 年代中期，威廉·比利·施瓦兹少校在美国西点军校担任眼科主任，这座传奇的军校从纽约市以北 50 英里（约合 80.5 公里）的高处俯瞰哈德逊河。这所高级军官培训学校的学员都经过了严格的筛选，入学机会非常宝贵。1300 名学员中，有许多人是由国会议员推荐的。每个星期五晚上，比利和他的妻子黛比，以及西点军校的其他40名犹太成员都会聚集在一间化学教室里做安息日礼拜。比利在会众中扮演了重要角色，并建造了他们的第一个苏克棚（sukkah），这是一种用树枝和树叶搭建的临时帐篷，用来庆祝秋天的收获。当比利的妻子怀孕后，他打算离开军队，开一家私人诊所。这需要一大笔钱，他微薄的收入不足以支持他这样做。有人建议比利去找西吉贷款。

"我们聊了好几小时，"比利回忆说，"以至于西吉派人去买犹太蛋糕回来。他告诉我他在大屠杀中的经历，他觉得自己活下来就是为了告诉人们这些经历。"他们达成了贷款协议，比利回到了西点军校。

比利的病人之一是哈罗德·R.温顿少校，军事学院历史系的主任。第二次世界大战是年轻受训军官的一个常见的研究课题，但温顿向比利承认，军事学院历史系关于大屠杀的选修课缺乏一种真实生活经验的生动性，他希望能"用人类的语言描述大屠杀"。比利建议，西吉是理想的人选，他会是第一个在西点军校演讲的大屠杀幸存者。温顿同意了。

西点军校，即美国军事学院，是美国最高级军官的训练场。自1802年成立以来，校友包括道格拉斯·麦克阿瑟、乔治·巴顿、奥马尔·布莱德雷、亚历山大·黑格、诺曼·施瓦茨科普夫、格兰特总统和艾森豪威尔总统，以及数不胜数的罗德学者（Rhodes Scholars，即罗德奖学金获得者，这世界上历史最悠久、最负盛名的国际奖学金项目之一，有"全球青年诺贝尔奖"的美誉），还有国家元首、大使、州长和内阁成员。美国人，可能包括西点军校的毕业生，把他从毛特豪森集中营解救出来，如果再有一次大屠杀，这些人将再次被号召挺身而出。1975 年 12 月 9 日，200 多名学员和军官团成员挤满了西点军校的礼堂，聆听西吉的演讲。

在讲台前放了一个小踏板。西吉走上前去，调整了一下麦克风，争取时间观察了一下身着制服的听众们。他的家人正坐在前排。

"当我还是个孩子的时候，"西吉开始说，"穿制服的人让人害怕。但是，我很荣幸受到你们的邀请在这里发言。有一天，你们中的一个人可能会成为美国总统。你们需要知道犹太人在大屠杀中经历了什么，这样你们才能保持警惕，防止它再次发生。"

西吉准备了放大的照片来说明他的演讲。西点军校的学生对战争的画面习以为常。在他们的战争课程中，他们会放映好几小时的战场镜头，分析不同类型的武器所造成的破坏：这是一个人被手榴弹炸中后的样子，这是被迫击炮击中后的样子。然而，礼堂里很少有人见过西吉那天晚上举起的那些图像：瘦骨嶙峋的尸体堆成一堆，像房子一样高；堆积如山的头发、眼镜和鞋子；会走路的骷髅盯着镜头，离死亡只有几分钟。这就是发生在我们身上的事情，他告诉他们。这就是我们的模样。这就是纳粹对犹太人，以及其他所谓的敌人所做的事情。

"为什么世界都袖手旁观？"那天晚上，他问学员们，"是否有某种保持缄默的密约？恕我直言，今天在座的非犹太人，是否可能也相信是犹太人杀了耶稣？一位美国飞行员去年向《纽约时报》谈到了这个问题。他曾发誓要保守秘密，发誓不泄露政府知道集中营的事。但政府确实知道，他们早在 1943 年就知道了。"

他引用了新泽西州国会议员罗伯特·基恩的话，他在 1943 年 3 月 19 日向国会宣称，如果美国和英国不立即采取行动，那么数以百万计的犹太男人、女人和儿童的鲜血将沾满他们的双手。"已经有200万人被杀害了，"基恩告诉国会，"杀戮还在继续。"[59] 在基恩提出请求的时候，西吉已经在奥斯维辛待了近一个月[60]。

西吉随后提出了一个发人深省的观点：当希特勒在1932年当选德国总理时，他没有什么钱，也没有多少资源。如果在那个时候，对于欧洲犹太人社区所面临的日益增长的威胁，西方国家能够给予更多关注，那么大屠杀可能就会被阻止。

"在1938年水晶之夜，"他说，回忆起他的哥哥乔被围捕的那个夜晚，"77000名犹太人被捕，10000到12000名犹太人被杀害，《纽约邮报》只为此事刊登了一篇专栏文章。西方国家什么也没做。我推荐你们去看电视系列片《战争中的世界》（*The World at War*）[61]。在那期节目中，有一个1973年的采访，采访对象是一位曾担任大英帝国元帅的人。记者问：'有关于这些大规模屠杀的报道。你为什么不轰炸奥斯维辛？飞机就近在咫尺。''哦，'帝国元帅说，'你知道，我们听到了那些关于犹太人的报告。但我们并不相信它。''为什么不？'记者问。'好吧，'元帅说，'我必须告诉你一些事情，请注意，我不是反犹主义者。我认识很多犹太人。但是犹太人有一个习惯，就是老是夸大其词。首先我们得对付纳粹。'这是他的原话。"

"但是，当他们的轰炸结束，要飞回家的时候，"西吉继续说，"他们不能带着剩下的炸弹继续飞，但他们没有把炸弹扔到奥斯维辛，而是把它们扔进了海里。如果他们当时轰炸了集中营，能挽救成百上千、成千上万的生命！"

"雪上加霜的是，"他说，"战后，德国政府连道歉都没有。相反，他们算算我们遭受折磨、忍饥挨饿的日子，每一天给像我这样的幸存者1美元25美分。我在奥斯维辛集中营的每一天，我的精神和身体受到的折磨，换来的是 1 美元 25 美分，而那些被他们杀害的人，包括我的 59 个家人，却得不到一分钱。纳粹杀害了 600 万犹太人，100 万十四岁以下的儿童，数以百万计的基督徒。近五十年后，这就是他们提供的东西？我从没花过他们这些带血的钱，我都捐给慈善机构了。"

西吉的小儿子艾伦还记得在西点军校的那一刻。即使在那时，作为一个十岁的孩子，他也知道这么多身着清一色制服的士兵，坐得笔直，都排成一排排，泪流满面，这是很不寻常的。

"表达一点感情并没有错，"西吉总结道，"我从心底感谢你们！"

观众起立鼓掌，掌声持续了足足十分钟。演讲结束后，一群犹太学员走到西吉面前。"典型人物（Model）在这里非常重要，"一名学员告诉他，"我们有桥梁的模型（model），有输入和输出的模型，但在你来到这里之前，我们从来没有关于大屠杀的典型人物。承认这一点很难，"这名学员流着泪补充说，"但这是我一生中第一次感到自己既是个犹太人，又是个美国人。"

《纽约时报》报道说，西吉的演讲是"生动的""有个性的"[62]。

"我见过四位美国总统，"西吉在西点军校演讲的二十五年后告诉一位采访者，"卡特、里根、布什和克林顿。如果有人问我感觉如何，我自然会说这是一种荣幸。但没有什么能取代在西点军校发生的事情。通过安排那场演讲，美国军事学院为保存在大屠杀中丧生的 600 万犹太人的记忆所做的贡献，超出了任何人的想象。"

一周后，当他从 TCNJ 泽西城总部的办公室窗户向外看时，在西点军校发生的一切仍然记忆犹新。从这个高度，即日报广场上方十一层，西吉可以看到哈德逊河对岸曼哈顿的大部分地区，包括华尔街和世界贸易中心的双子塔（the Twin Towers of the World

Trade Center）。他把电话放在耳边，另一端是新泽西州州长布伦丹·T. 伯恩。除了其他成就之外，西吉还在许多政治家的职业生涯中产生了重要影响。如果他出生在美国，西吉告诉他的家人，他就会宣布竞选总统。因为他没有出生在美国，所以他选择帮助那些与他观点一致的人当选，特别是那些反对反犹主义、亲近以色列、积极为大屠杀受害者寻求赔偿的政治人物。

正如西吉的客户和朋友会购买他所吹捧的任何股票一样，北泽西犹太社区的相当一部分人会给他支持的政治家捐款，并按照他的建议投票。他的银行在 5 个市都有分支机构，这使得他与当地大多数公职候选人都建立了关系。对于那些他最尊敬的政治家，他会把整个北泽西的犹太人选票都投给他们。竞选市长、州长、国会议员、参议员或总统的人，如果有西吉和他的追随者站在他们一边，都会有更好的机会。这些选票帮助了罗伯特·迈纳、托马斯·基恩和詹姆斯·弗洛里奥等州长，帮助了国会议员弗兰克·瓜里尼和鲍勃·梅内德斯等一众亲以色列的政治家，以及今天打来电话的新泽西州州长布伦丹·T. 伯恩。

"如果你想在新泽西从政，"伯恩曾经告诉同事，"你必须通过西吉。"[63]

伯恩知道西吉在政治上的影响力有多大。他自己就是在西吉的帮助下连任的，他按照惯例向西吉表示感谢，提供了一系列颇具声望的任命供他选择，例如新泽西州医学和牙科学院的理事，或新泽西州高速公路管理局的成员。一年只需参加几次会议，就能得到一笔可观的薪酬。

"我对任何一个委员会的任命都不感兴趣，"西吉说，"我也不在乎钱。我只想成为新泽西银行顾问委员会里的第一个犹太人。"

伯恩满足了他的愿望，这项任命对西吉来说是又一次肯定：希特勒消灭全世界犹太人的企图已经破产了，犹太人不仅从灭绝的边缘回来了，而且正在打破一个又一个长期存在的壁垒[64]。

第十三章 | 超级推销员

诺曼·比克夫生活在新泽西州的帕塞伊克,在西吉的姐姐珍妮身边长大,他像尊敬叔叔一样尊敬西吉。诺曼的家人经常让西吉过来吃饭,他们一起和大屠杀幸存者聚会。

"那时我还是个孩子,"诺曼回忆说,"我当时觉得那些聚会很奇怪。他们就像在聚会,但又不是聚会,每个人都在低声交谈。后来,我明白他们在讨论谁活下来了,谁死了,谁到了美国,谁没有。"

诺曼的父亲是一名房地产经纪人,他教会了儿子如何做这一行。作为一个20世纪60年代的孩子,诺曼希望应用他所受的训练来帮助贫民区的穷人。1974年,他发现了一栋处于止赎期的建筑,并决定将其改造为廉价住房。他去找银行,寻找建筑资金。当银行家们问他什么样的人会住在那里时,他坦率地回答:"大部分是黑人。"银行家们摇了摇头,把他扫地出门。

诺曼的父母建议他们的儿子与西吉谈谈。诺曼买了一套细条纹西装,为他的住房项目准备了财务计划,并出现在了 TCNJ 的会议上。西吉飞快地走进房间,看了看诺曼,一脸严肃地切入正题。

"哦,你给自己买了一套不错的西装,现在你以为自己是个大人物了？"然后他笑了笑，说："告诉我交易的情况。"

"我给他看了那些数字，"诺曼描述道，"西吉盯着我的眼睛，好像在寻找什么。然后他拿起电话，跟某人说：'往诺曼·比克夫的账上打5万元钱。'就这样！我的生意当时刚刚起步，但他毫不犹豫。"

下一次，当诺曼有一个项目需要融资时，他出现在TCNJ总部，在董事长办公室门外等待。当西吉从一个会议中出来时，诺曼追了上去，向他解释了新的"冒险"。

"没花多长时间。"比克夫回忆说。

"西吉直视着我的眼睛，问了我几个问题，我答对了。一秒钟后他说：'你拿到贷款了。'然后他拿起电话，打给某人说：'把10万元打到诺曼·比克夫的账户上。'然后他把电话递给我，说：'给，电话里的人是我的抵押贷款主管。从现在起，他就是你要打交道的人。别再追着我跑了。'然后他说：'Zei gezundt'（意第绪语，意为'祝健康，再见'），然后出了门。"

突然离开，无论是从一个房间里还是从一个电话里，都是典型的西吉风格。他每天都要在一瞬间做出数百个决定，涉及数百万美元，没有时间进行冗长的客套，总是不说再见就挂断所有人的电话，甚至包括他的妻子和孩子。很多时候，人们会一直对着一个空话筒说话，直到听到断线的声音，才意识到他早就挂断了。

"也许他帮我贷款，是因为我的父母在他刚刚起步时对他很好，"诺曼反思道，"他们不知道他会成为一个有权有势的人。那时候，他只是个可怜的难民，说话带着奇怪的口音。帮助他是我父母纯粹的'chesed'（希伯来语，意思是'爱的仁慈'）。不过，现在他在经营一家银行，如果你不听从他的指示，那就求老天保佑你吧！他会认为你不忠，马上解雇你。忠诚对他来说是个大问题。他甚至在贷款文件里写道：我必须在他那里开立所有的账户。他并不总是那么热情好客，但多亏了他，我才能帮助穷人解决他们的住房需求。"

西吉把他最好的表演留给了成功的医生，他们有资源进行大量投资，但对商业一无所知。儿子伊凡回忆说，他的父亲经常在去开会的路上经过他这里，然后对他说："又有一个愚蠢的医生来咨询了。"

"他知道他们并不笨，"伊凡解释说，"他对医疗专业人员怀有最高的敬意。但说到商业，他们中的大多数人都毫无头绪。"

一笔典型的交易发生在新泽西州的一位心脏外科医生身上，他已经从 TCNJ 获得了贷款，正在寻求投资方面的指导。西吉在他十一楼的会议室里接待了这位医生和他的妻子。为了给这位富有的医生留下深刻印象，西吉让银行的厨师埃里克准备了一顿午餐，主菜是当天早上从富尔顿鱼市*买来的新鲜鲑鱼。TCNJ 是新泽西州唯一一家有私人厨师执掌犹太教厨房的银行。

愉快的午餐过后，西吉审视了医生的投资组合。"在手术方面，你可能是个天才，"他说，"但说到生意，你就是个白痴。你赚了很多钱，那你为什么还要留着这些细价股**？笨蛋！你需要的是一次金融灌肠。摆脱这些垃圾，购买优质公司的股票。"

---

*　富尔顿鱼市（Fulton Fish Market），位于纽约曼哈顿，是全美国最久负盛名的水产市场之一。——译者注

**　细价股（Penny stocks），指通常交易价格低于 1 美元，通常不到一美分的股票。在美国等许多国家，发行细价股的公司不必发布经审计的财务记录，购买这种股票往往意味着很大的被欺诈风险。——译者注

"再看看这个，"他指着医生的银行对账单说，"你在9家不同的银行有多个个人支票和储蓄账户。这让你在所有9家银行的眼里都是一条小鱼。如果你把你所有的账户都放在我的银行里，你就会成为一条大鱼。"

"嗯，你有我的主要业务账户，"医生说，"问题是你离我们家有5英里（约合8公里）远，我们附近没有方便的TCNJ分行。我妻子和女儿的个人账户在离我们住处只有两个街区的一家银行。"

西吉盯着他，抬高了音量："当你想借钱的时候，怎么就不说我的银行太不方便了？当另一家银行想向你收取3%的服务费，而我只收你1%的时候，怎么就不说太不方便了？！"

现在，医生蜷缩着身子，低着头，感觉自己就是个忘恩负义的人。"你说得很对，西吉。"他说，但对方的长篇大论还没有结束。

"现在给我看看你在其他银行的贷款利息，"西吉要求道，"我会收得比任何一家都低。"

"低多少？"医生问。

"笨蛋！低就是低！"西吉不屑一顾，"这有什么区别？你在那家银行存了20年，他们一点也不感激你！你在我这里只待了10分钟，我就少收你钱了！"

"但他们给我的储蓄账户的利率比你高。"医生说。"很好，我会给你更高。"西吉说。

"高多少？"医生问。

"你是什么，无知的人吗？高就是高！只要你把钱给我，你就是赢家！这就是你要做的事。把你在其他银行的每一分钱都取出来，立刻！马上！你要把钱存在这里。"

"哦，对不起。"西吉讽刺地说道，"我们是不是离得太远了？"

他继续说，讽刺意味更浓了。

"我要派一辆防弹车去你办公室取所有的存款！"

他确实这么做了。

这位客户对西吉的高利率感到惊讶，不知道他的银行是怎么赚钱的。"西吉，"他问道，"你怎么能给我如此特殊的待遇？"

西吉笑了笑，坦率地回答："我知道这个周末，你要去你的乡村俱乐部和你那些事业有成的朋友一起打高尔夫球。比赛结束后，当你在蒸汽浴室里，旁边的人说他不满意他的银行的利率，或者他告诉你他的银行拒绝了他的贷款，你知道你会说什么吗？你会说：'查理，你必须马上给我的朋友西吉打电话，他是我的银行的董事长。他总是批准我的贷款。'你知道你的朋友会怎么回答吗？'你银行的董事长亲自批准你的贷款？他的电话是多少？我马上就给他打电话。'"

"这就是为什么我给你如此特殊的待遇，"西吉说，"因为你将成为我与你所有朋友之间的友好大使。只要你每个月给我介绍来一位新客户，我为你付出的成本就拉平了。"

西吉几乎每天都要和三四位大客户进行这样的谈话，连续几年都是如此。在很长一段时间里，连长子伊凡也搞不清楚这家银行是如何赚钱的。

"如果我父亲向客户收取的贷款利息比他们在其他银行支付的利息少，"他评论道，"而他向客户的存单支付的利息又比其他银行多，TCNJ怎么可能盈利呢？我的父亲就像银行业的'疯狂埃迪'（Crazy Eddie），他是电子产品行业的推销员，总是在电视上吹嘘：'我们的价格简直疯狂！'并发誓永远不会有谁比他的价格更低。但是，当我了解到父亲的策略是宠爱某些客户，以便从他们那里得到源源不断的客户推荐时,我就明白了他'疯狂'得有道理。"

"哈佛商学院不会教你这些东西,"伊凡说。他在父亲的会议室参加了几百次这样的会议,"在这句话被发明出来之前,我父亲的思维就已经打破了常规*。"

西吉并不是TCNJ的唯一所有者,TCNJ有数以千计的股东,但作为最大的股东和董事会主席,他有一套无坚不摧的推销说辞。一位牙医和他的妻子正犹豫着要不要把他们的投资组合和信托账户转移到TCNJ,西吉对他们说:"所以你们是在告诉我,你们对现在的银行很满意,因为你们认识银行行长?好吧,我有个消息要告诉你,那个你以为的行长,其实只不过是个雇员,他可能明天就会被解雇。或者他可以辞职,如果另一家银行给他更多的钱。那你怎么办?在我这里不可能发生这种事,因为我不仅仅是员工。我是银行的老板!我哪儿也不去,我赚的每一分钱都用来买更多的银行股票。看看我们现在做得有多好,自己看吧!"

西吉从他西装外套的内袋中掏出一份季度收益报告。西吉的外套相当于一间行走的办公室,口袋鼓鼓的。他指着这份报告,引用了该行最近的盈利数据。

"说谎者是会计算的,"他竖起手指强调道,"但数字永远不会说谎!你现在正与之合作的那家大型银行,他们向外国提供了巨额的高风险贷款,金额高达数亿美元。哪怕只有两笔贷款变成坏账,他们明天就会破产。另一方面,我们的银行不向国外贷款。我们的客户基础主要是在纽约-新泽西大都会区,而不是外国。这就是为什么你在我们这里做业务的风险较小。"

---

* 原文为 outside the box,为一个英文成语,意为跳出思维定式。——译者注

与此同时，牙医的妻子轻推着丈夫的肋部："亲爱的，照西吉说的做，他说得很有道理。"这正是西吉想要的开场。

"你丈夫带你去哪里度假？"他装作漫不经心地问道。

"每年夏天我们都要在圣特罗佩*度过两个星期。"妻子满意地点点头答道。

"你觉得在那里待四个星期，而不是两个星期怎么样？"西吉问道，"让你丈夫注意点，不然你就没法去圣特罗佩了。"

"什么？不能去圣特罗佩？我的天哪！"妻子喘着气说，"我们该怎么办？"

西吉研究了他们的投资组合，摸了摸下巴。"好吧，既然你问了，"他说，一边用手指敲打着，假装在沉思，"我不是金融分析师，但我要花时间给你一个好的建议,你知道我的时间值多少钱吗？一小时一万美元！其他大银行的行长会坐下来告诉你该买什么，该卖什么吗？不！他们甚至不知道你是谁。他们不知道上帝是否允许你死。他们有数以百计的牙医客户，他们为什么要关心你？他们的客户是通用汽车和美国国际商用机器公司（IBM）。对他们来说，你只是个无名小卒。但对我来说，你们就是我的通用汽车！你是我的IBM——我最重要的客户！"

"你……你有什么建议？"牙医问道，满头大汗，双腿发软，抓着那张红木长桌的边缘支撑着。

"好吧，"西吉平静地说，"从法律上讲，我不能告诉你买这家信托公司或威尔希尔公司，但我可以告诉你，我买了，我的孩子

---

* 圣特罗佩（St.Tropez），法国普罗旺斯 - 阿尔卑斯 - 蓝色海岸大区瓦尔省的一个市镇，拥有法国最美丽的海滩，以富翁的消暑天堂而闻名于世。——译者注

们买了，我所有的朋友都买了。但我不是在告诉你应该怎么做。你必须自己决定。"然后他使劲眨了眨眼睛，仿佛在安抚自己一次紧张的神经抽动。

"还有什么我应该买的吗？"牙医问道，心急火燎地把所有的东西都记了下来。

"嗯，我看你没买任何能源公司或建筑公司的股票。就个人而言，在技术方面，我喜欢塞拉斯（Selas）[65]，而在建筑方面，我喜欢雅各布斯工程公司（Jacobs Engineering）。"

如果这对西吉来说足够好，那么对于牙医来说也足够好了，他愿意做任何事情来让西吉停止恐吓。投资和信托账户已经成功转移，会议结束。

增加银行贷款组合的一个有效方法，是说服他的商业客户借入比他们所申请的更多的钱。例如，一个寻求贷款的客户生产和销售机器零件。西吉已经从他的信贷员的报告中了解到该客户想借多少钱，于是直奔主题。

"为什么只想借 50 万美元？"他问，"我知道你需要钱来发展你的业务，但你拥有土地，你拥有库存，你拥有机器，为什么不借更多呢？"

"为什么我要借比我现在需要的更多的钱？"客户问。

"因为事情可能瞬息万变，"西吉说，"如果原材料价格上涨会怎样？你会被困住的，不得不回来找我要更多的钱。而且谁能说美联储不会加息呢？趁着利率低，现在多借点吧！你的申请说你今年赚了 500 万美元，并有计划在未来 5 年内扩大规模。如果这是正确的，那么你可能很快就会需要另一笔贷款。这将意味着得为第二笔，甚至第三笔贷款支付额外费用，现在借更多的钱，可以为自己节省一大笔费用。这比以后再来要便宜得多。别犯傻！"

尽管西吉的论点很有说服力，但客户还是不愿承担更多的债务。"我的一家公司没有足够的抵押品来担保更大的贷款，"他辩称，"我已经借到了我能借到的最大数额。"

"你不必担心这个，"西吉向他保证，"你有两家公司，一家生产，另一家销售。我们将为这笔贷款做交叉抵押。也就是你的另一家公司将提供你所需要的追加担保品，这样我的银行商业贷款部门就能为你批准更大的贷款数额了。"

实际上，银行商业贷款部门的批准无关紧要。如果西吉想让某人获得贷款，贷款就会通过。

"但这将使我的两家企业都面临风险，"这位客户反对道，"我不想这样做。"

"你和我都知道，这两家公司都做得很好，"西吉自信地回答，"所以你有什么可担心的呢？这是你能想到的最划算的交易了。如果你不接受，那你就是疯了。"

这时，这位客户已经忐忑不安了。"不，"他最后说，"我父亲总是教导我说，要把这两家公司分开。"

"这在当时是有道理的，"西吉说，"当时你们的这两家企业都还很小。但现在这么做是必要的，因为你要借好几百万美元。"

"好吧，"客户说，"现在我知道你的想法了，我同意。"

"还有，"西吉补充说，"我需要你的房子做二次抵押贷款，作为追加担保品。"

"什么？"这位客户叫道，"我的房子吗？我不想把我的房子给你。""为什么不？"西吉一脸天真地问，"二次抵押贷款是可以减税的！"

"我妻子会杀了我的!"

"很好!"西吉爆发了,"那就跟你老婆借钱去吧!或者去别的银行!是你妻子给你贷款,"西吉咆哮道,"还是我?是她在经营,还是你在经营?如果你对偿还贷款没有信心,那一定是因为你对我撒谎了,你说你生意做得好。你对我撒谎了吗?"西吉从椅子上站起来问道,房间里的温度似乎也在跟着他一起升高,"你对我的贷款委员会撒谎了吗?我怎么能放心地借钱给你?"

"西吉,"客户喘着气说,好似房间里的空气突然变得稀薄起来,"我很感激你所说的,但要讲道理。"

现在,客户不得不设想一下,如果将他所有的账户都转移到另一家银行,会是什么样子。毫无疑问,新银行也会要求提供担保。此外,新银行的信贷员会想知道为什么 TCNJ 拒绝借钱给他。如果合作多年的银行都不批准贷款,其他人为什么要借钱给他?

西吉能看穿客户的心思,给了他保证。"我已经看了你的报表,"他说,点头表示赞赏,"你偿还贷款没有问题,我知道你的生意很好。但是如果审查员告诉我,他们认为贷款风险太大怎么办?如果他们跟我争论说你的生意是季节性的、不可预测的,该怎么办?如果你把你的房子抵押给我,我就能给他们一个答案。我要对他们说:'我认识这个人!他可以偿还这笔贷款。谁会在乎他的利润在哪个季度是稍微高一点还是低一点呢?这是个出色的商人。他很成功,而且还在成长,最重要的是,我还拿他的房子做了二次抵押呢!贷款是完全安全的。'"

西吉把一只手搭在客户的肩膀上。"我就会这么说服审查员,我给你放贷没有错,"他说,"这就是为什么你要多贷一点,交叉抵押,用你的房子给我做二次抵押,再签一份个人担保。如果审查员想找麻烦，开始质询我，它们就派上用场了。"

就在他认为压力已经不可能再大的时候，这位客户令人难以置信地眨了眨眼睛："个人担保？西吉，你可没说过个人担保的事。我以为我们已经就条款达成一致了。"

西吉耸了耸肩，双手举在空中，手心朝上："有什么问题吗？你当然必须提供个人担保。对于这种规模的贷款，我的客户都得签个人担保。"

所有的常识都告诉这位客户，他应该在事情变得更糟之前逃跑。但他能逃去哪里呢？说到底，西吉是他发展业务的最佳选择。只是，从逻辑上讲，这笔交易变得越来越疯狂了。

"西吉，"客户恳求道，"你这是要求我把自己的一切都赌上。如果贷款出现问题，你可以起诉我，拿走我的房子。"

西吉把头往后一仰，好像受到了侮辱，"你真的认为我会这样做吗？这样做对什么人有任何好处吗？告你？取消你的房屋赎回权？这不是我们做生意的方式。请记住，我们是有爱心的银行！这是我们的座右铭，我们以它为准则。别担心。个人担保只是一种形式。我最大的客户都给我个人担保。如果威尔夫和哈尔彭这两个新泽西最富有的家族，在某些交易上都必须签署个人担保，你不认为你也应该这样吗？"

最后，看到自己被与这些如此成功的商业大亨相提并论，这位客户点头表示同意，然后与他握手成交。草拟的文件附带了各种各样的新条件：贷款从50万美元增加到150万美元；他的另一家公司的追加担保品；他的房子的二次抵押；还有个人担保。一旦借贷者给了西吉他想要的一切，西吉就会确保客户在离开时感觉自己是个赢家。他拿起电话打给儿子。

"伊凡，我正要把我最重要的客户送到你的办公室。我要你给他弄到他想看的任何体育赛事的最佳座位，上不封顶。"他放下电话，转过身对客户说，"我会好好照顾你的。顺便说一句，你应该把你的存款也放到我这里。只要告诉我上一家银行给你的利率是多少，我就会给你更高的。我到底是不是你这辈子见过的最好的银行家？现在你知道跟天才一起做业务是什么感觉了吧，现在你已经在我们的VIP名单上了，去楼下找我儿子，选你想要的票吧！"

犹太人社区从西吉批准的高风险贷款中获益最多。

"当我刚搬到帕塞伊克时，正统犹太教社区很小，"当地犹太学校的拉比赫希·赫斯回忆说，"威尔齐格先生在帮助我们成长方面发挥了至关重要的作用。我会去找他，他会倾听，并尽他所能帮助我们。他会对办公室里的某个人说：'纳粹想杀了我们，他们没有成功。我们要重建，而他就是要做这件事的人。他要什么就给他什么。'这意味着要冒风险，因为我们没有钱。有一次，我们需要几十万美元来建造一个米克维（mikveh），也就是犹太礼浴池。他邀请我去他家，谈论大屠杀，而不是贷款问题。很明显，他仍然对自己在集中营里遭受的那些恐怖行径感到愤怒。他一谈到那件事就勃然大怒，但他把重点放在重建犹太民族上。第二周，我们的钱就到手了。没人问我们任何问题。"

米克维和其他设施一起，将帕塞伊克变成了正统犹太教家庭的首选之地。在西吉看来，批准此类项目贷款的风险，很容易被帮助犹太人满足其财务和宗教需求所带来的回报所抵消。

西吉与客户的融洽关系既建立在他推销自己的能力上，也建立在他提供的建议的质量上。他的公众形象给人留下了深刻的印象。他用丰富多彩的故事、引人入胜的回忆和无懈可击的论点主导谈话，所有这些都以惊人的语速传递。如果西吉和娜奥米邀请另一对夫妇出去吃饭，对方几乎都插不上嘴。与西吉一起吃饭就像一场漫长的独白。西吉垄断了谈话，这导致娜奥米几乎没有机会展示她是一个多么有活力的人。

"有一次我做了个手术，他的一位银行董事来看我，"娜奥米回忆道，"探望结束时，他对我说：'你是个迷人的人，但我以前从没听你说过话。'而我们曾多次与他和他的妻子共进晚餐。西吉就是这样。"

对生活在新泽西的大屠杀幸存者们来说，西吉是一位英雄，他大有作为，证明了犹太人还活着，很强大，很聪明。西吉管着他们的钱，就像是对他自己的钱一样精打细算，而TCNJ是他们的首选银行。建筑商和房地产开发商，包括哈尔彭（Halperns）、威尔夫（Wilfs）、潘蒂勒（Pantirers）、祖克曼（Zuckermans）、布基特（Bukiets）、库什纳（Kushners）、卡普兰（Kaplans）、奥斯特（Osters）、菲什（Fisches）、萨纳（Sarnas）等，都在西吉的银行开户。他们的首选银行的负责人是他们中的一员，这让新泽西的幸存者社区感到非常自豪。

"他对幸存者的忠诚，与对一般公众的忠诚不同，"西吉最亲密的商业顾问之一菲尔·库普曼说，"随着时间的推移，这些人获得了更大的成功，他们从西吉那里借了越来越多的钱，这也促进了他自己的成功。"

美国出生的犹太亿万富翁，包括西蒙和勒弗拉克家族，也和他有生意往来，在他们的购物中心租给他空间开设TCNJ的分行。此外，各种宗教和族裔的小商人都投入了他的怀抱，只要他们保持忠诚，在他那里办理所有的银行业务，西吉也会像家人一样照顾他们。

如果 TCNJ 开了一家新分行,需要 8 张桌子和 20 把椅子,一位经营家具公司的客户就会得到这笔生意。当客户的车发生剐蹭时,西吉会把他们送到 TCNJ 的客户所开的汽修厂。如果一个企业主需要办公用品,西吉会推荐一个在 TCNJ 开户的供应商。他会改善客户的财务状况,帮他们扩大商业网络,为他们带来新的业务,并尽一切可能为客户提供服务,只要他们在他这里办理每一笔业务。这是获得他的祝福的唯一标准:坚定不移的、无条件的、完全的忠诚。如果他怀疑一个客户在另一家银行开了账户,即使只是一个小账户,他也会用一种令人难忘的方法来处理这种冒犯。

"让我看看你的钱包。"西吉对坐在他的会议室里的一位老客户说。

"你为什么要看我的钱包?"客户问。

"别管为什么,快给我。"

客户把钱包递给他。西吉打开钱包,掏出信用卡和 ATM 卡。他拿起其他银行的卡,从旁边的桌子上拿起一把剪刀,把卡剪成两半,扔在桌子上。

"你疯了吗?"客户大喊道,"我真不敢相信你干了什么!"

"不,"西吉说,"是在其他地方开户的你疯了。"他随即展开了令人信服的论证,谁对谁错,毫无悬念。那位客户吞吞吐吐地说了些无力的理由,解释为什么这些卡会在他的钱包里。

"我……我忘记了,"他说,"我妻子和我刚结婚的时候在那里有一个旧账户。我和他们没有任何有意义的生意往来。这只是为了方便,因为我们在上班的路上会经过他们的自动取款机……"

"我不管!"西吉大喊,"24 小时内,我会从我们的银行给你办一张同样的信用卡和 ATM 卡。你对我撒谎了,你说你所有的钱都在我的银行里！为什么你还有这些卡？把你的钱取出来，现在！"

"好吧，好吧！"客户结结巴巴地说，"但我有个问题。两天前，在电话里，你给我的贷款利率比我现在的银行低，这难道不需要经过你们的贷款委员会批准吗？"

"我就是贷款委员会！"西吉爆炸了，"如果你得到的交易与我答应你的差了一分钱，你都可以叫我去死，把你的账户留在原地。现在，我们到底达没达成协议？"

"是的，"客户点了点头，"我相信你。"

"好！"西吉也点点头，笑着说，"在我改变主意之前，赶快离开这里。"

"好吧，但是别忘了，"这位客户补充道，"当涉及我的抵押贷款时，你答应过免除手续费的，对吧？"

西吉发作了："是的，我说过。看我的嘴型。我，免除了，费用。"

"可我的信贷员怎么知道，你说过要免除那些费用呢？"

西吉已经开始跺脚了。"我要给你立字为据。"他说，他的体温在上升。

"那你还记得吗，"这位客户小心翼翼地问道，"你还答应我说，我的小舅子可以得到同样的待遇？"

西吉眼也不眨地看着那个人。"你知道，"他轻轻地说，从椅子上慢慢站起来，"有些人嫉妒我的成功，还有些人因为我的宗教信仰而不喜欢我，但在这整个世界上，你永远找不到一个人说：'西吉不守信用'，我一诺千金。"

这时，西吉的颈动脉已经开始狂热地搏动，他的脸已经红到了危险的程度。他走近一步，用柔和的声音低沉地说。

"当你向我要求什么，而我和你握手的时候，这就是一笔交易,"他说,"你永远不会听到我说:'哦,你误会了,'或者'哦,你不明白你在说什么。'"

"你瞧,"他说着,侧身走到客户的面前,"我说话可能会带点口音,"然后,他身子前倾,声音就像炮弹一样从他的喉咙里爆发出来,"但我的耳朵没问题!"

第十四章 | 好一个运动健将!

除了是一个世界级的大嗓门,西吉还是一个世界级的说书人、喜剧演员和魔术师。例如,在他的细条纹三件套西装的背心口袋里挂着一块金怀表,表上挂着一个精致的钥匙形的金表链,他把外套敞开,让大家都能看到。闪亮的表链引来了好奇的询问,就像在一条好奇的鱼眼前舞动着的亮片诱饵。

"那是什么?"一位客户问。

"哦,这个?"他漫不经心地说,"这是我的大学优等生学会的钥匙*,我在牛津得到的。"

"你上过牛津大学?"这位客户惊叫道。

"不,我先是从剑桥毕业的,牛津是我读研究生的地方。我在普林斯顿读了一年,在哈佛读了两年,然后转到剑桥,之后在牛津读了研究生。"

"我儿子申请哈佛时,你能给他写封推荐信吗?"

"笨蛋,我在跟你开玩笑。我被关进奥斯维辛时,连初中都

---

* 原文为 Phi Beta Kappa key,美国最古老的学术荣誉学会 Phi Beta Kappa 学会颁发给会员的纪念钥匙,被广泛认为是学术成就的象征。Phi Beta Kappa 是希腊语,意思是"智慧的爱,生活的指引"。——译者注

没念完。"

  为了给潜在客户留下深刻印象，让他们知道自己正在和一个独一无二的银行家打交道，西吉的故事一个比一个更离奇、更令人惊叹，他的幽默感是无止境的。在一次聚会上，西吉一边用手指拨弄他浓密的头发，一边唱着百利发*的广告歌，这是一款很受欢迎的发膏，以能把头发向后梳并使其完美固定而闻名。"百利发，轻轻一点就够了。"他唱道，声音大到足以让周围的人都能听到。一位女客人上钩了，称赞他有一头漂亮的头发。西吉的反应是皱起眉头，仔细研究她的发型，仿佛在评价一件艺术品。

  "您知道，"他若无其事地说，"我拥有一家连锁的高档美容院。让我看看，请转身，嗯，夫人，您真漂亮。但我可以让您加倍美丽。"他一边说，一边用手指拨弄她的头发，用维达·沙宣**的方式进行梳理，好似要把她的脑袋从一辈子用发胶和吹风机吹来的习惯中解放出来。

  "是的，"西吉估摸道，"我会在这儿修一下，在那儿修一点。亲爱的，我可以让您看起来年轻十岁。"

  "真的吗？！"听到自己的运气如此之好，她惊得张大了嘴，"我可以预约吗？"

  "预约！"西吉惊呼，两只眼睛因为自己的艺术遭到冒犯而鼓了起来，"天哪，不！我们未来两年都已经被订满了！"然后，他就像被触怒了似的冲了出去。这些故事是如此精雕细琢，以至于毫无戒心的听众完全信以为真。如此令人信服的声明，怎么可能不是真的呢？

---

* 百利发（Brylcream），英国男士头发造型品牌。——译者注
** 维达·沙宣（Vidal Sassoon），英国发型师。——译者注

西吉的魅力是不可抗拒的。如果他在银行的大厅里看到一位上了年纪的女性,他就会本能地想要施以援手,他会跑到她面前,用兴奋的声音宣布:"夫人,您看起来真优雅!您看起来漂亮极了!您的帽子和您的衣服非常配,衣服和鞋也很配,您看起来像个电影明星!"

他转向她的陪同者,一位穿着考究的老人,补充道:"而你,我的朋友,对女人有如此美妙的品位,是一位绅士,一位学者。"

这位老妇人可能很久没有听到这样的赞美了,在听到西吉准备为她做的一切后,很快就表示希望西吉的银行能成为她的遗嘱执行人,她的各种银行账户的受托人,以及她的投资组合的顶级顾问。

西吉只用了几分钟就施展了他的魔法。

如果西吉了解到体育运动对客户很重要,例如注意到客户办公室的墙上挂着一位著名四分卫(美式橄榄球和加拿大式足球中的一个战术位置)的亲笔签名照片,他的创造力就会启动。

"啊,我看你是个橄榄球迷,"一次,他在拜访一位从事房地产的客户时评论道,"巨人队今年的表现真不错!"西吉对体育不感兴趣,也不知道巨人队究竟表现如何。

"哦,"客户惊讶地说,"你关注橄榄球?"

"你开玩笑吧?"西吉好像受了侮辱似的说,"我从不错过任何一场比赛。我以前是大学队里的四分卫。没有人的传球数比我更多。我的胳膊是全联盟最有劲的,然后我的膝盖受了伤。"他一边说,一边揉着一个不存在的伤口,为失去这样一个辉煌的职业生涯而来回摇头。

"我很遗憾。"客户同情地说道。

"不要为我感到遗憾。我是在开玩笑,"西吉承认,"在奥斯维辛没有橄榄球队。"

"天哪,你进过奥斯维辛?"客户说。

"进过?"西吉说着挽起了袖子,"你知道还有多少银行行长的胳膊上有这样的文身?"

在另一位客户的办公室里,西吉注意到一张穿着泳衣的少年的照片。"我看你儿子是个游泳健将,"他说。

"是啊,百米州冠军。"这位客户自豪地回答。

"太棒了!我自己不太会游泳,但说到跳水,没有人比我强。在大学里,我擅长向后翻腾三周。但受伤之后,我再也不能这样做了。"西吉悲叹道,习惯性地按摩着腰部的一个地方,客户同情地点点头。

"你现在还疼吗?"客户担心地问。

"一点也不,我只是在跟你开玩笑,"西吉坦白道,"我甚至不会游泳,而且在奥斯维辛也没有跳水队。"

"你曾在奥斯维辛?"客户惊得吸了口气。

"曾在?"西吉感叹道,又一次挽起袖子,露出文在他手臂上的数字。然后他讲述了一个又一个关于他在集中营里生活的故事。大多数推销员会通过讨论可能的家庭关系,来拉近与客户的距离,"哦,你的父母也是从意大利来的?"西吉在来美国之前已经几乎没有家人了,所以他用疯狂的体育故事来打破僵局。在向他们揭露他在难民营中的恐怖之前,为了建立一种轻松、友好的关系,他不惜一切。

当伊凡还是个小孩子的时候,他注意到父亲手臂上的文身。"那是什么?"男孩问。

"这是我的电话号码,"西吉回答说,"我的记性很差,所以我这么做了，这样我就能记住它了。"这样，他的儿子就不会知道可怕的真相。伊凡相信了他，毕竟，他父亲有什么理由对他撒谎呢？

西吉保护年幼的孩子免受大屠杀的残酷现实影响的愿望，在另一个场合得到了体现。伊凡回忆起小学时，同学们吹嘘他们的父亲在第二次世界大战中服兵役的经历。

"我爸爸是陆军一等兵。"一个孩子说。

"我爸爸是空军一等兵，"另一个孩子说。"哦，是吗？"第三个孩子说，"我父亲是海军陆战队的下士。""伊凡，"一个孩子问，"你爸爸在战争中做了什么？他在哪个军种服役？"

"我不知道，"伊凡坦白说，"我得去问他。"

听到儿子的窘境，西吉想了一会儿。显然，他不能让儿子把他父亲在集中营岁月的真相告诉天真无邪的同学们。于是他对伊凡说："明天你去学校时，告诉他们你父亲是法国海军的一名中尉。"这是他最大胆的杜撰之一。这个善意的谎言使伊凡遭到了同学们的嫉妒：他爸爸的军衔比其他所有的爸爸都高。

西吉的高谈阔论与他的自信相匹配，他认为自己可以做到任何事情。有一天，当伊凡想和父亲一起打高尔夫时，这个假设得到了验证。他们俩都对高尔夫一无所知。在美国，大多数银行家都打高尔夫，至少参加过一个乡村俱乐部，因为大多数与客户的交易都是在那里完成的，但西吉拒绝这么做。为什么要花一天时间在高尔夫球场上完成一笔交易？他可以在办公室花同样多的时间完成一打交易。此外，新泽西的乡村俱乐部不提供洁食，他在安息日也不开车，所以加入其中没有意义。另一方面，纽约州北部的库舍尔酒店和乡村俱乐部是符合犹太教规的，而且那里刚好有一座高尔夫球场。

"有一次我们在那里度假，"伊凡回忆说，"我问父亲是否愿意尝试和我一起打高尔夫，他同意了。他说：'这有什么难的？你用棍子击球就行了。'"

父子俩穿上短裤和球鞋，租了球杆，走到最近的发球台前。他们在那里发现了两块区域：两个红色的大水泥球，彼此相隔约8英尺（约合2.4米），中间有一个发球台；再往后约20英尺（约合6.1米）处，有两个蓝色的大水泥球，以同样的方式立在一起。没有任何标志解释这是什么意思，但西吉和伊凡认为红球是业余爱好者的标记，因为那些球离球洞近20英尺，而蓝球是职业高尔夫球手的。由于他们是业余选手，所以决定从红色标记处开球。实际情况是，红球发球区是为女性准备的，而蓝球发球区是给男性的，所以从一开始他们就弄错了。

在果岭的远处，他们看到一面旗子在球洞上方飘扬，还可以隐约看到球洞周围有其他的高尔夫球手，正在完成他们的回合。西吉和伊凡清楚，作为初学者，他们永远不可能把球打到那么远，于是他们轮流热身，一个接一个地快速击球，就像他们在练习场上做过的那样。

啪！西吉将球打上了果岭。啪！伊凡也打上去了。父子俩连珠炮似的朝旗子打出了一堆高尔夫球。

一开始，在洞边击球的高尔夫球手们都不敢相信自己的眼睛。然后他们开始挥舞手臂，上蹿下跳。西吉和伊凡也挥了挥手，他们认为这是其他高尔夫球手表达友谊的方式，然后继续朝他们的方向击球。尖叫声越来越大。西吉和伊凡费力地听着他们在说什么，最后终于听出了这几个字："白痴！你们疯了吗？别闹了！滚出球场！"

谁知道必须等其他选手打完这洞之后，才能轮到你呢？在惹出了这么多的麻烦之后，父子俩已经受够了，去吃午饭了。威尔齐格的高尔夫生涯就此终结。

西吉常常在他一无所知的事情上装成专家。"如果他看到有人在骑马,"伊凡回忆说,"他会大喊:'坐直了!拉紧缰绳!在你奔跑之前先让马放松下来!'我父亲一生中从未骑马,但他听起来对自己说的话很有把握。骑马的人就会说:'谢谢你!'我父亲会回答:'没问题。总有一天我会让你成为一名骑手,不管要花多长时间!'"

"为什么他会有如此极端的幽默感?因为他经历了历史上最邪恶的时期,"伊凡解释说,"他追随了伟大的犹太喜剧演员的脚步,用幽默来对抗悲剧,以帮助治愈创伤。"

第十五章 | "你上道了!"

他可能对体育一无所知,但西吉的商业知识是百科全书式的,TCNJ的新客户时常受益于他的指导。他参观他们的办公场所,分析他们的工作习惯,找出可以改进的地方,并提出自己的意见。

"我发现你所有的员工在中午都出去吃饭,"他对一家印刷装订厂的老板说,"你知道那时会发生什么吗?你的一半人要排队等位子,然后吃饭,然后花更多的时间付账,也许还会给女朋友或男朋友打个电话,这些都是晚点回来工作的借口。现在,看看你这里的这间空房,如果你把它变成一个午餐室,你的员工就在你的眼皮底下了。你可以卖给他们更便宜、更好的午餐,而他们则会按时回来工作。"

"接下来你该做的是,"西吉说,"我看到你让一个人负责折叠,第二个人装订,第三个人涂胶。一个人就可以做所有这三项工作。你只需要重新组织生产线。"

6个月后,客户打来电话:"我照你说的做了,西吉,现在我的产量比以前多了20%。你真是个天才!"

西吉可以就广泛的话题提供建议,因为他拥有其他银行家所缺乏的工作经验。他曾在皮革制品厂和领结血汗工厂工作过,挨家挨户地销售过领带和皮面活页夹，造过零钱包，改造过家具公司，管理过墓地墓碑公司，收购和出售过一家轮胎公司和一家电子产品分销公司，重振过一家石油和天然气生产公司。所有这些他都做过，并将每一个细节都保存在他非凡的脑袋里。

对于一个只念完了小学的人来说，西吉有一种不可思议的能力，能够理解复杂的财务公式并将其转化为行动。他是一个白手起家的人，能够从不同寻常的角度研究障碍，并找到创新的、意想不到的解决方法。然后，他会去找他最信任的人，那些受过他所缺乏的正规训练的人，从而使他的计划得以实施。

"一想到他是如何在工作中学会银行的各种投资工具的，我就目瞪口呆，"女儿雪莉评论道，"没有尝试过攻读商科学位的人可能不会明白这有多么了不起：在这么多复杂的领域自学成才，不仅成为可靠的他人资产和投资的受托人，而且在这方面还很出色。想想你在商学院必须学习的所有课程：金融、会计、房地产投资、风险管理、信息技术、运营，而这是一个从未学过高中数学的人。他是如何做到经营三家大公司的？一家石油生产公司、一家商业银行和一家电子销售公司，这就像有人没有上过医学院就成了外科医生，或者没有学过物理就登上了月球。"

西吉了解大宗商品市场、货币市场、股票市场、债券市场、全球经济，以及公司法、企业税、企业会计等一系列专业领域的知识。

"西吉常说一句话，"安达信的审计合伙人丹·卡普兰回忆道。安达信当时是美国顶级的会计师事务所之一，为威尔希尔和TCNJ服务了20多年，"他过去常说：'对我来说，CPA（Certified Public Accountant，注册会计师）意味着清洗、熨烫和修改（Cleaning, Pressing, and Alterations，缩写也是CPA）。'

他用这种方式来强调，他在金融方面所受过的训练与一个裁缝差不多，等于几乎没有。然而，他可以与我和我的合伙人讨论会计和税务问题几小时，而且他说的90%都是完全准确的。"

为了给他最大的顾客留下深刻印象，西吉带他们去了著名的马可波罗俱乐部，这是一家位于华尔道夫——阿斯托里亚酒店（被称为纽约装饰艺术的皇冠宝石）内的私人餐厅，加入这个高级俱乐部需要经过一系列繁复而详尽的申请、推荐和面试。该俱乐部的客户包括好莱坞名人、国家元首、工业大亨和纽约的上流社会名人，他们使用俱乐部在莱克星顿大道上的私人入口，以避开摄影师。俱乐部管理层深谙此道，让贵客们得以尽享低调。西吉的客户自然对这些出现在这里的大人物印象深刻，而当西吉走进餐厅时，工作人员的殷勤也让他的客户们久久不忘。

"路易，"他对餐厅经理说，"你知道我是吃洁食的。你确定这汤里没有肉汤或贝类吗？"如果他要质疑纽约最好的厨师的杰作，还有什么是比被非犹太名人包围、在TCNJ的一位重要客户面前发难更好的方式呢？讽刺的是，他从大屠杀中幸存下来，在奥斯维辛，除了馊臭的汤和腐烂的食物残渣之外，没有别的东西可以吃。

每天早餐时，以及乘车去办公室的路上，西吉都会阅读《华尔街日报》（*Wall Street Journal*）、《纽约时报》（*New York Times*）、《新闻周刊》（*Newsweek*）和《时代》（*Time*）。根据他从这4份出版物中了解到的情况，再加上他从电视新闻节目，以及穆迪和标准普尔的信用评级中搜集到的信息，他指导经纪人买卖哪些股票和债券。他让助手整天不停地给他递来简报，上面列出了他的前20只股票的买入价、卖出价和上市收盘价[66]。他整天都在打电话给他的经纪人，告诉他们该买什么，该卖什么，直到下午4点闭市。收盘前最后一刻的一笔好交易就能让股东们一天的亏损变成一天的盈利，而如果有人在下午4点前打断他的话，就自求多福吧！

"现在不行，市场还没闭市呢！让我一个人待着，迟点再来！"他对那些未经通知就进入会议室的手下咆哮道，如果他们不立即离开，他偶尔会从他的红木办公桌后面向他们扔文件。

"在他的会议室里，西吉有一个木制的小电话亭，他用来打高度机密的私人电话，"为银行分支机构进行租赁谈判的律师鲍勃·马古利斯回忆道，"设立隐私电话完全是为了不让人听到他在买卖价值数百万美元的股票和债券。但他喊得那么大声，所有人都能通过紧闭的门听到一切。这很滑稽。"

"西吉当然是一个引人注目的人物，"布鲁斯·舒尔森说，舒尔森是洛温斯坦·桑德勒律师事务所多年来处理该银行法律事务的律师，"他在某些方面是无拘无束的。我记得我们律所为客户和管理层组织了一次晚宴。西吉总是在寻找新客户，有一位先生在那里，一个犹太人，他的生意很成功，但他在一家由非犹太人经营的机构中办理银行业务。人们正站在一起聊天，突然我们听到一声尖叫，震动了整个房间：'你和非犹太人合作？！停止吧！你会害我心脏病发作的！'每个人都目瞪口呆。"

这是西吉出了名的手法，通过情绪爆发来让对方产生负罪感。

舒尔森记得，一次在西吉的办公室里，一位银行董事向西吉提到，他要主动做一些事情。"西吉开始尖声吼叫，"舒尔森回忆说，"他跑到窗户那儿喊道，那是十一楼：'你想干什么，杀了我？！你想让我跳楼自杀吗？！'他大声尖叫着，窗户大开，风吹进了会议室。我觉得那个可怜的董事快要晕倒了。"

20世纪80年代在TCNJ抵押贷款部门工作的约翰·门迪克，

回忆了西吉是如何为自己的大吼大叫辩解的。一天晚上，门迪克加班到深夜，他知道老板的司机已经下班了，便主动提出送西吉回家。最近，西吉经常对门迪克怒气冲冲，让他觉得自己快要被炒鱿鱼了。他瞥了一眼坐在副驾驶座上的老板，掂量着问出这些可能得罪西吉的话，会是什么后果。最后，门迪克冒险问道："老板，你为什么总是对人吼那么大声，尤其是冲我？"

西吉不以为忤，回答说："因为我在乎你。当我不再对我的一个员工骂骂咧咧时，就意味着我已经放弃他了，他不会在银行待太久了。但我在你身上看到了一些东西。我吼你是因为你在银行有未来，我想鞭策你。"

其他银行行长可能会在雷霆大怒、准备炒人时破口大骂。西吉的咆哮却意味着他在乎。门迪克的工作是安全的，至少目前如此。

像这样的时刻定义了西吉·B.威尔齐格的生活，无论是在办公室还是在家里。在公开场合，他可以会对某个可能对威尔希尔石油公司或TCNJ的发展起到重要作用的人表示赞美，甚至是谄媚，但在私下里，他的行为就会变得极端。无论一个人读过多少书，假如他不愿意接受西吉的观点，西吉都能用言语将其"肢解"。他对或多或少他见过的每个人的总结判断都是"Schmuck"，意第绪语意思是白痴或可鄙的人。在西吉的词典中，这个词不是一种侮辱，而是一种指示，意在让人们惊愕地发现，自己的判断力与西吉相比是多么的低劣。问题是他的"Schmuck"骂得是如此斩钉截铁，以至于不是每个人都能听他解释，说这么形容他们是为了他们好。

"我已经习惯了听西吉说：'白痴！你真的上过哈佛？'"哈佛大学法学院毕业生乔·斯坦伯格说，"以至于我开始认为我的名字是白痴·斯坦伯格。"

斯坦伯格是洛温斯坦·桑德勒律师事务所的一位备受尊敬的合伙人,当西吉对他进行诽谤时,只是开玩笑,他们俩有着亲密而富有成效的工作关系,但在西吉看来,每个人或多或少都是个笨蛋,因为他们没有听从他的建议,没有意识到他们有他提供咨询是多么的幸运。

"问题是,"斯坦伯格说,"他的建议几乎总是正确的。如果你遵循它,你就能赚钱。客户们除了忍受吼叫和辱骂,承认他们没有尽早听从是错误的以外,还能做什么呢?"

笨蛋并不是西吉给人们贴上的唯一标签。例如,在评估员工的工作表现时,他会把"驮马"和"赛马"区分开来。"驮马"是指那些只做最低限度的工作,日复一日地遵循同样的日程,而且很少能想出好点子的人。一匹"赛马"则是一个有潜力的人,一个表现出主动性、雄心和超越职责的能力的人。赛马们在银行前途光明,因为他们值得定期加薪和稳步晋升。"当然,任何行业都需要驮马,"他向孩子们解释道,"所有企业都需要有人来做基础工作。但把宝贵的时间花在将一匹驮马变成一匹赛马上,是没有意义的。"

银行工作人员知道他们要接受西吉的评估,这让他们保持警觉。不过,偶尔也很难知道他是想让某人发挥更多的主动性,还是更少。有一次,一位信贷员走进他的办公室说:"西吉,我们的一个客户正在加勒比海的阿鲁巴岛开设一家进出口公司,需要融资来扩大业务。我想我们应该把钱借给他。"

"想也不要想!"西吉大喊,"这些岛屿不仅气候恶劣、变幻莫测,而且政府腐败,会肆意给当地企业制造麻烦。"

"但是西吉,"信贷员愚蠢地坚持说,"客户知道这超出了我们的市场范围，TCNJ 通常不做这类贷款，所以我们可以因为这次的通融，向他收取很高的利息和大笔的手续费……"

"你给我座金山我都不干！"*西吉大叫，"我永远不会把钱借给加勒比海岛上的任何人。一场飓风，整个地方就会被淹没，而且那里连电都没有。"

这位信贷员仍然不肯"迷途知返"。"但是西吉，"他非常真诚地说，"你认识这位客户，他在我们银行存了很多钱……"

"我才不管！"西吉怒吼，"这事没得商量！在我叫警察逮捕你之前，快滚出去！"

信贷员急忙离开了房间，吓得半死。

在另一次贷款委员会会议上，一名手下根据借款人儿子提供的评估结果，表示支持一名潜在借款人。

"他儿子？！"西吉大叫，"他儿子是个危险的哑巴。笨蛋，用用你的脑子。他和他父亲一起工作才两年，你为什么要引用他的话？"

"嗯，"信贷员说，"他公司的资产是交叉抵押的，所以我相信我们受到了保护，可以安全地发放贷款……"

"相信？！谁在乎你相信什么！别装律师！"西吉呵斥道，"把它交给我们的一个律师来审查。"

"西吉，我做这个已经很多年了，"信贷员大胆地回答，"我想我可以为银行省下几千美元的律师费。"

"当然，然后让我输掉几百万的官司！"西吉大声说，"把它

---

* 原文为 Not for all the tea in China，意为无论多少钱或利益都不会迫使说话者做某件事。——译者注

给那该死的律师！"

"我理解你的担心，"这位下属回答说，"但还有一件事你应该考虑。他儿子给我们提供了该公司明年增长的承诺数字……"

"承诺？这算哪门子的 Meshugas？"西吉说，用意第绪语来表示"无稽之谈"，"谁在乎一年的预测数字是多少？回去研究一下过去3年的数字吧！除非你花那么长的时间研究财务数据，否则你就无法做出明智的决定。你不需要是个天才就能弄明白这一点。"

"好吧，"信贷员最终承认，"你可能是对的，我会从他的会计那里拿到必要的文件。"

"现在你上道了*！"西吉笑着说，点头表示同意，"幸亏我这么喜欢你，不然我就要炒了你。"

就像他可以冲他的员工们发泄一样，他对任何不听他建议的客户也有一些话要说。"Bist du meshugah？"他用意第绪语对犹太客户大喊。对于非犹太顾客，他用英语大叫："你疯了吗？！"有时这种奚落很有趣。"我不知道某人怎么会做出如此荒谬的投资，"西吉可能会说，"如果他是一个如此伟大的商人，他怎么能让自己被骗去买这么不值钱的东西？你看看，即使是最聪明的鸡也会在自己的羽毛上拉屎！"他会引用一句意第绪语的老话来总结。

西吉的家人和高级职员都知道他的俏皮话，但那些最了解他的人明白，这些幽默并不能抹去他过去的噩梦。最了解他的人是他的拉比莱昂·卡茨。卡茨拉比是一个老派的东欧圣徒，他刻苦钻研《旧约》，能在任何场合引用经文。阿达斯以色列公理会的每个人都认为卡茨拉比是一个"mensch"，这个意第绪语词的意思不仅仅是

---

* 原文为 cookin' with gas，一句英文俗语，意为在某一特定活动或领域中取得成功。——译者注

其直译的"男人"。在犹太文化中，它意味着正派人，正直无私，可以被信任，并且他的行为值得大家效仿。

"西吉会打电话问拉比是否在家，"卡茨拉比的妻子利夫卡说，"如果在家，他总是想过来。他们会把我赶出房间，这样他们就可以进行私人谈话，他们会谈论任何事情。"

卡茨拉比是西吉的治疗师和知己，是唯一一个可以和西吉讨论他的噩梦和记忆碎片的人。西吉和卡茨拉比经常一谈就是几小时，讨论生命的意义、邪恶的作用，以及西吉脑子里的任何商业问题。

这两个人都曾目睹孩子们的死亡：西吉在奥斯维辛，卡茨拉比在他自己的家里。他的一个儿子在十三岁时死于一场火灾，而他的大女儿则死于心脏病发作。西吉和卡茨拉比还有一个共同的生存困境，即如何调和仁慈的上帝与大屠杀中100多万儿童遇害的事实。

"你怎么在安息日从来不去犹太教堂？"西吉的小儿子艾伦曾经问。

"我与上帝的关系很复杂，"西吉回答说，"我在所有的犹太节日都会去犹太教堂感谢全能的上帝。没有上帝的旨意，像我这样的矮子不可能在大屠杀中幸存下来。但我不是每周都去犹太教堂。我很难为150万犹太儿童被杀害而感恩，也很难对我无辜的七岁侄子和两岁侄女被杀害而心存感激。"

"此外，"他说，"我从字面上理解上帝的诫命，即在第7天休息。我需要这段休息时间来为接下来的一周充电。"

为了逃避奥斯维辛的丑陋记忆，西吉会寻找一些美好的时刻，比如犹太婚礼、在山区或海滩上的假期，以及偶尔造访亚利桑那州凤凰城优雅的比尔特摩尔酒店。

比尔特摩尔酒店是美国最著名的酒店之一，玛丽莲·梦露曾被拍到在酒店的游泳池里游泳，欧文·柏林*也曾在这里写下许多令人难忘的歌曲，包括《白色圣诞》（*White Christmas*）。酒店拥有独特而精心修剪的花圃，当西吉不得不偶尔参加在该地区举行的有关贷款或其他 TCNJ 事务的商务会议时，他总是专门选择比尔特摩尔的花园。酒店 39 英亩（约合 15.8 公顷）的植坛和季节性植物舒缓了他的心灵，这个酒店所创造的宁静短暂地盖过了噩梦。

"他们有 54 名园丁，专门负责照顾这些花，"他有一次回忆说，"我每天都活在奥斯维辛，但当律师或其他人和我一起穿过那些花园时，他们看到的是我的另一面。我为什么要看花？答案是：为了忘记奥斯维辛。一个场合必须非常美丽，非常感人，无论是一个犹太孩子的出生，还是一个可爱的花园，这些都与奥斯维辛相反。因此，当我去比尔特摩尔度假三四天的时候，就像其他人去度假三到四周一样。它会伴随我很长一段时间。"

为了对抗奥斯维辛集中营的噩梦，西吉变成了最糟糕的那种工作狂：对他来说，唯一的治疗方法就是更多的工作。记者们看到了他的成就，但很少有人了解困扰他的恶魔，以及这些恶魔对他家庭生活的影响。"他坚定不移的理想主义促使他过着充实的生活……他几乎没有表现出精神或身体上的伤痕。"一位天真的记者写道，他没有注意到那种恐惧，正是这种恐惧让他痴迷于长时间工作和疯狂地同时处理多个任务。西吉患有严重的头痛，他对此无能为力。非处方药对缓解疼痛毫无作用。唯一起作用的是巴比妥类药物菲奥纳尔（barbiturate Fiorinal），他服用这种药是为了让自己能继续

---

* 欧文·柏林（Irving Berlin），被誉为美国最著名、最受欢迎的作曲家，生于俄罗斯，一生创作了一千五百多首歌曲，风靡美国近八十年之久。——译者注

沉浸在工作的压力中。

"你想知道我为什么这么努力工作吗？"20世纪90年代，他这样问自己的助手，"这要从我十几岁在柏林的时候说起，当时犹太人被迫成为奴工。我们比非犹太人更努力工作，因为我们比非犹太人更害怕。当党卫军来带走我们时，负责我们工厂的德国军官说：'让他们留下，他们比其他人做得更好。他们工作更努力，更聪明，让我们留住他们。'如果我们不更加卖力，他们就威胁说要把我们送到'东部'去。他们从未说过去集中营，但我们知道他们的意思。"

"更加卖力"意味着以最高的速度和最大的音量工作。例如，他打电话时从来不只是坐在那里讲话。他边走边喊，秘书们跟在后面，把电话线举过头顶，免得它把文件从他那张巨大的会议桌上扫落。他用整个身体进行交流，就像在马戏团门口揽客的人一样，手脚并用、妙语连珠，用浑身上下的每一部分进行表达。他的声音像隆隆的大炮，但他的爆发并不总是令人愉快的。为西吉工作了近二十年的埃及司机埃哈布·齐德回忆了这样一件事。

"威尔齐格先生执拗地只吃没有一丁点瑕疵的香蕉，"他说，"有一次他半夜给我打电话，对着话筒大喊：'过来！马上过来！'我住的地方离他家大约有一英里（约合1.6公里）远，所以我跳上豪华轿车直奔他家。我以为他可能突发了什么重病。我到了那里，他正指着他家的另一个司机买的香蕉。'看这家伙给我买了什么！'他尖叫道。我看了看，那根香蕉因为太熟了，皮上有一些黑点。'把它拿出去！'如果他的香蕉上有一丁点的斑点或裂口，他就会发疯。"

一根有褐色斑点的香蕉看起来就像腐烂了似的，会让西吉想起奥斯维辛集中营的腐烂食物，但只有他身边的人明白这一点。其他目睹他一次次咆哮的人可能会认为他精神错乱了。直到1980年,被称为"创伤后应激障碍"[*]的疾病才被添加到美国精神病学协会的《精神障碍诊断与统计手册》(*Diagnostic and Statistical Manual of Mental Disorders*)中,但即使如此,大屠杀幸存者的行为也无法得到有效的诊断。

告诉西吉他可能有心理疾病,对他来说毫无意义。在他眼中,精神病医生都是假的。根据他自己的诊断准则,人们要么患有精神疾病,要么神志正常。例如,如果他办公室的访客抽搐、结巴或奇怪地拖着脚走路,这些行为就足以让西吉断定这个人有精神病。

"Der mensch ist leider nicht normal."他会用德语对伊凡或雪莉低声说这句话,意思是"很不幸,这个人不正常"。然后他会站起来看看表,告诉来访者:"我们现在得走了,我的车爆胎了,我们得去换。祝你一切顺利。谢谢你能来!"然后他就会跑出门外。

西吉不需要心理医生来告诉他谁疯了。他是一个理智的人,一个坚强的人,一个拒绝去抓带电铁丝网自杀的人。一个党卫军未能消灭的人,拥有不按常理行事的特权。"我活着的每一天,"他经常说,"就是希特勒又没杀死我的一天。"

如果连希特勒都没能杀死他,那美联储还有什么机会呢?

---

[*] 创伤后应激障碍(post-traumatic stress disorder),简称PTSD。——译者注

第十六章 | 美国政府里的傻子

正如《新泽西商业》(*New Jersey Business*)杂志所描述的:"同时领导新泽西州的一家大银行和一家在纽约证券交易所上市的石油公司,这样的纳粹集中营幸存者,威尔齐格是世界上唯一一个。"[67] 根据任何合理的评估,他都对美国经济的增长做出了贡献,但美联储偏偏不这样想。根据他们的评估,他是一个叛徒,必须被牢牢捆住。

相反,根据西吉的评估,监管者是美国政府里的傻子,根本不知道自己在说什么。他们可以坚持要求他必须从一家由他一手送上巅峰的公司中撤资,但他就是不打算这么做。想让他缴枪投降?白日做梦!

"西吉对权威有着根深蒂固的仇恨,"银行前董事唐·布伦纳指出,"这无疑来自他在集中营的经历。他不能容忍任何人告诉他该做什么。这种敌意非常根深蒂固,也非常明显。"

1974年12月,西吉正在银行网点进行每周例行的视察,当时他脑子里就在想,美国政府可能会毁掉他在商业上的成功。在寒冷的天气里旅行使他的手患上了关节炎,毫无疑问,在集中营里的艰苦劳动和寒冷使病情恶化了。尽管如此,他还是很期待每周一次的分行之行,也很期待看到当他自我介绍时,客户们脸上惊讶的表情。"你好吗？我是银行行长"，然后他会分发心形的礼物，这与TCNJ的座右铭"有爱心的银行"相呼应：水晶糖果盘、木制珠宝盒、陶瓷饼干盘，还有给孩子们的心形棒棒糖和巧克力。

信托公司以传统的方式成为新泽西州最大的银行之一，纯粹是通过内部增长：一次一个客户，一次一家分行。西吉不赞成他在银行业其他地方看到的情况，银行通过并购进行扩张，仿佛买下了别人的辛勤工作，就等于自己完成了工作。在这种没有人情味的扩张中，与客户的私人关系到哪里去了？如果没有与银行职员的私人关系，又有什么能阻止大客户取走他们的钱呢？如果储户在自己的银行里不认识任何权威人士，在危机中也没有人可以打电话或求助，那他们为什么还要保持忠诚呢？哪怕是最微不足道的借口，也意味着他们会被另一家银行抢走，而对西吉来说，即使失去一个重要的账户也意味着灾难。

他有句话："最好的新业务就是保持老业务。"吸引新客户对银行的发展至关重要，但不失去任何现有客户则更为重要。"如果你失去了忠实的老客户，"他告诉银行员工，"你将永远无法弥补。你得有30个新的100万美元客户，才能弥补一个3000万美元的老客户的损失。"

因此，他通过露面、握手、派发礼物、倾听客户的苦恼，以及提供补救措施，倾力于打造一群忠实的追随者。然而，美联储不会被这种礼遇所安抚，小动作也无法说服他们允许西吉保留他的公司。他必须开动他那本就惊人的脑筋，才能想出解决办法。就在这时，他想出了一个比他以前想过的任何办法都更加离谱的主意。

他要起诉美联储。

他有没有停下来想一想刚才他想到了什么？也许这根本不需要

想。别人靠走，他靠跑，有时想法来得如此之快，以至于很难知道他大脑的哪个半球在运作、如何运作、为什么在运作。起诉美联储（美国的中央银行系统，其董事会成员由总统任命，并由国会授权，以监督美国的财政）的冲动是非理性的、疯狂的，是典型的西吉式的举动。美联储官员竟敢当面告诉他，如果西吉从自己的两家公司中剥离一个，对美国人民的利益而言将是最好的，他同时控制一家石油公司和一家商业银行之举构成了利益冲突，给公众带来了风险。西吉对此完全不能苟同，但起诉美联储，他是在挑战一个无可匹敌的对手。

即将上任的联邦储备委员会主席，"高个子保罗"沃尔克（身高 6 英尺 7 英寸，约合 2 米）出生于 1927 年，是德国移民后裔。他在新泽西州长大，二十二岁时以最优异的成绩毕业于普林斯顿大学，两年后在哈佛大学获得政治经济学硕士学位，二十五岁时成为纽约联邦储备银行的全职经济学家。1957 年，大通曼哈顿银行把他挖走了。5 年后，财政部聘请他担任金融分析主管。1969 年至 1974 年，沃尔克担任财政部负责国际货币事务的副部长，1975 年至 1979 年，沃尔克担任纽约联邦储备银行行长。

沃尔克被任命为美联储的新主席，引起了媒体的极大关注，"美联储终于迎来了一位强硬的主席！"他很快就宣布了他要结束失控的通货膨胀的意图。正如三十年后他在应对 2008 年金融危机时所做的那样，他将 20 世纪 70 年代的崩溃归咎于对金融部门监管不力。商业公司与银行子公司的联姻笼罩着大萧条的阴影，而威尔希尔对 TCNJ 的所有权，体现了沃尔克承诺要抑制的一切。

"美联储威胁西吉，"菲尔·库普曼回忆说，"西吉的回应是，这件事将交由法官解决。他已经准备好把官司一路打到最高法院。公平地说，美联储有其他方式来监管他，而在他看来，央行此举实在是小题大做。他准备挑战他们要求的合法性。"

与其他拥有民事执行权的联邦机构一样，美联储倾向于快速和解。如果西吉同意撤资，整个问题就可以解决，大家都可以回家干自己的事儿了。他将不再同时经营两家公司，因为西吉不得不选择其中之一，但他将依旧富有，受人尊敬，是他的人民的功臣。但西吉不会让高个子保罗，或其他任何人把他和这两家公司中的任何一家分开。他必须赢，然而，这将是一场即使是拥有西吉那样非凡的大脑，也无法独自应对的战争。他需要一个强大的盟友，所以他拿起电话，打给了沙利文 & 克伦威尔的著名银行业律师罗金·科恩。

1972年，在加入沙利文 & 克伦威尔律师事务所两年后，罗金·科恩成为西吉与美联储斗争中的首席法律专家。在不久的将来，《金融时报》（Financial Times）将会把科恩描述为"华尔街最大的玩家之一"，而《华尔街日报》将称他为"美国最首屈一指的银行业律师"。这位著名律师打来的电话，是打断西吉开会的唯一可以接受的理由。这两个矮个子男人并排走在一起，在街上回头率超高。科恩身高5英尺6英寸（约合167.6厘米），只比西吉略高。他是西吉见过的最聪明的人。

"他只有100磅重（约合45.4千克），"西吉会说，"但其中90磅（约合40.8千克）是大脑。"

科恩拥有一种无与伦比的能力，可以用通俗易懂的语言解释复杂的法律和银行业务原则，而西吉并不是唯一欣赏这位银行法大师的人。"当我在华盛顿工作时，"富国银行董事会成员、财政部前高级官员罗伯特·K.斯蒂尔说，"罗奇*总是能对某一情况的利弊

---

* 原文为Rodge，罗金（Rodgin）的昵称。——译者注

做出平衡的解读，他的知识是如此广博，你必须再去其他五六个地方历练一番，才能像他这般精明老成。"

1974 年 12 月，科恩收到通知，美联储将兑现其威胁，剥夺西吉·B.威尔齐格对其两家公司的控制权。"美联储副总法律顾问打电话来通知我们，"科恩回忆说，"我们律所的一位高级助理接了电话。他马上就来告诉了我，我们就给威尔齐格先生打了电话。"

西吉、科恩和他们的法律团队前往华盛顿特区，与美联储的官员会面。美联储官员坐在会议室长桌的一侧；西吉、科恩和法律团队坐在他们对面。美联储官员引用了《银行控股公司法》（*BHC Act*），该法规定，非银行公司不能拥有或经营商业银行。他们说，《银行控股公司法》背后的假设是，像威尔齐格这样的石油商对银行业一无所知，而且他高风险的石油开采会危及银行客户的钱。

"威尔齐格先生，"美联储官员说，"我们已经通知了全美近 400 家母公司，他们必须剥离其银行子公司。你的公司，威尔希尔，是唯一拒不服从的。现在是你也要遵守的时候了，否则后果自负。"他们把合规文件放在桌子上，等待他的答复。

就像他以前多次做过的那样，西吉挽起白衬衫的袖子，指着他手臂上的奥斯维辛集中营囚犯编号文身。

"最后一个威胁我的人是希特勒，"他说，"再也不会有人这样做了！"

他放下衬衫袖子，穿上外套，拿起文件就走了。

西吉位于 TCNJ 总部十一层的办公室就像一间作战室，高级职员们争论着如何对美联储施加压力，出谋划策，讨论敌人的优势和劣势。如果西吉是这个战场上的总司令，那么大律师罗金·科恩就是他的国防部部长。

"我们告诫过他,"科恩回忆说,"不是从法律结果的角度,而是从美联储会对遭到起诉一事暴跳如雷的角度。他听了之后说:'我经历过比这更糟糕的事情,比这糟得多。我们要和他们较量一番。'这是一个大胆的举动。没有人会起诉美国政府。据我所知,以前从来没有人这样做过。但这并不能阻止他。西吉是那种一看到喜马拉雅山,就会说'我能爬上去'的人。"

科恩告诉他们,威尔希尔团队的首要任务是熟悉美联储的主要武器,就是1956年的《银行控股公司法》和1970年的修正案。

银行控股公司(BHC),无论是威尔希尔这样的石油公司,还是西尔斯·罗巴克公司[*]这样的零售巨头,都分为两种类型:拥有或控制商业银行的非银行公司,以及有机会通过建立跨州的连锁银行,将其业务扩展到全美国的银行组织。当时的联邦法律并没有限制此类活动,因此银行控股公司激增。

20世纪50年代,情况发生了变化,当时这种经济权力的集中被视为威胁,泛美公司(Transamerica Corporation)则是这种恶行的典型。泛美公司控制的公司包括位于亚利桑那州、加利福尼亚州、内华达州、俄勒冈州和华盛顿州的美国银行(Bank of America),以及一些非银行企业:保险公司、房地产和石油业务、鱼类包装商、金属制造商、货物运输业务和出租汽车公司。对泛美公司控制全国性金融资源的担忧引发了政府的限制行动。其结果是通过了1956年的《银行控股公司法》,该法案旨在通过迫使母公司做出选择,来分离银行和非银行利益:剥离它们的银行业务,或剥离非银行业务。

---

[*] 西尔斯·罗巴克公司(Sears, Roebuck, and Company),通称西尔斯百货,是1893年创立的一家美国百货公司,20世纪90年代之前是美国最大的零售商,公司总部西尔斯大厦曾经是世界第一高楼。——译者注

起初，《银行控股公司法》只适用于拥有两家或两家以上银行的母公司，因为一家银行在整个体系中并没有什么价值。当 1956 年《银行控股公司法》首次通过时，旗下只有一家银行的单一银行控股公司（one-bank holding company）只有 117 家，总资产为 110 亿美元。然而，到 1969 年，这个数字已经增长到 890 多家，总资产超过 1810 亿美元，占美国所有银行存款的 40% 以上。这些单一银行的业务是如此有利可图，以至于另外 30 多家大型商业银行宣布计划创建自己的单一银行控股公司。

"该法案的制定，是因为公司正在演变为更大的业务集合体，"亚历克斯·保罗解释说，他在 1972 年之前一直为美联储处理并购申请，"比如说，客户要旅行。为什么不为他们创建一家旅行社？客户要租车。开一家租赁公司怎么样？为什么只停留在小轿车上呢？客户要运输产品。为什么不租赁货车？为什么不采购和租赁飞机？当我们在做这些事的时候，提供银行服务怎么样？"

美联储立即采取行动，与尼克松总统会面，目的是防止银行控股公司失控。

"银行业不能主宰商业，也不能被商业所主宰，"1969 年 3 月，尼克松对媒体说，"为了保护市场竞争，为了经济权力的分立，我强烈支持将联邦监管扩大到单一银行控股公司，并敦促国会迅速采取适当的行动。"

"适当的行动"出现在 1970 年的《银行控股公司法》修正案中，该修正案将控股公司的定义从拥有"两家或更多银行"改为"一家或更多"。威尔希尔对其旗下唯一一家银行的所有权现在面临着风险。真正的问题是，在 1970 年修正案之前，西吉是否"控制"了 TCNJ。如果是这样，那么威尔希尔在法律上就可以适用"祖父条款"⁶⁸，从而得以继续拥有这家银行。

"我们将证明，"罗金·科恩告诉大家，"威尔希尔在《银行控股公司法》修订之前就获得了对新泽西信托公司的控制地位，因此美联储坚持要求威尔希尔撤资的做法是错误的。威尔希尔收购了TCNJ，并根据原来的法规经营了多年。"西吉和所有听到科恩计划的人都同意，这是一个强有力的立场。

除了美联储。

沙利文 & 克伦威尔在1975年秋天向美联储官员提出了他们的论点，但未能使他们相信，威尔希尔在1970年修正案之前就已经获得了对银行的控制权。政府官员回答说，西吉和他的团队可能在修正案之前获得了TCNJ的职位，但没有获得控制权⁶⁹。

科恩对这种情况有不同的解读。科恩认为，不管威尔希尔拥有多少股票，或者什么时候拥有，西吉都通过自己的行动有效地控制了公司。《银行控股公司法》规定，如果某人拥有决定经营决策的权力，如果他的命令被无条件地执行，那么即使他没有拥有控股权，也会被认为是"控制"了公司。这个定义简直就是专门为TCNJ的西吉写的。

"我在20世纪60年代末参观过这家银行，"亚历克斯·保罗回忆说，"我看到无论西吉采取了什么行动，其他人都会跟随。一笔大额贷款的申请通常要提交给董事会。但西吉会告诉董事会：'我了解查理。我喜欢他，我也不担心贷款的问题。'而董事会会根据他的评估批准贷款，这就是控制。"

然而，科恩向美联储官员们提出的理由却无人理睬，他们的决定没有改变。尽管西吉对他的银行拥有不可否认的控制权，尽管美国最杰出的银行业律师罗金·科恩提出了论据，但美联储还是坚持认为西吉并没有控制他自己的银行。

与美联储的战争已经不可避免了，在西吉看来，战争的起因并不是尼克松总统想要"遏制通货膨胀"的愿望，真正的原因是反犹主义。在西吉看来，美联储的目的是阻止他这个犹太人接管一家商业银行。为了支持自己的说法，西吉对他的儿子伊凡描述说，1969年，一位名叫索尔·斯坦伯格的三十岁企业家试图接管美国第六大商业银行化学银行（Chemical Bank）。就像西吉试图接管TCNJ一样，对于一个没有银行业从业经验的年轻犹太人来说，这是一个大胆的举动。斯坦伯格在他二十岁出头的时候，作为拉斯科（Leasco）数据处理设备公司的创始人挖到了第一桶金，该公司以低于IBM的价格向用户租赁IBM电脑。拉斯科于1965年上市，并于1968年收购了信实保险公司（Reliance Insurance Company），这是一家拥有150年历史的公司，资本雄厚，而这正是斯坦伯格对化学银行进行收购时所需要的。这次尝试失败了，在西吉的分析中，其原因既明显又熟悉：斯坦伯格是犹太人，正如反犹主义猖獗的银行业不允许斯坦伯格接管美国第六大银行一样，它也不会允许另一个犹太人西吉在银行业和石油业保持自己的权力。当被问及美联储是否故意要阻挠犹太人时，西吉有一个现成的答案："你说对了。"

"他对这一点比他告诉我的其他任何事情都更确定，"儿子伊凡描述道，"你只需看看银行业和石油业中的犹太人有多少就知道了。这不是他的妄想症。这是一个让他感到愤怒的事实。"

无论西吉对反犹主义的怀疑是否有道理，他现在都只能二选一：要么服从美联储的撤资命令，要么就得承担后果。

"你有一个最后期限，"监管机构警告西吉，"剥离你的银行或石油公司。而且要在1980年12月31日之前完成，否则我们会替你完成。"

来自美联储的威胁并没有吓倒西吉。1983年1月31日,《福布斯》(Forbes)杂志发表了一篇人物特写,说明了一切。

"当你从盖世太保手中逃过一劫后,美联储算什么?"[70]文章最后写道。

第十七章 | 午夜的清算

西吉输掉了与美联储较量的第一回合,当时法院裁定,在《银行控股公司法》颁布之前,威尔希尔没有对TCNJ的控制权。尽管如此,几年来,西吉还是通过让他的法律团队尽可能地拖延资产剥离的时间,设法让他的两家公司保持在一起。道理很简单:他的律师将威尔希尔和TCNJ分离的时间拖得越长,西吉能继续从TCNJ向威尔希尔输送税金的时间也就越长。因此,律师们向美联储表达了关于威尔希尔将如何遵守美联储要求的各种建议,但他们从未提出过一个正式的提案。

然而,现在时间不多了:威尔希尔在1980年12月31日之前必须撤资,否则将面临严重的后果。西吉的律师罗金·科恩认为,威尔希尔石油公司仍有可能获得豁免,从而继续向上游输送TCNJ的税款:证明TCNJ不是美联储定义的"银行"。

根据《银行控股公司法》,银行是一个囊括两种业务的实体:它为存款人提供服务,允许他们随时按需提款,并提供商业贷款。科恩说,如果西吉能够找到一种方法,要么剥离该行的"活期存款",要么停止发放商业贷款,那么TCNJ就不再是该法案所定义的"银行",TCNJ的税款便可以继续流向威尔希尔而不受影响。

西吉同意了这个想法，1980年11月5日，TCNJ董事会发出了一封信，通知储户从11月19日开始，TCNJ将保留要求储户在取款前提前两周通知的权利。从理论上讲，这意味着客户不能再"随时"提取他们的资金，从而停止了《银行控股公司法》所定义的银行的两项活动之一。

为了让客户放心，该通知不会真正影响他们随时按需取款的权力，信中接着说："本信托公司从未行使过要求通知的权利，也不打算对任何类型的账户行使通知条款。"

当美联储官员在12月初得知这封信的存在时，他们谴责这是一种赤裸裸的企图，目的是绕过他们的要求。遵从美联储的撤资命令意味着威尔希尔要立即剥离它的银行，而不是给客户写信，假装这家银行是别的什么东西。

1981年4月1日，美联储发布了最终决定和命令，宣布威尔希尔未能按照命令剥离TCNJ。该石油和天然气公司现在违反了《银行控股公司法》，必须立即将其持有的银行股份放入由新泽西州前州长理查德·J.休斯阁下监管的信托机构。根据该命令，西吉必须立即辞去威尔希尔公司总裁和董事长的职务，该公司必须每天支付1000美元的罚款，直到执行命令为止。西吉很高兴，围着他的红木会议桌跳起了小舞。"只要他们愿意，我很乐意接受这些条款，"他告诉执行副总裁爱德华·戴文，"我们为什么不每天付1000美元呢？TCNJ输送给威尔希尔的要比这个多得多。"

胜利是短暂的。随后，美联储又发来一封信，称威尔希尔靠TCNJ的向上游输送进行融资的能力已经结束。

为了让威尔希尔的2.7万名股东放心，尽管有裁决，但一切都很好，那年的《致股东信》强调了好消息。新任总裁雅各布·施密特和新任董事内森·怀特宣布将威尔希尔电子公司以 1300 万美元的天价出售给马歇尔工业公司。马歇尔公司是一家美国西海岸的电子产品分销商，曾以高价收购了威尔希尔电子公司在东海岸的地盘，这使得马歇尔公司能够在全美范围内分销产品。施密特和怀特在信中还宣布，公司的收入增加了 36%。

他们在与美联储的官司中败诉，这件事广为人知，无法回避。信中提到，上诉已经开始。如果他们上诉失败，信中解释说："这两家公司将有独立的管理层。威尔齐格先生将继续担任新泽西信托公司的主席和总裁，而已担任威尔希尔董事 13 年的内森·怀特先生，将担任威尔希尔的董事会主席和首席执行官。"

上诉于 1981 年 10 月 26 日开庭。1981 年 12 月 31 日，第三联邦巡回上诉法院驳回了上诉，但西吉的律师们已经准备好了一个后备计划，以推迟最终的裁决。

"美联储当时的想法是，西吉要么关闭这家银行，要么把它卖掉。"杰夫·帕克描述道，他是西吉诉美联储一案中的二号智囊，仅次于罗金·科恩，"我们的策略是让他在不需要做任何一件事的情况下，尽可能地延长案件的审理时间。"律师们申请了一项限制令，美国最高法院予以了批准，其依据是如果有额外的时间，TCNJ 可以找到其他人来接管其商业贷款。此外，帕克和他的团队还申请了调卷令，这是一种法律机制，最高法院将命令下级法院提交其记录以供审查。这是一种拖延战术，最高法院很少推翻其他法院的裁决，但这表明西吉是认真的，他确实想把他的案子一直上诉到最高法院[71]。

法院同意了限制令，但将最后期限定为 1982 年 2 月 3 日午夜。时间已经不多了。现在威尔希尔只有几周的时间将 TCNJ 与其商业贷款分离开来。

西吉害怕失去TCNJ的商业贷款。他坚持不懈地工作了15年，建立了银行的贷款组合，现在已经超过了1亿美元。但他还有什么选择呢？如果他想要维持他的公司，TCNJ就不能再是一家商业银行，这意味着要找到另一家同意接手TCNJ的商业贷款的银行。

显而易见的选择是汉华实业信托银行（Manufacturers Hanover Trust）。众所周知，汉华银行多年来一直是TCNJ的代理银行[72]，TCNJ的法律顾问罗金·科恩也是汉华银行的长期法律顾问。此外，TCNJ的执行副总裁兼高级贷款官查理·弗伦奇在加入TCNJ之前曾在汉华银行工作过，并与汉华的高管们保持着亲密的友谊。汉华银行和TCNJ之间的合作一直是1+1大于2的，所有在为威尔希尔与TCNJ的联合做最后努力的人都相信，与汉华银行的交易是正确的解决方案。两家银行之间的协商很快就开始了，并达成了初步的协议，但这还须得到汉华银行高层的正式确认。

为了完成这项交易，为商业贷款提供支持的数十万页抵押文件必须在2月3日午夜之前从TCNJ运到汉华银行的曼哈顿办公室。TCNJ雇了一队卡车，银行的高管们化身流水线上的工人，把箱子和文件柜堆放到租来的货车上。到2月3日傍晚时分，货车已经装满，锁好，上路了。现在只需要等待汉华银行在午夜前给威尔希尔及TCNJ的管理层打个电话，确认交易已经完成。

在西吉的办公室里，气氛十分热烈。"每个人都兴高采烈，"女儿雪莉回忆说，"我们成功地保住了我父亲经过长期努力所取得的成就。经过多年的斗争，我们想方设法地满足了美联储的要求。感觉很戏剧性，一种胜利的感觉，我们赢了，我们保住了公司的完整性。"

西吉曾经历过这样的时刻：孤注一掷并没有获得回报，在美联储自己的游戏中击败它，不仅仅是解决了一个银行的问题，这是弱者的胜利，证明了上帝可以创造奇迹。

　　然而，奇迹并没有发生。

　　"我们一整天都在那儿组织转运文件，"雪莉说，"但到了 10 点半，还有一个半小时，电话还没来。又过了一小时，然后是 45 分钟。一切都变得安静了，气氛开始变化，就像在等待'刀下留人'的命令一样。时间在流逝。"

　　离午夜还有 10 分钟，离午夜还有 9 分钟，离午夜还有 4 分钟，离午夜还有 3 分钟，然后午夜来了又去。没有电话。交易失败了。

　　"我们从紧张到恐慌再到震惊，"雪莉描述道，"从完全胜利到完全失败。"

　　就算现在窗外打雷下雨，TCNJ 董事会会议室里的人也都听不到了。每个人都瘫坐在椅子上，除了疲惫和失败之外，麻木得什么也听不到、感觉不到。

　　"我的上帝，我真不敢相信！"雪莉说，"到底发生了什么？！"

　　的确，发生了什么？据沙利文 & 克伦威尔律师事务所的助理 B.J. 杜克说，合理的解释是，汉华银行的官员是在压力下改变了主意，可能是美联储打来电话，命令他们取消交易。无论原因是什么，西吉保持其公司完整性的唯一希望在午夜时分破灭了。

　　"这不是汉华实业信托银行的错，"杜克说，"他们本希望让交易顺利进行。他们是 TCNJ 的代理银行，本想提供任何他们能提供的额外服务。但毫无疑问，美联储明确表示：'我们不希望你这样做。'而且，如果美联储威胁要将这些贷款列入他们的观察名单，汉华银行也不会接受贷款。有人能证明事情是这样的吗？压力来自上面？美联储当然不会承认这一点。"

"想象一下这是什么情况，"杜克解释说，"我们在玩纸牌游戏，西吉的团队通过让汉华银行接管商业贷款而取得了胜利。就在那一刻，美联储像上帝一样从天而降，直接叫停了游戏。'我们照你们说的做了，'我们对他们说，他们是怎么回答的？'你们本来会赢的，如果对手是别人的话。但你们的对手是我们——美联储！我们说你是在藐视法律。我们不喜欢威尔齐格先生做生意的方式。他有10年的时间来进行必要的改变，但他没有这样做。'这很让人生气，完全不公平。我们本来已经赢了！然后政府插手进来，偷走了我们的胜利。"

关于剥离公司的裁决现在是不可逆转的。1982年2月底，威尔希尔的子公司TCNJ被分拆。

"我父亲对坏消息的反应总是一样的，"儿子伊凡说，"那就是'这还没完'。某些强大的力量，无论是纳粹还是美联储，可能会把他击倒，但他会像拳击冠军一样，找到办法重新站起来，并赢得胜利。没人能从他身上夺走幸存者反击的力量。"

"最重要的是，"罗金·科恩说，"西吉是个无可救药的乐观主义者。这是他最好的特质之一。西吉说：'好吧，我们不能再把两家公司放在一起了。我们有选择。有朝一日我们可能会扭转这一局面，让威尔希尔重新回到银行业。另外，国会可能也会有变化。'对西吉来说，没有什么挫折是永久的。我们面临的挑战是继续前进，面向未来。"

在分拆过程中，西吉获得了与其他股东相同的交易，即每1000股威尔希尔的股票，换111股TCNJ的股份。一夜之间，作为威尔希尔的最大股东，他也成了TCNJ的最大股东。从某种意义上说，他所取得的一切成就都是为了他的孩子们，长期以来，他们一直享受着普通人的生活。现在，是时候让他的儿子伊凡和艾伦，以及他的女儿雪莉，更深入地参与到保存和延续他的成就的过程中来了。他把两家停滞不前的企业打造成了一个帝国，如果没有继承人追随他的脚步，那将是最大的悲哀。

西吉的长子伊凡现年二十七岁，曾在宾夕法尼亚大学获得大学学位，并在本杰明·N.卡多佐法学院[*]获得了法律学位，在西吉看来，这是经营一家公司的绝佳背景。但当他提议让伊凡取代他成为威尔希尔石油公司的负责人时，伊凡拒绝了。

"为什么不呢？"西吉问道，"头脑正常的人谁不想当一家在纽约证券交易所上市的石油公司的总裁、董事长和首席执行官？谁不想要这种魅力和权力？待遇优厚，薪酬可观，工作时间很好，你还能去旅行……"

"钱再多也不行，"伊凡说，"同地图绘制者和地质学家混在一起？不，谢谢！"

如果他的儿子伊凡对这份工作没有兴趣，西吉想，那么还有谁可以做呢？他最小的孩子艾伦后来从沃顿商学院毕业，并于1987年加入银行，但在1981年，十六岁的他还没有准备好。西吉的第二个孩子，雪莉，二十三岁，已经开始学习她父亲的生意。在某些方面，雪莉是最像西吉的孩子，例如在分析技巧和商业头脑方面。在她的掌舵下，西吉看到了保持对威尔希尔的控制的方法。

他的脑海中盘旋着各种可能性。让他年轻而缺乏经验的女儿来

---

* 本杰明·N.卡多佐法学院（Benjamin N. Cardozo School of law），一所1976年在美国纽约曼哈顿创设的法学院，附属于犹太人开办的叶史瓦大学（Yeshiva University），是纽约市经过美国律师协会认证的八所法学院之一。——译者注

执掌公司无疑会引发诸多问题,美联储肯定也会对他施加更大压力。尽管如此,这仍然是一个很好的解决方案,因为西吉可以保护他的女儿,并从旁指导她。

"让雪莉负责威尔希尔是唯一的选项,"罗金·科恩解释说。"我们的策略——西吉在《银行控股公司法》出台之前就已经控制了该银行——失效了。我们在寻求剥离 TCNJ 的活期存款或商业贷款方面也失败了。雪莉是最后的 B 计划。"

靠着这个最后的 B 计划,西吉成功地保住了对他的两家公司的实际控制权。要通过他的女儿恢复对威尔希尔的控制,首先是在公司新总裁内森·怀特的任期内对她进行训练,内森·怀特是西吉的妻子娜奥米的表兄弟。一年后怀特去世了,在怀特的继任者萨姆·哈尔彭的任期内,西吉继续调教雪莉。萨姆·哈尔彭是一位富有而杰出的难民房地产开发商。经过两年的准备,雪莉已经准备好成为在纽约证券交易所上市的所有石油和天然气公司中最年轻的负责人。西吉不能再担任威尔希尔公司的总裁、董事长和首席执行官,但通过谈判达成一项有利的剥离协议,他得以担任高级顾问的职务。

"除了签支票,我仍然可以做我以前做的所有事情。"他告诉儿子伊凡。

"我擅长处理威尔希尔的法律和股东方面的事务,"雪莉后来描述道,"但实际上,我父亲仍在管理这家公司。他是威尔希尔石油和天然气交易的专家,每个人都知道谁才是真正的话事人。"

一个典型的商业顾问通常只会为公司提供建议,并帮助执行公司的议程和计划。但在西吉的例子中,由于他与美联储的谈判非常成功,他可以做出所有的战略、投资和金融决策,没有他的支持,威尔希尔的任何重大事宜都没法完成。公司仍然由他领导,由他以前的管理团队、董事会朋友和亲戚来管理，同样的团队现在会继续忠诚地听他的话，就好像他仍然是董事长、总裁和首席执行官一样。

西吉之所以能赢得如此的忠诚，很大程度上是因为他从未停止对员工的关心。令他感到特别自豪的是，TCNJ可能是全美唯一一家不仅向高级管理人员，而且向秘书等初级行政员工提供股票期权的银行。简单地说，股票期权是指在规定的时间内以锁定的价格购买一定数量股票的权利。当股票上涨到该固定价格以上时，员工可以行使期权，以较低的固定价格购买，从而盈利，至少在账面上是这样。

"恭喜你们，"他对他们说，"你们拥有银行的股份。你们工作越努力，银行的利润就越大。利润越大，我们的股票价格就越高。股票价格越高，你们就越富有。"

西吉喜欢成为员工心目中的英雄，员工们也喜欢他对新人和老人一视同仁的个人关怀和关照。当西吉任命他的中年战友拉里·纳特尔领导TCNJ的采购部门时，没有人说什么：拉里在奥斯维辛救了西吉的命，这个故事是众所周知的。拉里不是一个很有干劲的人，这份工作如果由一个年轻人来做会更有效率，但尽管如此，西吉不会因为拉里的年龄而改变他的职位。采购员因为从供应商那里拿回扣而臭名昭著，而拉里是西吉唯一信任的人，不管拉里能在工作上投入多少时间。后来，当拉里更加精力不济时，一些高管质疑西吉为什么还留着他。"你疯了吗？"西吉说，"你以为我是谁，门格尔，那个决定谁死谁活的虐待狂纳粹医生？我不在乎拉里一天只来一小时。我要留着他直到他一百岁！"

拉里不是唯一一个受到西吉保护的老员工。"我们从不因为年龄而解雇任何人，"他曾经对一个采访者这样描述道，"如果有人病得不能再工作了,那你也没办法,这种情况最终会发生在我们所有人身上。但是,仅仅因为某人走路慢一点或做事要花更多时间,就解雇他?这不可能!"

对员工的关怀还包括年终奖金,这是西吉和他的女儿雪莉一起准备的,尽管她不是银行的一员。西吉相信她在此类事情上的判断,并相信她会对他的个人感受和对雇员的评价保密。

"那个人独居,还有个生病的孩子,"他对她说,"所以再给她100美元吧!那个办公室经理呢?他只有一套棕色西装。给他多加100美元。还有那边的秘书需要去看牙医,给她多加100美元。"

"关心他的每一位员工,是一件非常有人情味、体面但又不符合商业规范的事情,"雪莉说,"我在沃顿商学院上过商科课程,他发放奖金的方式与我学到的处理工作绩效评估的'商业方式'完全不同。他对员工的关心程度,不是商学院所教授的那种品质。"

这使得TCNJ的工会员工罢工的那一天,对他来说更加痛苦。

第十八章 | 罢工

1984 年，美国有将近 1.3 万家独立银行[73]，TCNJ 银行是仅有的 12 家有工会的银行之一，与其他行业相比，这个比例很小。当时，20% 的美国劳动者是工会会员。银行对工会的需求较低，因为银行业很少需要面对劳动密集型行业，如采矿业和运输业所面临的风险，这些行业涉及重型设备和危险的工作条件。尽管如此，不管什么行业的员工都希望能获得最长的休假时间、加班费、免受裁员和减薪保护，以及其他福利。TCNJ 的工会员工与管理层之间的议题范围也不外乎这么几项，他们之间出现某种程度的冲突是可以预见的。

早在 20 世纪 40 年代，工会组织者就在 TCNJ 站稳了脚跟，当时该银行还只有 12 家分行。在那些日子里，每当银行行长批准为部门主管和员工们加薪时，经理们先会拿足自己的那份，然后让助手们雁过拔毛一番。钱还没发到小时工手里就消失不见了，人们理所当然地义愤填膺，并召唤工会代表前来主持公道。

当一家有工会的银行有利有弊。这有利于阻止更大的银行接管 TCNJ，因为没有哪家大银行会希望工会影响其非工会员工的思想。缺点是，如果到了要出售 TCNJ 的时候，西吉不希望工会吓跑潜在买家。在人们的记忆中，TCNJ一直与当地的工会组织本地142号（Local 142）保持着良好的关系。但1983年，一个更大的组织，办公室和专业雇员国际联盟（the Office and Professional Employees In-ternational Union）接管了本地142号，麻烦开始了。

"问题在于新的工会代表团。"TCNJ的执行副总裁和工会联络人爱德华·戴文解释说。戴文与工会共事多年，与工会员工关系友好。他曾在1978年有效地化解过一次罢工，那次罢工最终只持续了3小时，但雄心勃勃的工会新领导层是个问题。

"他们人都很好，"银行的人力资源总监鲍勃·麦卡锡回忆说，"但是当涉及经济问题时，他们的诉求简直是强人所难、欺人太甚：高到不合理的工资涨幅，双倍的休假时间，还要延长病假。他们称其为'工会提案'，更准确的说法应该是'通牒'。"

"别担心，"戴文和麦卡锡向西吉保证，"我们已经给了他们一个他们无法拒绝的慷慨提议。"

但工会会员们从未收到这一提议。新的代表们对其坐视不理，假装会员们已经投票否决了它，并继续向银行施压，要求不合理的工资增长和其他合同变更。

在某种程度上，西吉本人对罢工负有责任。他坚持要发布季度收益报告，对银行的财务状况给出了乐观的描述：利润增加了，股票价值上升了，TCNJ是新泽西州增长最快的银行。自然，工会官员们看到了这些报告，很想知道为什么他们的会员们没有分到更大的一杯羹。此外，西吉每年给股东们的信显示出公司赚了成百上千万的美元，这进一步刺激了工会官员要求分享红利。"我们的会员也在为你们的成功做出贡献，"他们争辩说，"回报在哪里？"

为了处理自己这一方的谈判，西吉请来了全美最著名的劳工律师之一埃里克·J.施默茨。施默茨是霍夫斯特拉大学法学院的院长，曾解决过许多备受瞩目的劳资纠纷，包括20世纪60年代无线电城音乐厅的"火箭女郎"*和纽约市出租车司机的罢工。当工会领导人得知是施默茨在处理谈判时，他们意识到有必要组织罢工了，因为施默茨此前从未向工会的压力低头，现在也不太可能会这么做。

TCNJ的工会员工罢工，意味着管理层将不得不在没有普通员工的情况下运营所有的TCNJ分行，包括所有的后台业务，这幅场景令人生畏，管理层将不得不四处搜罗人员顶班。戴文和麦卡锡请求各部门主管推荐人选。他们在行政员工的亲友中进行招聘，并从当地的一家职业介绍所那里引进了临时工。麦卡锡召集他的人力资源团队开会。"我们正在招人。"他说，然后派他们出去到处招兵买马。

这是1984年6月中旬的事。许多潜在的雇员已经制定了夏季出游的计划，想要让他们取消出游、放弃与家人在一起的时光，需要额外的激励措施。"我们给他们双倍的报酬吧。"戴文建议，西吉同意了。面对紧急情况，需要采取非常措施。

到了罢工的第一天，西吉和他的高级职员们已经拼凑出一支60人的队伍，其中包括娜奥米和孩子们，来填补罢工员工们空出来的300个岗位。这一策略向工会发出了一条信息：放马过来，输的肯定是你们。

对西吉来说，员工是否加入工会从来都不重要；他们都是他的大家庭的成员，他要确保他们得到照顾。就连他那出了名的爱大喊

---

* 火箭女郎（Rockettes），一家美国舞蹈公司，一直在纽约市的无线电城音乐厅演出，她们的演出是每年纽约圣诞节和感恩节游行的重头戏。——译者注

大叫的毛病，也从未针对过低级别的员工：他把被吼的"特权"留给了高管。然而，尽管他为他的"兄弟姐妹"们释放了最大的善意，他们却在这里走来走去，一遍又一遍地喊着："一！二！三！四！把西吉扔出去！"他能理解工薪阶层想要更多，每个人都想要更多。使他恼火的是他们的不忠。他知道这些人的名字，他给他们提供汽车贷款、抵押贷款和学生贷款，只要有可能，都是优惠利率，而他们却在这里向他吐口水。当他们需要什么时，他会马上出现。他为他们鞠躬尽瘁，这就是他们报答他的方式吗？

工会官员会见了西吉和他的团队，讨论了条款。"到了谈判的时候，"麦卡锡回忆说，"威尔齐格先生很兴奋。他的脑子是我见过的最快的。如果工会要求为每个工会员工每周增加二十美元，那么威尔齐格先生就领先所有人一步，已经从工资和福利方面计算出每增加一美元会给银行带来多少损失，精确到每分钱。我相信正是逆境的挑战激励了他，他为此而活。"

罢工持续了三个星期。最终，罢工者意识到资方不会让步，于是达成了协议。西吉可以原谅工人们想要更多的钱，但与背叛行为做斗争让他疲惫不堪，是时候让他久违地休息一下了。

第十九章 | "这关系到几百万美元!"

在他还是一名推销员的那几年里,西吉会带着家人去阿斯伯里公园或大西洋城*度假。只需花上几个硬币,他就能让孩子们尽情地玩滑球和弹珠游戏,还能买要多少有多少的热椒盐卷饼和咸水太妃糖,填饱这些半大小子的肚子。当他的个人财富增长后,他就开车带着娜奥米和他们的孩子去卡兹奇山蒙蒂塞洛镇的库舍尔乡村俱乐部和度假酒店。

"在库舍尔,我们每个周日都会玩纸牌,"阿尼·杨说。他拥有一家大型工业工具公司,从20世纪60年代起就认识西吉,"早餐后就开始,一直持续好几小时。不管是7牌梭哈(seven-card poker)还是10张牌的金拉米(ten-card gin rummy),他都玩得不亦乐乎,就像赌上了自己的命一样。他打牌打得太兴奋了,你都能看到他额头上的青筋暴起。这让我很担心。我和他谈过,但他只会大喊大叫。'你不明白!4美元不是重点!'这不是钱的问题。这是输赢问题。在集中营中失去一切之后,胜利对他来说意味着一切。"

---

* 阿斯伯里公园(Asbury Park),新泽西州一处海滩。大西洋城(Atlantic City)则是该州一个旅游度假村,以赌场闻名。——译者注

西吉很喜欢库舍尔酒店。他喜欢坐在游泳池旁。他喜欢和其他犹太度假者在一起，在这里他不仅可以放松，还可以拓展人脉，为他的银行找到新客户。他很富有，可以带着家人去该地区的任何一个度假村，但库舍尔是他的最爱。往北15英里（约合24.1公里）的格罗辛格迎合了信仰更虔诚的人群。康科德，一个占地1200英亩（约合485.6公顷）的庞然大物，有自己的起降跑道和邮局，是那些同化程度更高的犹太人的首选度假胜地。西吉之所以偏爱库舍尔，有几个原因。其一，库舍尔以家庭为导向，为孩子们提供了各种各样的运动和其他活动。其次，他也很喜欢那些艺人，他们中的许多人都是在库舍尔开始了他们的演艺事业。一个典型的周末可能会有像伍迪·艾伦或杰里·宋飞这样的人，或者像艾灵顿公爵、路易斯·阿姆斯特朗或迪安·马丁一样的昔日巨星。选择库舍尔酒店的另一个诱因是，酒店的老板米尔顿·库舍尔像对待皇室一样对待西吉，在餐厅和夜总会为他留着贵宾桌，并为他安排了两部私人电话：一部在棋牌室，一部在游泳池边，这是其他客人无法享受的特权。

"马上把我的电话接过来。"西吉指示前台。

"但是威尔齐格先生，"一名不知情的员工争辩道，"我们有一个政策，就是不允许打电话……"

"米尔顿·库舍尔同意了，"西吉纠正他说，"马上把我的电话接过来，这关系到几百万美元！"电话接通了。

"卖出5000万短期国库券！"他对着电话大喊，"买入1亿长期国库券！"他一边玩着扑克，一边吸引了一大群度假者围在他的泳池椅旁，他们被这一幕迷住了。

"泳池边那个拿着自己电话的家伙是谁？"他们想知道。

人群一开始增多，西吉就挂断了电话，把注意力转向聚集在一起的观众，开始滔滔不绝地讲起了故事。他向度假者讲述了战前德国的生活逸事和对大屠杀的回忆。围观的人群从五个人增加到十个人，然后是二十个或更多的人，穿着泳衣和人字拖，被这位矮小精干、有着爆炸一般声音的商业大亨迷住了。库舍尔与其说是他的度假地，不如说是他在卡兹奇山的一座卫星办公室和单人剧院。

　　"我的孩子们称西吉为虫人，"曼哈顿著名房地产律师、库舍尔度假村的常客莱尼·博克瑟说，"他会到湖边去，给鱼钩装上饵。然后他会钓上一条鱼，把鱼放回水里，鱼仍然挂在鱼钩上，等着一个小孩和他的父亲经过。然后他会说：'你好，年轻人，你钓过鱼吗？'并把渔竿递给孩子。接着他会指着湖里说：'看那个红白相间的塑料浮球。当浮球移动时，就意味着有鱼在咬饵。当球一直往下沉时，那里肯定有一条鱼。那么你就很有可能抓到它。'一分钟后，鱼会游走，浮球会消失在水里，西吉会大喊：'看！有了有了！拉回来！拉回来！'接着一条 2 磅（约合 0.9 千克）重的鲈鱼从水里跳了出来，这孩子简直要疯了：'看，爸爸！我成功了！我成功了！我钓到了一条鱼！'这让这个孩子的夏天变得很特别。"

　　这个噱头也让西吉的夏天变得很特别。孩子的幸福对他来说意味着一切，因为他知道在奥斯维辛，自称医生的纳粹怪物拿孩子们做了什么噩梦般的实验。西吉喜欢钓鱼，他把酒店房间里的浴缸改成了鱼缸，这样酒店里的孩子们就可以顺道来看一看浴缸里的太阳鱼、鲈鱼、鲶鱼、鲤鱼和梭鱼。孩子们都惊叹不已，但当发现浴缸里全是鱼时，库舍尔的女服务员们都快疯了。西吉让女服务员们把他们捕的鱼带回家，从而缓和了局面。

　　"看到这个人了吗？"每当喜剧演员弗雷迪·罗曼在库舍尔夜

总会的舞台上看到坐在前排的西吉时，他总会这么说，"这个人是世界上最好的银行家。你需要抵押贷款吗？汽车贷款？他就是你要找的人。他是个银行天才。"

在寒假时，西吉会带着他的家人来到佛罗里达州迈阿密海滩的萨克森酒店。萨克森酒店于1948年完工，是迈阿密最早的豪华酒店之一，拥有空调套房和一个符合奥运会标准的游泳池。到20世纪70年代，萨克森酒店也成为虔诚的犹太人寻找洁食的首选酒店。它有"安息日电梯"（在安息日，电梯会自动停在任何一层，因为这一天禁止任何形式的工作，包括按电梯按钮）。在室外泳池，客人们可以尽享酒店600英尺（约合182.9米）长的私人海滩之景，这是常客们玩牌的理想地点。

纽约的心脏外科医生杰里·昆特不是这里的常客。他的小女儿凯莉在街区另一头的枫丹白露酒店参加花样滑冰比赛，昆特则在萨克森酒店消磨时间，等待女儿的排练结束。他站在酒店的露台上，看着六个穿着短裤和马球衫的家伙打扑克。一个玩家离开了桌子，杰里问他是否可以加入游戏。其他人挥手让他进来，昆特在西吉旁边坐下。

"西吉是世界上最差劲的扑克玩家，"他回忆说，"其他人完全读懂了他。他们之中没有一个人英语说得很好，但这没有关系。每当他有一手好牌时，西吉就会假装这是你能想到的最烂的牌，傻子都能看出来：'天哪！什么手气啊！'而如果他抓到了烂牌，他会大叫：'哈哈！这手气，真是好得没谁了！'他输了很多钱。他快气疯了。"

游戏结束了，玩家们准备离开。昆特看着西吉的手臂，看到了他的集中营编号。他知道这意味着什么。昆特的继父也曾在奥斯维辛集中营待过，他的妻子和五个孩子都死在毒气室里。昆特轻轻地握住西吉的手臂，吻了吻编号。西吉亲切地把手放在昆特的手上。昆特给了西吉一张名片，说："如果有什么我能帮你的，请给我打电话。"

一天，西吉邀请昆特和他的家人在酒店餐厅共进晚餐。当晚在萨克森酒店用餐的还有一对夫妇，坐在威尔齐格夫妇旁边的一张桌子上，他们是埃利·威塞尔*和他的妻子玛丽安。西吉靠在椅子上，与这位著名作家攀谈起来，发现他们有很多共同之处。威塞尔被驱逐到奥斯维辛的时候也是十六岁，和西吉一样，他也曾向看守谎称自己十八岁，并因此逃过了毒气室。两人在抵达比克瑙的筛选台时都与家人失散。他们的母亲都被直接送进了毒气室，父亲都死在了集中营里。

晚餐期间，这两位奥斯维辛集中营的幸存者对反犹主义再次抬头的报道表示了担忧。战争结束三十年后，一种反犹主义演变成一个恐怖网络，威胁到家庭、学校、公共汽车和飞机上的普通公民。20世纪70年代对以色列人来说是一个特别暴力的十年，他们面临着不断的悲剧和武装袭击。

美国政府警告说，如果你是犹太人，或者你是一家银行或石油公司的总裁，你就是头号恐怖目标。西吉满足这三个条件，这就解释了为什么他只会雇佣那些有携带枪支执照的司机。

---

* 埃利·威塞尔（Elie Wiesel），1986年诺贝尔和平奖得主，美籍犹太人作家和政治活动家。1928年，威塞尔生于罗马尼亚的犹太人聚集区。1944年，16岁的威塞尔和家人一起被送到了波兰的奥斯维辛集中营，于1945年在布痕瓦尔德集中营重获自由。他的写作主题是关于大屠杀的记忆，被看作"大屠杀活教材"，1986年威塞尔因为通过写作"把个人的关注化为对一切暴力、仇恨和压迫的普遍谴责"而荣获和平奖。代表作品：《夜》《一个犹太人在今天》《黎明》《白日》《耶路撒冷的乞丐》——译者注

战争结束三十年后，无辜的犹太男子、妇女和儿童继续被杀害的事件令许多人担忧，这些事情也把西吉和威塞尔这两个超级幸存者联系在一起。那天晚上的谈话是之后诸多谈话中的第一次，在接下来的几个月里，西吉将会发现威塞尔已经设想过让他在世界上最重要的大屠杀纪念馆中扮演一个角色。

第二十章 | 大屠杀纪念馆

1977年3月16日，吉米·卡特总统在马萨诸塞州克林顿镇的一次市政会议上发表讲话。他说，如果要解决中东危机，就必须为巴勒斯坦难民提供一个家园。这一声明在以色列引起了恐慌。以色列总理伊扎克·拉宾在特拉维夫对学生发表讲话时表示，卡特的言论可能会导致以色列和美国之间出现严重裂痕。美国总统需要做出一些和解的姿态。在华盛顿的一个重要地点建立一个专门纪念大屠杀的博物馆，这可能会对弥合威胁两国友谊的裂痕大有帮助。

1978年11月1日，卡特成立了总统大屠杀问题委员会，并让委员会主席埃利·威塞尔提交一份"关于建立和维护一个适当的大屠杀遇难者纪念馆"的报告。总统委员会副主任迈克尔·贝伦鲍姆在1979年提交给总统的报告中写道，美国人对牢记大屠杀负有"明确的责任"。美国士兵解放了一些集中营，幸存者们现在在美国生活，美国正遭受着对欧洲犹太人漠不关心的"灾难性"遗产的折磨。通过建造博物馆，美国政府不仅可以纪念那些逝去的人，而且"向人们灌输谨慎之心、加强克制的美德，并防止邪恶与漠不关心在未来重现"。

总统委员会包括四位社区领袖、五位拉比和其他一些杰出的人士。委员会成员于 1979 年 2 月 1 日在白宫的罗斯福厅宣誓就职，肩负着创建美国最重要的大屠杀纪念馆的使命。此时，威塞尔和他的家人已经与威尔齐格夫妇成为朋友。埃利向西吉承认，他对商业一窍不通，需要他的帮助来筹集资金并使委员会走上正轨。当威塞尔被吉米·卡特总统任命为美国大屠杀纪念馆委员会的负责人时，他要求"威尔齐格成为第一个与他共事的人"[74]。

"威塞尔在令博物馆进入公众视野方面做出了巨大的贡献，"贝伦鲍姆回忆说，"但在资金或发展方面做得并不多。威塞尔邀请西吉加入一个名为美国大屠杀纪念馆（USHMM）理事会的团体，负责审核财务计划。西吉聪明得很，完全能够胜任。"

在被任命为理事会成员的同时，西吉还被邀请到白宫与卡特总统及其夫人共进晚餐。在作为一个更无长物的难民来到美国三十年之后，西吉成为美国总统的座上宾。

在创建 USHMM 的过程中，人们的热情高涨。有多少恐怖应该被描绘出来？像华沙犹太人区起义这样的起义事件和武装抵抗，是否应该像在以色列犹太屠杀纪念馆（Yad Vashem Holocaust museum）那样，在叙述中居于核心地位？希特勒的言论应该陈列在博物馆的墙上吗？在讲述大屠杀的故事时应该遵循什么样的历史顺序？人的头发应该包括在展品中吗，还是说这会让参观者感到太过不适？美国的角色又是什么？这个永久展览应该仅限于展示作为解放者的美国，还是应该把美国对欧洲犹太人被屠杀而漠不关心的证据也置于其中？

"对美国军方来说，"历史学家大卫·怀曼说，"欧洲的犹太人是一个不相干的问题和一个不必要的负担。"他说，正如西吉在他关于这个问题的许多演讲中所说的那样，美国空军"本可以摧毁奥斯维辛的杀戮设施"，这一悲惨的事实值得在永久展览中占有一席之地吗？

在所有与博物馆内容有关的问题中，最具争议的是决定谁应该被纪念：只是犹太人，还是其他受害者也应该参列其中？如果是后一种选项，那受害者还有谁？应该给他们多少篇幅？

"威塞尔最担心的是，这个博物馆会背叛受害者记忆中的犹太性，"贝伦鲍姆说，他主持了早期的规划工作，"你必须记住，在那个时候，幸存者不仅担心谁会被记住，而且担心大屠杀本身是否会被记住。与其说这是关于他们个人的不朽记录，不如说是关于这个事件。这些人已经失去了你能想到的一切，而世人彻底忘掉犹太人遭遇了什么样的危险，这个事实是实实在在的。如果说希基对任何事情都很专注的话，那么他对这一点尤为专注：确保世人永远牢记，这场大屠杀主要针对的是犹太人。"

在"讲述谁的故事"这一核心问题上，西吉向理事会成员表明了自己的立场。"将大屠杀与其他任何事情进行比较都是最糟糕的事情，"他说，"大屠杀是一种罕见的、非同寻常的经历。当然，犹太人不是唯一被屠杀的。没错，我们也必须记住数百万同样死于战争的基督徒。但正如埃利所说：'虽然不是所有的受害者都是犹太人，但所有犹太人都是受害者。'所以这里有区别。我是这个理事会的创始成员，这是我们的职责之一。我们不是说我们是唯一遭受痛苦的人。但是这里有很大的不同。希特勒或他的党羽从来没有指着其他人说过：'把从祖辈到孙辈的所有人都抓起来，把他们都杀了。'"

理事会的许多成员同意这一观点。其他族裔群体也被杀害，但只有犹太人被纳粹挑出来赶尽杀绝。对一些成员，如欧文·格林伯格来说，将犹太人的毁灭与任何其他种族的灭绝相提并论都是"亵渎"。其他人不同意。吉卜赛人（更准确地说是罗姆人）争辩说，他们也被屠杀，不是因为他们做了什么，而是因为他们是谁。一名罗姆人代表指责其他理事会成员有"公然的种族主义"，"故意淡化"罗姆人的苦难。

历史学家劳尔·希尔伯格提醒成员们，大屠杀虽然独一无二，但并非"没有先例，也并非没有回响"，并主张将1915年土耳其种族灭绝中的亚美尼亚受害者与其他非犹太人受害者一起列入。另一位理事会成员，历史学家露西·达维多维奇不同意这个观点，她认为"以前从来没有过一个民族剥夺另一个民族的基本生存权"，保持大屠杀的犹太核心对于博物馆的建馆目的至关重要。理事会主席迈尔斯·勒曼对此表示赞同，并补充说："如果你要把亚美尼亚人的悲剧引入大屠杀，那为什么不把柬埔寨人的悲剧引入呢？还有美国印第安人的悲剧？"

幸存者们正在老去。他们看到自己的队伍日渐凋零，并担心关于大屠杀的记忆的未来，尤其是考虑到"否认者"（那些声称大屠杀从未发生过的人）的威胁。模糊犹太人在大屠杀中的中心地位，让理事会中的许多人觉得是在为虎作伥。

理事会成员都知道，二战结束后，否认大屠杀的声浪一浪高过一浪，当时自称法西斯分子的法国记者莫里斯·巴德什发表了一系列文章，声称毒气室只在集中营里被作衣物消毒，作为大规模屠杀犹太人证据的照片和文件都是伪造的，而且无论如何，犹太人都理应受到严厉对待，因为他们是德国的敌人。

其他否认者（有时也被称为"修正主义者"）也在卖力地叫

器，包括保守派记者帕特·布坎南＊，极右翼政治家、前3K党大巫师（Grand Wizard，3K党最高领导人）大卫·杜克，以及英国作家戴维·欧文，欧文宣称奥斯维辛从来没有过毒气室，只有战后建造的模型，而且阿道夫·希特勒从来不知道灭绝犹太人的事，即使知道，他也反对这么做。

理事会成员问道，如果不是为了保护历史免受如此明目张胆的歪曲，那么在美国纪念空间的物理中心——毗邻国家广场，华盛顿特区的地理核心——建造博物馆，又有什么意义呢？用保守派拉比西摩·西格尔的话来说，该博物馆需要"在科学和不可动摇的基础上，确立我们的故事的真实性和事件的准确性"。

然而，理事会成员承认，每个博物馆对历史都有独特的编辑视角和自己对事件的解释。华盛顿的大屠杀博物馆将讲述哪个故事？它将是一个犹太博物馆，会在赎罪日关闭大门——还是一个美国博物馆，会继续开放？重点应该放在作为胜利者的同盟国上，还是放在犹太人的抵抗上（比如以色列的建立和华沙犹太人起义）？博物馆纪念堂墙上的铭文应该是圣经式的（"愿对他们的记忆成为一种祝福"＊＊），还是见证式的（比如安妮·弗兰克日记中的最后一句话："尽管发生了这一切，我仍然相信人们心地善良"）？建筑设计应该是温和的，与广场上的其他建筑无缝契合，还是应该在建筑景观中增添一些令人不安和不同的东西？每个问

＊　帕特·布坎南（Pat Buchanan），美国保守派政治评论家、专栏作家、政治家和播音员，曾任尼克松、福特和里根的总统高级顾问，在1992年和1996年曾寻求共和党总统候选人提名。——译者注

＊＊　原文为"May their memory serve as a blessing"，这是犹太教义中当有人去世时的恰当说法。——译者注

题都引起了争论。

一个记得西吉参与其中的人是伊莱·普菲弗科恩，他与威塞尔密切合作。菲弗科恩在马伊达内克*和其他集中营度过了几个月，然后被迫加入前往泰雷津集中营**的死亡行军。1945年5月8日，他在那里被红军解放。菲弗科恩先是以孤儿的身份来到英国，然后来到美国，在布朗大学获得了历史学博士学位，并担任USHMM的研究主任。

"观察西吉是一项令人着迷的工作，"菲弗科恩在他的回忆录中写道，"他紧凑的体格充满活力，一头卷发，整体穿着一丝不苟。"菲弗科恩接着说："威塞尔邀请西吉调查理事会的财政运作情况。意识到情况的紧迫性，他从管理银行的日常事务中抽出时间来到了华盛顿。毫无疑问，正是这种钢铁般的决心指引他成为了银行的所有者和行长，也指引他研究了理事会的结构。他不畏根深蒂固的官僚主义，公开了理事会的运作，从而提出了如何精简管理的建议。"[75]

一被威塞尔任命为主席的首席顾问，西吉就对博物馆的招聘政策进行了审查，并感到震惊。"在我三十年的职业生涯中，"他在给理事会成员的信中写道，"我从未见过如此缺乏招聘规章的情况。"他特别提到了招聘时没有核查推荐信，没有考虑申请人的薪资历史（西吉指出"在某些情况下，被雇佣者的薪水会增加25%到90%"），以及没有进行充分的背景调查。

西吉制定了一些措施，他称之为"任何负责任的企业或组织所使用的最低要求"。这些措施包括职位描述、任何想在博物馆工作

---

* 马伊达内克（Majdanek），位于波兰的一座集中营，是纳粹大屠杀期间第二大集中营，估计有36万名囚犯在此遇难。——译者注

** 泰雷津集中营（Theresienstadt），位于捷克的一座集中营。——译者注

的人的详细工作经历、两份商业推荐信、两名个人推荐人以及信用报告。"如果某人破产了,"他告诉理事会成员,"或者有对他不利的判决,我们显然不会雇佣他为理事会处理现金或支票。"

尽管如此,对其工作人员负责任的监督行为并没有减轻白宫官员的指责(即认为该理事会对大屠杀的看法"过于犹太化")。官员们警告说,理事会本身并没有反映出足够的族裔多样性。据传闻,白宫官员曾说,理事会里的犹太人"太多了",然后礼貌但坚定地要求威塞尔再增加一个非犹太人,可以是一个波兰裔美国人,也可以是与大屠杀没有关系的人。

威塞尔召集他最亲近的顾问们召开紧急会议,询问他们认为应该怎么做。如何回应白宫的这些无理要求?犹太实业家弗兰克·劳滕伯格,未来的新泽西州参议员,认为妥协是不可避免的。"有时候,"他说,"如果是为了一种正义的事业,一个人可以把自己的灵魂出卖给魔鬼。"

根据威塞尔对那一刻的回忆,西吉"勃然大怒,幸运的是,他把劳滕伯格摆平了"。[76] 西吉坚持,如果我们屈服于这种压力,结局会怎样?有多少非犹太人会被邀请进来决定犹太人的记忆?争吵愈演愈烈,情绪也随之爆发。威塞尔写道,他组织的这个委员会现在"乱作一团"[77]。

接着,一个戏剧性的挫折出现了。技术研究表明,国会分配给博物馆的历史建筑无法使用:太小,朽烂到摇摇欲坠,而且无法修复。研究报告建议,最好把它们拆掉,然后盖栋新的。理事会现在面临着从头开始的可怕前景,需要一个新的、昂贵得多的设计。

距离博物馆授权立法的"日落条款"*的时间已经不多了：如果在 1985 年 10 月 7 日日落之前，没有向国会提交证据表明在内容和资金方面取得进展，那么建造许可将被撤销。然而，理事会甚至在最基本的问题上都还存在分歧，美国国家科学院高级政策分析师、后来担任该理事会代理主任的米卡·纳夫塔林警告威塞尔，他们的进展"接近于零"。

规划者们不是第一次因大屠杀博物馆的未来发展状况而陷入僵局，但 1985 年底这一次是最糟糕的。近几个月来，新纳粹分子在欧洲各地焚烧犹太教堂，亵渎墓地。大屠杀否认者越来越大声地宣扬他们的"证据"，企图证明大屠杀从未发生过。雪上加霜的是，似乎是为了凸显对大屠杀记忆的冒犯，里根总统选择在这个时刻犯下了白宫官员日后所说的"他总统任期内最严重的错误"，差点导致理事会成员集体辞职。

总统宣布，在即将到来的德国之行中，他将参观比特堡军事公墓。比特堡有 49 名纳粹党卫军军官的坟墓。

---

* 日落条款（Sunset clause），指法规、条例或类似立法中自动失效的条款。日落条款规定，一旦达到特定日期，该法律的全部或部分将自动废除。——译者注

第二十一章 | 不当之举

1984年11月，西德总理赫尔穆特·科尔访问白宫，并向里根总统提议，在1985年5月8日*共同纪念二战胜利40周年，以促进两国之间的友谊。科尔获悉，里根将于同一周在波恩出席一个会议，便建议他们一起参观位于比特堡郊区的科尔梅舍赫军事公墓，该镇距离波恩不到一小时的车程。总统同意了。

1985年2月，白宫副幕僚长迈克尔·迪弗考察了该墓地。官方对考察期间发生的事情的解释是，大雪覆盖了成排的墓碑，迪弗和他的团队因此没有注意到，在2000个德国士兵的坟墓中，有49个属于武装党卫军成员，即希特勒的精英警察部队。他们的墓地是最不适合美国总统访问的地方，然而迪弗批准了这个地点，白宫宣布了里根的旅行计划。

记者们很快得知了党卫军坟墓的存在，由此产生的文章引发了国际社会的愤怒。幸存者们怒火中烧，政府官员提出抗议，抗议浪潮席卷了华盛顿。1946年，纽伦堡国际军事法庭宣布纳粹党卫军

---

* 当天被称为V-E Day，即欧洲胜利日（Victory in Europe Day）。1945年5月8日，纳粹德国无条件向同盟国投降，第二次世界大战在欧洲结束。——译者注

集体犯下了极端的战争罪，而现在，美国总统却准备在他们的墓前献上花圈，正式授予他们美国的荣誉。

国务卿乔治·舒尔茨——威塞尔称他为"里根团队中的人道主义者"——打电话给他在波恩的大使，希望大使能够说服科尔总理取消对比特堡的访问。科尔不为所动。德国大选在即，科尔与美国总统在德国士兵的坟墓前鞠躬的照片将加强科尔的声望。20 世纪 80 年代，新纳粹组织在德国崛起，像科尔这样的保守派政客渴望这样的机会，来赢得有影响力的右翼选票[78]。

USHMM 理事会召开了紧急会议。一些成员建议全体辞职以示抗议，另一些则主张耐心。新泽西州参议员劳滕伯格再次敦促理事会不要惹是生非。他认为，保持总统的好感最重要。此外，距离预定的行程还有三周时间，总统还是有可能改变主意的。

埃利·威塞尔在白宫会见了里根，恳请他取消这次访问。"世界各地的人们，无论是犹太人还是非犹太人，年轻人还是老年人，共和党人还是民主党人，都会为你的决定喝彩。"威塞尔说。

里根带着苦涩的笑容回答说："太晚了。"他刚刚和科尔通了电话。总理坚持说，如果取消对比特堡的访问，对德国来说将是一场"国家灾难"。"我不会放弃这个想法，"科尔告诉《纽约时报》，"如果我们不去比特堡，如果我们不做我们共同计划的事情，我们将严重冒犯（德国）人民的感情。"

1985 年 4 月 19 日，威塞尔来到白宫接受国会荣誉勋章。在他获奖感言的第 15 分钟，他出人意料地谈到了总统计划中对比特堡发表的访问。"总统先生，那个地方，不是你该去的地方，"威塞尔说，"你应该和党卫军的受害者在一起。我恳求你做些别的事情，找到另一种方式，另一个地方。"

在接下来的几周里，53 名参议员联署了一封信，要求总统取消他的访问。另外近 300 名政府代表签署了一封信，敦促总理科尔撤回邀请。前陆军上士吉姆·海弗里归还了他的二战勋章以示抗议。里根提议的访问激发了艺术家们的灵感，一大批流行歌曲应运而生。雷蒙斯乐队录制了《我的脑子在翻滚：邦佐去了比特堡》(*My Brain Is Hanging Upside Down: Bonzo Goes to Bitburg*)，其中的邦佐（Bonzo）就是指里根，因为他在演员时期曾出演过影片《君子红颜》(*Bedtime for Bonzo*) 中的角色邦佐，片子的主演是一只黑猩猩。弗兰克·扎帕则用长号和木琴等讽刺乐器录制了《里根在比特堡》(*Reagan at Bitburg*)。

总统为他的决定辩护，但却火上浇油。"如我们所知，这些党卫军是恶棍，他们实施了迫害等恶行。但那里有 2000 座坟墓，其中大多数坟墓的主人平均年龄在十八岁左右。我认为参观那个墓地并没有什么错，那些年轻人也是纳粹主义的受害者，尽管他们穿着德国军服作战，被征召服役，去实现纳粹的凶恶图谋。他们是受害者，就像集中营里的受害者一样。"

里根再难说出比这更具煽动性的言论了。美国希伯来会众联盟（Union of American Hebrew congregation）主席、拉比亚历山大·M. 辛德勒宣称，把纳粹士兵和大屠杀受害者等同起来，是"对犹太人民的无情冒犯"。理事会成员哈达萨·罗森萨夫特是奥斯维辛和贝尔根-贝尔森集中营的幸存者，她绝望地给威塞尔打电话。

"他怎么能这样？他怎么敢说这些话？"她问道。

在预定访问的两天前，里根告诉他的副幕僚长："我知道你和我的妻子南希都不希望我这样做，但是……历史会证明我是对的。如果四十年后我们还不能和解，那我们就永远不可能和解了。"里根的行程中有一项变化：作为让步，他会对贝尔根－贝尔森集中营进行访问，不过一些人认为，这种姿态只会让事情变得更糟。哈达萨的儿子、USHMM 理事会的顾问梅纳赫姆·罗森萨夫特称总统的计划是"一个下流的一揽子交易"。

必须对里根施加压力，让他改变计划。西吉上了广播电台。

从 20 世纪 60 年代的第一个节目开始，广播评论员巴里·法伯就因其容易辨认的美国南方口音、紧张的表达方式和机智的反应而深受听众的喜爱。他为总部位于纽约的 WMCA 广播电台进行的直播采访，吸引的听众比美国其他任何广播电台的任何节目都多。

"西吉出现在我的节目中，讨论了各种各样的话题，"法伯回忆说，"当我们想找一个集中营的幸存者时，我们幸运地找到了西吉。"

采访是在 1985 年 5 月 1 日进行的，离里根预定的对比特堡的访问不到一周。

"西吉，"法伯开始说，"你可能还记得 70 年代中期你参加我的深夜广播时的情景。你告诉我们，你是第一个在西点军校向学员发表演讲的幸存者。"

"学员们无法理解，"西吉说，"当我告诉他们，据我所知，我是一所拥有 1500 个孩子的学校中唯一幸存下来的人，他们无法理解，全德国的犹太人仅有 10% 从大屠杀中幸存，而我是其中之一。他们也无法理解，党卫军杀害了我的 59 位亲人，包括我的 3 个兄弟、1 个姐姐、我七岁的侄子和我两岁的侄女。"

然后他的重点转移了："这就是里根总统下周要纪念的党卫军。巴里，你认识我已经有一段时间了，你明白为什么我刚才会对谈论自己感到犹豫，因为我所经历的事情被里根总统打算做的事情掩盖了。"

"西吉，请原谅。"法伯说，"我没想到你会有这种情绪。"

"巴里，这对我来说是解放以来最黑暗的时刻。纳粹的所作所为是明目张胆的残酷谋杀，而自由世界的领导人却在给它彻底洗白。总统甚至没有听取他自己党内成员的意见。所有有教养的人都站了出来，说总统在这个问题上是错的。在大屠杀中发生的事情是一种合法化的谋杀体系，只有在党卫军的帮助和积极参与下才存在，而他们就被埋在比特堡。"

"这么多年来，"西吉说，"在我的家人和朋友的关爱下，有时候我可以逃离这些记忆。我的家人和朋友花了三四十年才做到的事，总统正要让它毁于一旦。我已经不是几年前的那个人了。每一天，我都在记忆中重温奥斯维辛集中营的经历。1945年5月5日，我在毛特豪森集中营被解放，而在今年的5月5日，总统要去比特堡向杀人犯致敬。"

平素总是性格乐天的法伯呆呆地坐在那里。"西吉，请继续。"他说。

"我曾试图去见科尔总理，"西吉说，"说服总理改变计划。我建议他和里根一起去慕尼黑的无名战士墓，或者去已故总理阿登纳的陵墓[79]。然后我又有了一个主意。让他们去向隆美尔元帅致敬吧，他是一名真正的军人。至少隆美尔没有在毒气室里杀害任何儿童。未来将会把美国总统的这次访问，看作自由世界历史上最糟糕的一天之一。里根已经做了他所不理解的事情。我只能祈祷，这不是一些不可言说的事情的开始。对我来说，现在的情况比核战争的威胁更可怕。我把选票投给了这个人，但说实话，我希望总统疯了，因为这就能解释他为什么要这么做了。"

"那些做准备的人声称，他们不知道公墓里有49个党卫军杀人犯的坟墓，"西吉说，"他们说积雪覆盖了墓碑。这是个彻头彻尾的谎言。根据德国的消息来源（不是我自己的消息来源），比特堡市长和公墓负责人给了迪弗一份名单，上面显示纳粹党卫军的凶手就埋在那里。但总统本人却说，我引用一下他的话，'埋葬在那个公墓里的人和集中营里的人一样，都是受害者。'谁能明白这一点呢？"

法伯接了一个听众的来电。

"我认为这场关于比特堡的争议总有一天会平息，"电话那头说，"但一直会存在的事实是，大屠杀是一个骗局，而你的嘉宾是一个下流无耻的骗子。这方面的证据非常清楚，包括奥斯维辛的航拍照片，这些照片是美国侦察机从1944年5月至1945年1月拍摄的。如果埃利·威塞尔或像你的嘉宾这样的人的描述完全准确的话，那么所谓的毒气室和火葬场理应清晰可见，但事实是，任何照片上都完全没有这样的东西。"

法伯插了进来："别急！各位，这是电台的一个神奇时刻。这是一个否认曾经有过大屠杀的人的电话，而他现在面对的，是奥斯维辛集中营的幸存者，西吉·威尔齐格。"

"我理解得对吗？"西吉问，"这位先生刚才是不是说它没有发生过？"

"是的，"法伯说，"他说，美国的侦察照片证明根本就没有集中营，大屠杀是一个骗局。"

来电的人又说话了："不，我没有说奥斯维辛没有集中营。当然，在奥斯维辛是有一个集中营，照片清楚地显示了这一点。但照片中缺少的是燃烧的火坑，例如，像埃利·威塞尔，另一个无耻的骗子，这样的人声称，那里每天都要烧掉数千具尸体，火葬场的烟囱不断冒出的烟和火焰。"

西吉打断了他的话："他第一次说这话的时候，我以为我误解他的意思了。可他刚才又说了一遍。"

来电者说:"好吧,我再告诉你一遍,如果你……"

"不,"西吉说,"我听两遍就已经觉得够恶心的了。"

西吉气得发抖。这个无名来电者精神错乱了吗?从他的声音听不出他疯了。不管他是谁,他可能已经习惯了言论自由的特权和发表意见的机会,但出于只有他自己知道的原因,他选择行使这些特权,来公开否认历史上最黑暗的时刻。在这些胡言乱语的背后是一个真实的人吗?如果打电话的人提出这样一个问题"它真的像人们说的那样发生了吗?"那还多少值得讨论。但在打电话的人的声音中,没有这种不确定性的迹象。他义正词严地说出这番话,这使西吉再也无法忍受了。

"你否认发生过这种事?"西吉勃然大怒,"我的父母没有死在那里?!我父亲没有在那里被殴打,在1943年4月8日死在我怀里吗?!我下火车那天,那里没有火焰吗?!"

"那是哪一天?"打电话的人问。

"1943年2月27日。"西吉说。

"嗯,确实没有,因为火葬场直到1943年2月之后才开始运作。"

"你这个彻头彻尾的傻瓜!"西吉大吼,"你是个危险的白痴!"他向法伯示意,让他断开电话。

"下一位来电者,"法伯迅速说道,"请说。"

"我给威尔齐格先生的问题是这样的,"来电者说,"为什么总统不改变主意,非要去比特堡呢?"

"我想说的第一点是,"西吉一边说着,一边试图让自己平静下来,"我被选为六名幸存者之一,在白宫的大屠杀纪念日期间点燃纪念蜡烛[80]。我站在离总统不到10英尺(约合3米)的地方,那个人的眼睛里有泪水。我不相信他是在演戏，他是认真的。那么他为什么坚持要去比特堡呢？我来告诉你。我们的经济已经走到了极限，国家债台高筑，这些都是他无法改变的，我认为总统想要找到一种方法来让自己被载入史册。他正在寻找一些革命性的东西来让人记住。除此之外，科尔总理在上一次的地方选举中失去了选票，这次地方选举是德国大选的前哨战，而比特堡所在的地区将决定下一次选举。十次中有九次，比特堡的选票都显示了哪个政党将执掌大权。科尔还看到，总统缺乏历史感，而科尔正在利用这一点。他看到，总统不仅不了解欧洲历史，而且甚至不了解自己的人民。"

法伯又接了一个电话。"西吉，"那个听众说，"我认为你做得太过分了，我认为你夸大了情况。里根是个好人，他犯了个错误，就是这样。没有什么阴谋。不要把那些邪恶的动机安在里根身上。你的所作所为，对犹太人来说是适得其反的。"

西吉摇了摇头。这些打电话的人不明白，他们没有把里根的"错误"和它对人类未来的负面影响联系起来。

"我真诚地希望你是对的，我是错的，"他对来电者说，"但没有多少人与你有相同的看法。我相信里根总统是一个非常好的人。如果他不是这样一个好人，这场可怕的悲剧就不会如此使我难过。我不会指望一个差劲的人能做什么好事。但这不应该是一个伟大国家的领导人的行为。当总统说，埋在那片墓地的党卫军和集中营的受害者一样，都是希特勒的受害者时，当你听到这句话时，先生，那就不是我相信什么的问题了。总统所说的话是邪恶的。让我们祈祷上帝会拨开这片乌云，阳光会随之而来。我希望如此。"

这是法伯二十五年广播生涯中最激动人心的一次广播。"西吉，"他说，"最后还有什么要补充的吗？"

他能说什么来结束这样一场令人恼火的采访呢？顿了一顿，西吉回答说："当你从集中营里幸存下来，而其他人却没有时，你就无法参透造物主的智慧。但我全心全意地相信，造物主是存在的。即使我是唯一一个从大屠杀中幸存下来的人，我仍然会相信全能的上帝。当一个像我这样的无名之辈，能在全国广播电台上告诉美国总统他错了，那么，天堂里一定有上帝。"

1985年5月8日，比特堡戒备森严，以迎接里根的到访。在从北约空军基地到墓地的3英里（约合4.8公里）长的道路上，整整2000名警察排好阵势，如临大敌。当总统到达时，纪录片制片人迈克尔·摩尔和一位父母死于奥斯维辛的朋友在那里举着一条横幅，上面写着："他们杀了我的家人。"电视摄像机捕捉到了这场对峙，并直播了这一时刻。里根在墓地只待了8分钟，但还是使局面乱上加乱。他告诉记者："今天，我们可以把德国的战死者，当作被邪恶的意识形态压垮的人来哀悼。"凭借这句话，里根成为战后历史上第一个为党卫军开脱罪责的人，而1946年纽伦堡国际军事法庭曾判定他们有罪。一位奥斯维辛集中营的幸存者说，总统的言论引发了她自解放以来最糟糕的噩梦。"这证明世界还没有吸取教训，"她哀叹道，"把党卫军和我们等同为受害者。匪夷所思！做出了那样的牺牲，然后又认为这一切都是徒劳的，这是不可原谅的。"

"就因为总统的这几项举措，"埃利·威塞尔告诉媒体，"四十年的历史都被抹去了。"[81]

多年来，西吉一直是一位受欢迎的演讲者，在公共集会和私人聚会上发表演讲的邀请如洪水般涌来，而他对这些邀请也是来者不拒，直到总统访问比特堡之前。这个人除了生意之外无暇顾及其他事情，却总能抽出时间，在高中毕业典礼、大学荣誉课程、继续教育毕业典礼、犹太社区中心系列讲座、经济发展论坛或彭博商业电视上发表演讲。大多数场合都是西吉传达他的信念的机会：当你目睹不公正时，要大声说出来。当你听到否认大屠杀的人散布他们的歪理邪说时，要准备好与谎言做斗争。

他的演讲总是能唤起听众的情绪反应，他们的认可加强了他的感觉：他是一名大屠杀记忆的火炬手。"也许我有一盎司（约合28.3 克）的大脑，但我不是天才[*]，"他会这样开始，"我是一个非常简单的人。我唯一的特别之处就是我幸存了下来。我是一个自由人，一个美国犹太人，一个遵守安息日规矩的人。我的记忆力很好，我记得所有的一切，所有的一切，这让我很痛苦。"记忆涌现出来。除了西点军校之外，西吉还在许多著名的院校，如布朗大学、宾夕法尼亚大学和波士顿大学，做关于大屠杀的演讲。

但在比特堡的惨败之后，他放弃了公开演讲。有什么意义呢？当美国最有权势的人为纳粹大屠杀的凶手辩护时，世界已经偏离了轨道，西吉已经目不忍视。

"即使他不是总统，这也是很可怕的，"他对一家报纸的采访者说，"但他是总统，他正在代表伟大的民主国家，对历史上最恶劣的杀人犯给予官方认可。我不是一个恶毒的人，我不希望他受到任何伤害，如果我不恨今天的德国人，我为什么要恨里根？但为什么要做更多的噩梦来折磨自己呢？每当我在公众场合发言时，我就会做噩梦。你不会在噩梦中死去，但你会离死亡很近。就我而言，我会梦到毒气室，我梦见我自己的孩子在火焰中死去。为什么要让

---

[*] 这其实是化自一个政治笑话：经济学家的大脑一盎司值 2000 美元，公司总裁的大脑一盎司值 4.5 万美元，而政客的大脑一盎司值 7.5 万美元。为什么这么贵？你知道需要多少政客才能凑够一盎司的大脑吗？——译者注

自己经历这些？"

他拒绝了加州大学伯克利分校、科罗拉多州斯普林斯的美国空军学院、西康涅狄格州的塔夫脱学院和其他许多地方的演讲邀请。这种沉默持续了整整十二年。

到了 20 世纪 90 年代，否认大屠杀的风气进一步蔓延，迫使西吉重新开始了他的演讲生涯，他再次接受了邀请，这一次是为了新泽西州联合城基恩大学的大屠杀纪念日。

Yom HaShoah Ve-Hagevurah，即"大屠杀和英雄主义纪念日"，于 1953 年在以色列设立，并由当时的总理大卫·本－古里安和总统伊扎克·本－兹维签署成为法律。纪念活动被安排在 1943 年 4 月华沙犹太人起义的纪念日，这是犹太人对其纳粹压迫者的最持久的反抗。在以色列，每年的纪念日在上午 10 点时，全国各地都会响起警报声，以纪念那些遇难者。行人停下脚步，司机停下汽车，公共场所关闭大门，国旗降半旗致哀。整个国家都原地立正，为死者默哀。自 1988 年以来，作为纪念活动的一部分，来自世界各地的学生聚集在奥斯维辛参加"生者行军"，这样命名是为了与死亡行军形成对比，并展示全世界犹太人的重生。在美国，纪念日的活动包括礼拜、守夜和大屠杀幸存者的演讲。现在，在 1992 年 4 月的大屠杀纪念周期间，基恩大学的大屠杀资料中心邀请了西吉来做他们的演讲人。

"我们整晚都在准备他的演讲，"长期担任西吉私人助理的丽莎·戈德斯坦说，"我帮他在索引卡上写笔记，把它们剪下来，然后用透明胶带把它们固定好。距离他上次演讲已经过去很久了，他很焦虑。"

1000 多名学生和教师挤满了基恩大学的礼堂。基恩大学校长内森·韦斯博士介绍了西吉，然后他走上讲台。

"如果我们谈论的是银行和商业，"他开始说道，"我会感觉舒服得多。这一点我很清楚。但我不得不把自己的舒服放在一边，再次谈论一个对我来说既痛苦又神圣的话题。"

六十六岁的西吉，声音还和十几年前在西点军校时一样洪亮。但是今天的演讲内容会有所不同。在西点军校，他曾用戏剧性的演讲回忆了他在奥斯维辛集中营的生活细节，但那时，否认大屠杀的人还没有像现在这样登堂入室。在基恩大学，他第一次将这一令人不安的事态发展纳入演讲内容。

"我的记性很好，"他开始说，回到那些熟悉的短语和话题。"我记得大屠杀，这让我非常痛苦。除了这种痛苦之外，还有一种新的、残酷的病患已经进入美国生活：否认大屠杀。否认者会问：'真的有大屠杀吗？'我们不妨问：'美国真的有奴隶制吗？'如果有人说：'美国从来没有过奴隶制，奴隶制是黑人为了寻求同情而发明的'，你会做何反应？如果有人说：'3K党从未实施过私刑'，你会作何反应？我估计，你们这些学生会奋而反击这样的谎言。"

"否认大屠杀，是可能发生在幸存者身上的最糟糕的事情，"西吉告诉观众，"对于一个仍然能听到孩子们尖叫声的人来说，一个仍然会做噩梦，梦见婴儿被从父母的怀抱中夺走、扔进火葬场的火焰中的人来说，在报纸上读到否认者的声明，这是何等的残忍……"他结结巴巴地说，双手紧紧抓着讲台的两侧。

"他们都该死！否认对无辜人民的谋杀，何等可耻！我从未想到过我必须举起我的胳膊，向你们发誓，你们今天从我这里听到的都是事实……"在接下来的一小时里，他用他在奥斯维辛的亲身经历深深地吸引了观众，讲述了大屠杀和超乎想象的残酷，讲述了解放，也讲述了在华盛顿和其他地方正在进行的、保护大屠杀的记忆免受否认者玷污的各种工作。

"我的好朋友埃利·威塞尔曾经说过:'那些什么都不做的人不是与受害者站在一起,而是与凶手站在一起。'所以,现在就跟我们一起前进吧!"他敦促学生和教师们,"与这种病患及其始作俑者——大卫·杜克、帕特·布坎南、罗伯特·福里松*、新纳粹分子和种族主义者——做斗争。在英国,戴维·欧文博士在他的书中说,希特勒直到 1943 年 10 月 1 日才知道数以百万计的犹太人被毒气杀害[82]。换句话说,从来没有'最终解决方案'。从来没有毒气室,这意味着什么?我杀了自己的家人?我手臂上的这个号码不存在?如果现在就是这样,那么等我们这些幸存者都不在了,会发生什么?那时候,你们,年轻人,将分担保持记忆鲜活的重担和特权。"

他直起身子,抿了抿嘴唇,举起一根手指。"我有一个任务给你们,"他说,"我希望你们成为我的帮手,你们就是美国的未来。"那根手指来回晃动着,"不要对自己说:'我是天主教徒,我是新教徒,我是黑人,我是拉美裔。这与我无关。'我们幸存者记得那些国际义人,我本人永远不会忘记。丹麦人,他们在寂静的夜晚拯救了 95% 的犹太公民。荷兰人,南斯拉夫人,还有意大利人,他们拯救了 87% 的意大利犹太人,但教皇在哪里?"

尽管许多意大利人在帮助拯救犹太人方面尽了自己的一份力,但教宗庇护十二世(Pope Pius XII)与纳粹政策的合谋激怒了西吉,他在几乎所有关于大屠杀的演讲中都会提及这一点。

"小时候,"他告诉听众,"我偷偷溜进电影院看新闻短片。

---

* 罗伯特·福里松(Robert fauissons),一名出生在英国的法国学者,因否认大屠杀而闻名。——译者注

我向上帝发誓,我看到教皇为德国的武器以及前去进攻布尔什维克的纳粹大军祝福。许多正直的神父和修女死在奥斯维辛,但当战后有人问教皇为拯救犹太人做了什么时,他说:'我为他们祈祷。'"

与他对庇护十二世的批评相反,西吉高度赞扬了他未来的继任者,教宗约翰二十三世(Pope John XXIII)。20世纪30年代,他作为教廷大使不遗余力地通过各种手段从纳粹手中拯救犹太人,包括签发"受洗证明",并亲自干预,以确保被关押在集中营的犹太人获释。在西吉的眼中,教宗约翰是最伟大的英雄。

受邀坐在主席台上的贵宾中,有几位大屠杀的幸存者。西吉指向萨姆·哈尔彭,据说他是新泽西州历史上最多产的建筑商,也是卡米翁卡*劳役营的幸存者。

"这个人,"西吉说,"是被一个波兰天主教家庭解救的。我们记得他们,还有其他正义的非犹太人。我呼吁在座的非犹太学生记住马丁·尼莫拉的这些话,他是一位杰出的新教牧师,在集中营度过了生命的最后七年。尼莫拉牧师说:'起初他们来抓社会主义者**,我不说话,因为我不是社会主义者。然后他们来抓工会会员,我不说话,因为我不是工会会员。后来他们来抓犹太人,我不说话,因为我不是犹太人。最后他们冲我而来,那时已经没有人能为我说话了。'[83] 这就是为什么要靠你们,无论是黑人还是白人,无论是基督徒还是犹太人。你们现在要帮助我们与否认大屠杀的行为做斗争,因为没有人可以独善其身。今天,他们针对的是犹太人。明天,就会针对其他所有人。"

---

* 卡米翁卡(Kamionka),波兰东部的一个小镇。——译者注
** 有版本为"共产主义者"。——译者注

"看看外面，"他最后说，"太阳正照耀着。在奥斯维辛，太阳从未照耀过。年轻人，我祝愿上帝保佑你们，让阳光永远照耀你们。即使会做噩梦，我也会继续大声疾呼。谢谢你们！"

一个学生举起了手："威尔齐格先生，被解放的感觉能用语言表达出来吗？"

"不完全能，"他说，"被解放前两个星期，我的体重降到了88磅（约合39.9千克）。我总是告诉自己我会活下来，但我承认，在最后那几天，我觉得自己活不长了。即使在解放后，我们也被死人和垂死的人所包围。这种感觉无法形容。当你几乎置身于另一个世界，你身边的两个人都死了，你怎么会感到高兴？我们已经麻木了。我们并没有活着。恢复得很慢，当你在医院里看到美军护士的善意时，或者当一个士兵给你一些巧克力时，尽管它太腻了，你不能吃。解放的感觉是慢慢感受到的。你暖和过来了，从里到外。"

又一只手举了起来："威尔齐格先生，你在世界其他地方能取得现在这样的商业成功吗？"

"不，"西吉断然回答，"只有在这里才有可能出现这样的奇迹，这里是自由和机遇的土地。"

另一个学生举起了手："能否做些什么来防止大屠杀再次发生？"

"我来告诉你能做什么，"西吉说，"大声反对这种正在大学校园里蔓延的、令人不齿的大屠杀否认论。例如，这个否认者布坎南先生声称，他有可靠的证据表明，在特雷布林卡*，最可怕的集中营之一，不可能同时用毒气杀死这么多犹太人。为什么？因为他

---

* 特雷布林卡（Treblinka），位于波兰，纳粹主要的屠杀中心之一，大约92.5万犹太人，以及数目不详的波兰人、罗姆人和苏联战俘在此遇害。——译者注

声称科学证明并非如此。什么科学？他说，多年前在西弗吉尼亚州发生过一次煤矿爆炸，档案显示，隧道里的一小群人花了四十五分钟才死亡。当被问及'这些档案在哪里？它们与在特雷布林卡被杀害的80万犹太人有什么关系？'时，他终于承认他是在一份新纳粹的德国报纸上看到的。你们要做的事就是挑战他们，让他们为自己的话负责。这是最好的预防措施。"

另一名学生问道："如果阿道夫·希特勒今天还活着，你可以向他展示任意一件东西，你会给他看什么？你会对他说什么？"

西吉笑着说："没有什么会比看到以色列民族的重生更让他痛苦的了。我们从他手中幸存下来，就像我们从十字军东征、西班牙宗教裁判所那里幸存下来一样。我会让他看漂亮的犹太小孩。"也许是想到了他的两个外孙，雪莉的儿子乔纳森和杰西，"然后我就什么都不用说了。"

掌声经久不息，发自肺腑。TCNJ 的内部法律顾问玛莎·莱斯特当时也在场，她记得"他讲话时人群出奇地安静，但之后的掌声却震耳欲聋"。

TCNJ 的设施主管里奇·弗拉卡洛参加了这次演讲。他回忆说："我对基恩大学的演讲记忆犹新的是西吉在讲述他的故事时表现出的自我。你可以感受到他的情感。他所传递出来的信息是：'永远不要忘记，也不要让别人忘记。'他会讲一些令人难忘的故事，总能让人听得津津有味。"

"延续大屠杀的记忆是威尔齐格的重点，"《新泽西商业》杂志上的一篇人物简介说，"他说，他致力于让美国人知道，这样的恐怖不应该被遗忘，以免它再次发生。"

在西吉办公室的壁炉上方，挂着一块 4 英尺长、3 英尺宽（约合 1.2 米长，0.9 米宽）的大理石牌匾，这是他的妻子和孩子们送给他的礼物，上面刻着他的人生信条："忘记苦难历史的自由人不配拥有光明的未来。"

"我父亲对那些不谈论大屠杀的犹太人不怎么尊重，无论他们是不是幸存者，"儿子艾伦评论道，"我记得有一次一个以色列钻石商来找他。这个人想进入房地产行业，需要银行融资。在等待见父亲的时候，他看着壁炉上方的牌匾，对我说：'切！记住可怕的事儿并没有什么了不起的，挑战在于克服和忘掉。'"

"我站起来，走进隔壁房间，我父亲正在开另一个会议，我告诉他那家伙说了什么。我父亲走进等候室，对那个人说：'祝你的项目好运。'然后就走了。事情就这样结束了。"

第二十二章 | 永无止境的战争

"西吉·B.威尔齐格……在过去20年里凭一己之力将该行的资产从1.8亿美元推高至22亿美元，"《新泽西商业》杂志宣称，"这一切都源于内部增长。TCNJ是该州流动性最强的银行[84]。它刚刚连续9年创下盈利纪录，这是该州任何一家大银行都无法比拟的。它拥有极高的资本化率，被称为该州'最健康的银行'。"[85]

在西吉的执掌之下，该银行的股票价值从1983年的每股10美元上升到1992年的每股150美元（经拆股调整后）。到1992年秋天，西吉已经在8个县开设了40家分行。"计划是，"他在10月份对《新泽西商业》杂志表示，"所有分行距离信托公司在泽西城的总部都不超过一小时的车程，这个距离可以让银行高级职员及时对客户做出反应。我们可以待在他们的营业场所，当场分析他们的需求。"

西吉现在正式成为威尔希尔的"高级顾问"，他将威尔希尔的办公室搬到了银行位于日报广场的总部，以便让他的女儿雪莉随叫随到。在他的三个孩子中，雪莉与西吉的业务关系是最密切的，但有时也是最艰难的。心情好的时候，西吉会对她表现出对同事一般的尊重。在其他时候，他连她没有修指甲都要批评。不过，西吉和雪莉还是组成了一个很好的团队，西吉通过他的女儿策划威尔希尔的采购和销售工作，就好像什么都没有改变似的，除了他女儿对自己生活的愿景。

十年前，也就是 1981 年，当西吉把他二十三岁的女儿带来接受训练，成为威尔希尔未来的负责人时，雪莉证明了自己完全有能力胜任这份工作，这令西吉满意。她是个出色的行政人员，并满足于扮演她父亲在威尔希尔的代理人。尽管如此，有时她还是会对西吉完全主导了她的生活感到不满，这种不满可以追溯到大学时代。在她十几岁的时候，她曾怀着激动的心情，期待着进入西费城的宾夕法尼亚大学，她被那里的荣誉计划*录取了。西吉摇了摇头，告诉她宾大所在的地区犯罪率很高，那里的强奸案常见诸报端，她要去的学校是罗得岛州普罗维登斯市的布朗大学，那里比较安全。

"但我的两个兄弟都去了宾大，"她争辩道，"为什么我就不行？"

"因为他们不是会被轮奸的人，"西吉说，"这就是为什么。"

一天晚上，雪莉该上哪所大学的话题在一次"家庭讨论"上被提了出来，每个人都知道这是一种委婉的说法，即西吉当着其他人的面把他们中的一个"撕成碎片"。争论持续了一个多小时，场面一触即发。

"但这对我很重要，"雪莉坚持说，"你根本不听我说话。为什么我不能……"西吉的脸色变得很难看。

"我不听你的？！"他吼道，"你怎么敢说这种话！收回这句话。我总是听你的。你在像盖世太保一样审问我！"

---

* 荣誉计划（Honors program），美国大学针对优异学生个性发展的教育计划，在课程设置、课业活动和导师指导等领域突出个性化。——译者注

他拿起一只花瓶，好像准备要把它砸在地上，吓坏了房间里的每个人。从来没有人见过他对任何人实施暴力行为，而正是因为西吉不是一个暴力的人，这个动作才如此令人害怕。看到他们这样，西吉放下了花瓶。

"没有在（幸存者）家庭中长大的人是无法想象的，"梅尔文·布基特写道，他是西吉的朋友、幸存者乔·布基特的儿子，"其他孩子的父母也爱他们，但不会把他们的孩子看作神迹一般……那么，你该如何看待这个天大的责任呢？你怎么能反抗这些遭受过如此损失的人呢？与他们相比，你有什么可抱怨的？"[86]

雪莉读过一些分析大屠杀幸存者对他们的孩子所做的事情的书，从理智上她明白这种行为的起源。1979年，幸存者后代、作家海伦·爱泼斯坦（Helen Epstein）出版了她的开创性作品《大屠杀的孩子们》（*Children of the Holocaust*）[87]，其中包括对幸存者父母的采访。这些父母承认，他们对生活只有最坏的预期，因此会过度保护他们的孩子。西吉并没有对生活只抱有最坏的预期，事实上他是一个乐观主义者；但他也不例外，会对自己的孩子过度保护，而且作为西吉，他把保护过度发挥到了极致。雪莉回忆说，她上大学的时候，有一次离开TCNJ的日报广场总部去买衣服，向父亲保证她会在某个时间前回来。时间过了，西吉慌了。他提前结束了董事会会议，并派董事们出去找她。银行保安和市县警察带着对讲机逐家筛查附近的服装店，敲开试衣间的门问："你是雪莉·威尔齐格吗？"

雪莉知道，由于在奥斯维辛的经历，父亲会急着往最坏的方面想，但从理智上理解父亲的偏执，无助于解决她在这些问题上的情感矛盾。她毫无保留地爱着他，但他的极端行为却伤害了她。像盖世太保一样质问自己忠诚的女儿她怎么能忍受这种事?

尽管如此,她还是有权过自己的生活,她很聪明,很独立,和她父亲一样,拥有敏锐的分析能力。从一开始,她就极力与他争辩,说她不同意仅仅充当他的传声筒,而西吉的法律团队,由美国一些最优秀的律师领导,经常告诉他要听她的建议。这对一个在旧式观念中长大的男人来说并不容易,他从小就认为女人应该待在厨房里。但他知道如何倾听他所尊重的人的意见,所以他经常在与她争吵之后同意她的建议。

对于一个几乎不信任任何人的人来说,更重要的是,西吉知道他可以指望雪莉的忠诚。对他来说,她代表着一种新的东西:一个不亚于男人的女人,她爱她的父亲,愿意为他做任何事。尽管如此,他仍不忘控制她为他效劳。

"有一段时间,"雪莉描述道,"当时威尔希尔正在开发一个房地产投资组合。结果,TCNJ 把它的许多房产卖给了威尔希尔。这对威尔希尔来说是一个好的结果,但作为一个负责任的首席执行官,我想进行尽职调查,派了检查员,去做一些其他人在购买房产之前都会做的基本工作。谁会在不知道一栋楼的建筑结构是否牢固的情况下,就买下它呢?我的父亲对这些无法容忍。我应该按他说的做,因为是他让我做的。我是一家上市公司的董事长兼首席执行官,他强迫我承担风险,而我可能会面临严重后果。我必须坚持自己的立场,这就是为什么我们最后经常吵架。"

伊凡回忆了他的父亲是如何挑出雪莉,来进行他最尖刻的批评。"这个超级聪明的女人面对我们父亲的偏见,当面告诉他,她觉得他的双重标准既虚伪又傲慢。而他的确如此。"

如果大喊大叫也不能让雪莉在他想要的文件上签字,西吉就会一只手放在胸口上，另一只手拿着文件，说："我胸口疼，签了这个。"这样他的女儿就会答应。知道他所经历的一切，她还能不这样做吗？

"我爱这个人，直到现在仍然每天都想念他，"雪莉说，"但我也有一些痛苦的回忆。"

当西吉·B. 威尔齐格向威尔希尔董事会建议他们开始收购雅各布斯工程集团（Jacobs Engineering Group）的股份时，他的商业成就达到了一个新的高度。这是一家大型西海岸工程和建筑公司，在发电厂、桥梁、隧道、大坝和建筑物等领域都拥有主要的政府合同。

"如果你回头看看威尔希尔，"沙利文 & 克伦威尔的律师 B.J. 杜克说，"它的主要资产就是在雅各布斯工程集团的大量股份。当时该公司的业绩非常好，西吉看到了买进并持有雅各布斯股票的意义。"

"我的父亲给自己起了个绰号叫'鹰眼'，"艾伦·威尔齐格描述道，"因为他从不会遗漏任何事情，尤其是财务报告中的细节。他看着雅各布斯的报告，自言自语道：'这家公司去年的营收只有 15 亿美元，而他们却坐拥价值 54 亿美元的合同，这是怎么回事？水电站大坝和其他大型项目，他们写的生意似乎比他们能处理的要多。他们拥有价值 1 亿美元的设施，他们的运营比世界上大多数工程公司都要复杂，但看看这些积压的项目。有些事情将要发生。他们永远赶不上他们的进度。'我父亲意识到，该公司正在压低股票价格。但是为什么呢？然后他看出了事情的真相。在 20 世纪 70 年代上市后，约瑟夫·雅各布斯正打算将公司私有化。因此，我父亲决定和雅各布斯老先生比试一番。"

约瑟夫·J. 雅各布斯（1916—2004）是一位黎巴嫩移民的儿子，后来成为他所在行业的传奇人物。在获得化学工程博士学位后，他搬到了加利福尼亚，并于 1947 年创立了一家个人咨询公司。到 1983 年，也就是西吉意识到自己是谁的那一年，雅各布斯正执掌着雅各布斯工程集团公司，这是一家市值数十亿美元、在纽约证券交易所上市的财富 500 强公司。同年，里根总统授予约瑟夫·雅各布斯胡佛勋章*，表彰他在公民和人道主义方面的成就。在雅各布斯工程集团的杰出创始人身上，西吉看到了一个有荣誉感和成就感的人，换句话说，一个像他自己一样的人。他还意识到雅各布斯是一个精明的人，在进一步调查中发现，他曾提出以每股 7 美元的原始公开发行价，购买他自己公司的所有股票。

"我父亲质疑，为什么一家表现如此活跃的公司的股票会卖得如此便宜，所以他研读了每一份财务报告。"艾伦·威尔齐格回忆说，"不仅是报告，还有每份报告的每一个脚注。什么都逃不过他的眼睛，他弄清楚了雅各布斯这只老狐狸的诡计。"

"如果我是他，他所在做的事，也正是我要做的，"西吉告诉儿子，"他正在设法让股票看起来毫无价值。看看他从一家差劲的投资银行得到的这封意见书。他试图欺骗人们，让他们相信公司的股票不值得拥有。但我知道，那只股票虽然看上去一文不值，但真实价值其实是每股 17 美元。雅各布斯正试图在投资者面前耍花招。好吧，这将是我们分一杯羹的好机会。我和雅各布斯一样，清清楚楚地看到桌子上其实堆满了钱。"

西吉开始买入市场上的每一股雅各布斯股票，出价比公司创始人高出几美分。雅各布斯的董事们监测到公司市场行情的波动，发

---

* 胡佛勋章（Hoover Medal），是由美国化学工程师协会、美国采矿冶金和石油工程师协会、美国土木工程师协会、美国机械工程师协会以及电气和电子工程师协会联合颁发的一个工程类奖项。——译者注

现一个名叫西吉·B.威尔齐格的人一直在大举买入股票。他们还发现，威尔齐格在接管脆弱的公司方面很有名气。雅各布斯的董事们认为是时候见见这位威尔齐格了，看看他所代表的威胁有多大。

飞往帕萨迪纳*的航班，就像西吉的所有航班一样，是非常折磨人的。在天上的 6 小时就像 6 年一样难熬。西吉抵达帕萨迪纳，乘出租车到雅各布斯的总部，会议和他预想的情况差不多。

"我想买下我的公司，"约瑟夫·雅各布斯解释道，"而你在买下市场上的每一股股票。"

"而且我们都知道为什么，"西吉说，"你的股票以每股 7 美元的价格出售，而它的价值远不止于此。我会买下我所能买到的每一股，即使我必须支付溢价。"然后，他仿佛是第一次想到这一点似的，补充说："也许我会提出自己的要约收购。"

1987 年 3 月，雅各布斯的董事们试图用一个董事会席位来安抚他。西吉得到了两个席位，并把第二个席位给了 TCNJ 董事拉里·科迪。虽然在全球最大的工程公司之一的董事会拥有两个席位可能是一种荣耀，但它仍然限制了西吉买卖雅各布斯股票的能力。最终，西吉辞去了雅各布斯工程集团董事的职务，现在他不再是了解公司活动机密信息的内部知情人士了，可以合法地进行看似敌意的收购了。

"雅各布斯博士是一位非凡的人，他创建了一家一流的工程公司，"西吉告诉记者，"但现在应该采取行动了……这个人已经七十六岁了。他应该先摆平自己的问题。"约瑟夫·雅各布斯对这种冒犯不屑一顾。

---

*　帕萨迪纳（Pasadena），加利福尼亚州南部洛杉矶县的一座城市。——译者注

"本公司做得非常好，"他说，"威尔齐格的观点是利用他的股票赚钱，而我们的观点是把公司做大。"

"只要价格合适，"西吉反驳道，"雅各布斯博士会像我们一样很乐意卖掉他的股份。"[88]

实际上，他对一家位于加州的公司没有兴趣，因为它离他在美国东海岸的办公室很远，而且他对拟定政府合同的政治业务更没有兴趣。他想做的，并且成功地做到了的，就是给人一种他对接管该公司感兴趣的印象，这足以恐吓雅各布斯董事会以高于市场价或溢价的价格收购他的股份，这种行为被称为绿票讹诈（greenmailing）：购买足够多的公司股份，制造敌意收购的威胁来挑战领导层，从而迫使目标公司以溢价回购所售股份，以防止公司被收购。这是西吉的拿手好戏，让一件事看起来像另一件事，用虚张声势和宏大的幻象来操纵事态发展。

"雅各布斯的董事们看到自己受到了这个有权有势的犹太商人的攻击，"伊凡·威尔齐格解释说，"他们问自己，如何才能阻止他接管他们，就像他接管威尔希尔和TCNJ那样。最后，他们很乐意私下买回他在公开市场上没有出售的股票，只是为了摆脱他。"

20世纪90年代中期，当西吉最终卖掉威尔希尔所持有的雅各布斯股份时，事实证明，他对这些股票潜在价值的判断，比他自己想象的还要有先见之明。在这几年里，雅各布斯公司的股价从7美元飙升至17美元，然后是24美元，出售威尔希尔的200万股股票为石油公司带来了4800万美元的巨额利润。

如果商学院学生研究西吉·B.威尔齐格的商业手法，他们可能会得出这样的结论：成功与胆量和压力是相称的。他的胆量是出了名的，但这是以持续的压力为代价的。压力使他无法睡个好觉，而每当他发现拥有威尔希尔或TCNJ股票的密友，在没有事先与他商量的情况下就卖掉了他们的股票时，压力就会急剧上升。这两家公司的股票交易量都不大，因此即使是少量以低价出售的股票，也会压低这两家公司的股票价值。许多持有股票的朋友和客户不明白这一点，也不明白为什么出售股票会给西吉带来如此大的压力。他们所看到的只是一个套现的机会。

"我们为什么要等着盈利呢？"他们问。

"因为，"西吉告诉他们，"多亏了我的努力，你们的股票才变得有价值。如果你低价出售，所有人的股票价值都会下降。我累死累活地工作，就是为了让股票上涨，这就是你报答我的方式？！背着我卖出？！你为什么不先来找我？你为什么不告诉我你想卖？我自己会很乐意买你的股份的。"

当西吉购买股票时，他用自己的资金和从经纪人那里借来的钱来支付。只要威尔希尔和TCNJ表现良好，他的经纪人为这些购买提供资金就是没有问题的。但如果有太多的股东以低价出售股票，波动就会导致股价下跌。股票价值的下降向经纪人表明，他们作为抵押品持有的股票，现在的价值低于他们最初向西吉提供信贷额度时的价值，这就会自动触发保证金追缴机制，警告他必须偿还贷款或拿出额外的抵押品。

"威尔齐格先生，"经纪人说，"我们看到你的股票只值本周早些时候价值的70%。你知道的，我们一直在为你服务，我们总是尽我们所能。但我们受到了来自上层的压力，要求我们把隐患都解决掉。你明天能还清你的贷款吗？"

"我无法那么快筹到钱，"西吉回答，"你必须等我到星期四。"

大多数时候，他的经纪人会同意给他额外的时间。他们还有什么选择呢？如果他们不合作，他就会炒了他们，另找一家经纪商，这意味着他们多年来从他那里赚得的丰厚佣金也就没了。如果有人能扭转局面，他们相信那就是西吉，所以他们通常会给他时间，让他通过向另一家银行借款来获得现金。但是，必须拿出钱来偿还贷款的压力实在是太大了。不断购买威尔希尔和TCNJ股票的另一个后果是，西吉手头永远没有现金。无论他赚到多少工资、奖金或现金红利，他都用来偿还保证金贷款，或者购买更多他的两家公司的股票了。

"这位银行的CEO高高在上，"儿子伊凡解释说，"每年领取巨额的薪水和奖金，却经常陷入现金荒，而且人人对此心知肚明。这就是他的偏头痛的来源，不仅来自奥斯维辛集中营的噩梦，还来自维持他两家公司的股价。他的财富与那些股票密不可分。每当他得知有人在没有事先与他协商的情况下卖出了股票、使股票价格下跌的时候，那场面就像公牛看到了红布。在他眼里，你完蛋了。"

"几年前，他的心脏有问题，准备做五重搭桥手术，"雪莉回忆说，"躺在病床上时，他叫我靠近他，我以为他会说'雪莉，我爱你，谢谢你陪在我身边'之类的话。相反，他示意我弯下腰，这样他能在我耳边悄悄说：'雪莉！我想让你买300股信托公司的股票。但你必须今天就做！快！在四点钟闭市之前！'"

"我目睹了我父亲过着多么神经质的生活，"艾伦·威尔齐格描述道，"如果TCNJ的股价稍微下跌，对他来说就是一场灾难。我看着他这样生活了整整二十年。"

西吉也把压力传导给他身边的每个人。"他总是以每小时200英里（约合321.9公里）的速度行进，"他的司机埃哈布·齐德回忆道，"他说话如此、走路如此，去参加一个又一个会议时更是如此，他希望我也能这样开车。有一次,我们在纽约州北部的库舍尔酒店和乡村俱乐部。大概是下午两点半,他接到一个电话,新泽西州州长想在特伦顿的办公室见他。但西吉得在下午五点前到,不能晚。所以,他看着我说:'我们能做到。不要担心被拦下。我有我的办法。只管飞吧!'一路上,我们的时速至少是 120 英里(约合 193.1 公里)。当我们快到会面地点时,他看了看表,说:'现在你可以放松了。但不要低于 100 迈(约合 160.9 公里每小时)。'这对他来说是个很舒服的速度,100 迈。"

在西吉生活中的所有压力里,有一则美妙的消息。经过多年的努力,美国大屠杀纪念馆终于准备开放了。使理事会产生分歧的问题终于得到了解决,成员们就展品的具体内容达成了一致,建筑工程也顺利完工。1993 年 4 月 22 日,1000 多人聚集在博物馆前宽阔的艾森豪威尔广场上,参加博物馆的开放典礼。那是一个雨天,"奥斯维辛的天气,"西吉对一位同事评论道,"我的眼泪在那淅淅沥沥的雨里。"

西吉和其他博物馆理事会成员坐在广场的前排,享受着这个时刻。他为帮助博物馆竣工所做的努力,包括在纽约著名的犹太房地产开发商中筹款,而他本人作为一家专门从事房地产融资和开发的大型银行的总裁,为这项工作提供了便利。现在,他的劳动果实终于可以公之于众了。

解放者的旗帜在凛冽的寒风中飘扬,重要人物纷纷上台发言,其中包括美国总统比尔·克林顿、以色列总统哈伊姆·赫尔佐格、纪念馆理事会主席哈维·迈尔霍夫,以及诺贝尔和平奖得主埃利·威塞尔。四天后,博物馆向公众开放,到 2000 年,每年的参观人数超过 200 万。

在开幕致辞之后，人们纷纷进入博物馆。气氛很热烈：幸存者们久别重逢，政要们回答记者提问。西吉转向周围的人，反问道："你们知道哪辆车是世界上最好的吗？"人群顿时安静下来。

"一辆奔驰。"他一字一顿地说。

许多与会者认识西吉，但不知道他要做什么。一个幸存者，赞美一辆德国车？

"是的。"西吉点点头说，"一辆奔驰车。运犹太孩子去奥斯维辛焚尸炉的奔驰车从来没有坏过。"

现在他引起了他们的注意。当他们走过展品时，讨论仍在继续。他指着一座重建的营房。

"我看到这里有一个奥斯维辛的铺位，"他说，"我的铺位只有这个大小的一半。我们当时一定有八个人在里面。为了收集死人的面包，我们把尸体放在铺位上，一个头在这儿，一个头在那儿。在囚犯中有一条法律。如果有人偷了别人一盎司的食物，囚犯们就会杀了他。这种事不常发生，但是如果一个人饿疯了，开始偷东西，他是不会被允许活下去的。"

他周围的人越来越多。

"我带着这些回忆生活，"他告诉听众，"任何事情都能让它们回来。当我今天看到食物时，它让我想起了奥斯维辛，那里的食物太少了。今天，当我看到一个留着短发的女人时，我就会想起奥斯维辛，在那里他们把女人的头发剃光，对她们做了那么多坏事。他们对女人的所作所为令人难以置信。我曾看到一个乳房被切掉的女人摇摇晃晃地从第 10 区走出来。"

"我要告诉你们一些出于某种原因从未被讨论过的事情，"他说，"干了这些残忍和不人道的事情的不仅仅是党卫军。我以一切对我来说神圣的东西发誓,我看到普通的德国军医也去了第10区,他们在那里做了这些虐待狂一样的实验。我认出了他们的制服。作恶者不仅仅是党卫军,还有德国军队的普通士兵。有这么多人参与其中。现在想想世界是如何袖手旁观的。美国、英国、法国,他们都知道发生了什么!"

"大屠杀本来是可以避免的!"他指着走廊尽头的玻璃陈列柜说,陈列柜里放着纳粹时期的原始文件,"去看看这些证据,看看它是怎么说埃维昂会议的。"

1938年夏天,来自32个国家的代表在法国东南部的度假小镇埃维昂开会,决定如何处理成千上万在纳粹德国之外寻求居住地的犹太人。在为期9天的会议中,一个又一个代表站起来对犹太人表示同情,又提出了一个又一个的理由,来解释为什么他们不能允许犹太人进入他们的国家。

"当埃维昂会议还在进行的时候,"西吉告诉在博物馆开幕当天聚集在他周围的人群,"会议室后面有6个身穿便衣的盖世太保。他们暴露了自己,因为在会议中间,他们开始嘲笑法国和其他国家的借口,为什么他们不能接纳犹太人。法国代表说:'我们有失业现象。如果我们接纳犹太人,他们会为更少的钱工作,抢走我们国家基督徒的工作。然后基督徒会更恨犹太人,我们不接纳他们是在帮犹太人的忙。'这就是法国人的逻辑。英国人给出了19个理由,来解释为什么他们只能接收几个犹太儿童。至于美国,国务院的文件显示,罗斯福告诉他的代表迈伦·C.泰勒,要对犹太人表示同情,但罗斯福给他的最后一句话是:'不要承诺任何会改变移民配额的事情。'"

西吉认为,如果难民是其他任何人,情况都会有所不同。但因为他们是犹太人，他们已经被判处了死刑，甚至要面对比死刑更可怕的东西。世界各国将犹太人置于一种使人渴望死亡的绝望之中。西吉描述了他在奥斯维辛看到的：所谓的医生在不麻醉的情况下切除一个囚犯的胃。他生动地描述了一名党卫军军官如何强迫一名犹太老人将一把沉重的橡木椅子举过头顶。当他再也拿不住那把沉重的椅子，把它摔到地上时，党卫军军官以不服从命令为由把他活活打死了。他描述说，囚犯们瘦骨嶙峋，就像行尸走肉，胸前的虱子密密麻麻，就像穿着皱皱巴巴的白衬衫。他被自己永远无法摆脱的记忆所折磨，而国际社会原本只需要通过一个小小的同情之举，通过简单的一笔一面，就可以避免这么多的惨剧。

"你必须看整个历史，"他对博物馆的观众说，"但可悲的是，在这个国家，历史没有被深入地教授。我是一个骄傲的、挥舞着国旗的、带着口音的美国人，但我必须说，我们的孩子没有得到很好的教育。他们学的是专业，而不是历史。他们可以建造摩天大楼和卧波长桥，但如果问一个工程师：'关于拿破仑你能告诉我些什么？'他会说：'我昨晚的餐后甜点是这个*。'年轻人可以学习会计或法律，但他们首先应该获得真正的教育。他们应该从历史中学习。"

仪式结束了，来宾们回家了，他们被演讲和美国大屠杀纪念馆所代表的历史性成就所感动。对西吉来说，参加博物馆开幕式的满足感是短暂的，因为政府对他的商业帝国的反对态度，出现了新的、更具威胁性的变化。

---

* 意指法国经典甜品拿破仑蛋糕。——译者注

第二十三章 | 违抗命令

自从威尔希尔对美联储提起诉讼以来，来自联邦存款保险公司（FDIC）的审查人员就一直密切关注着 TCNJ 的银行业务。FDIC 负责维持公众对美国银行业的信任，虽然 TCNJ 的做法不属于犯罪，但它们已经超出了 FDIC 眼中的"正常"边界。

FDIC 的主要反对意见之一是西吉的经营习惯，即购买价值数十亿美元的 3A 级政府债券，并在其到期前出售。他凭直觉决定何时买卖国债，并一直在为 TCNJ 赚取巨额利润。西吉的儿子艾伦回忆说，20 世纪 90 年代的一天，他的父亲在一次银行董事会会议上迟到了，他一屁股坐在自己的红木桌子上，宣布："对不起，我迟到了。我刚刚出售了 1 亿美元的国债，赚了 400 万美元。"

审查人员认为在到期前买卖政府债券是"交易"，在他们看来，这就像高赌注的赌博一样令人痛心。"交易也必须取消，"他们坚持说，"你们是一家商业银行，不是投资银行。你们没有被授权进行交易。相反，你们应专注于核心利润和商业银行的传统盈利方式，比如商业贷款和商业抵押贷款。"

FDIC 监管机构还强烈建议 TCNJ 核销或减记那些未被按时偿还的贷款。并不是说他们错了。银行法规定，未被借款人偿还的贷款应在账面上作为损失核销。西吉知道这些规则。他只是不屑于遵守这些规则。根据他的估计，如果一笔贷款最终会赚到钱，那么无论花多长时间，他都会持有这笔贷款，而银行审查员的命令对他来说毫无意义。

"审查员搞错了，"西吉告诉他的董事会，"他们想让我核销债务。但是看看这个例子，这不是一笔坏账，这只是一个遭遇了坏季节的好客户。我们将得到一个新的评估结果，而且，我有这位客户的个人担保。FDIC不知道他们在说什么。"

为了使这家银行听令，FDIC在一份谅解备忘录（MOU）中阐明了建议的改变，并警告称，如果西吉不遵守，将会触发一项"禁止令"*。谅解备忘录已经是一系列强有力的建议了，忽视禁止令则会带来更为严重的后果。这些后果包括对贷款行为实施严格的控制，以及限制银行开设新分行的能力。如果TCNJ的股东得知禁止令已经发出，这可能会动摇他们的信心，促使他们抛售手中的股票；如果客户发现了禁止令，可能会引发银行挤兑，这意味着他们会取出所有的钱，对TCNJ造成致命威胁。在最坏的情况下，政府可能会介入，接管银行，解雇他们想解雇的任何人，然后自己经营银行，或者卖掉它。

谅解备忘录还指示该银行聘请一位拥有丰富银行业履历的新行长。此外，为了确保这些要求得到满足，谅解备忘录坚持要求该行雇用一家独立的咨询公司来监督其履行进度。西吉拒绝让任何人取代他的行长职位，也没有聘请一家咨询公司时时刻刻盯着他，

---

* 原文为Cease and Desist Order, C&D，行政机关或法院禁止个人或企业继续某一特定行为的命令。——译者注

而是提出成立一个"外部合规委员会",由不在该行工作的现有董事组成。

FDIC 的监管人员对他拒绝卸任总裁或聘请咨询公司的做法感到愤怒,他们认为他的做法是又一次典型的"威尔齐格式"的逃避行为。

当 FDIC 派出了名字听起来就不像犹太人的检查员前来检查谅解备忘录的进展情况时,西吉让银行董事唐·布伦纳和拉里·科迪来对付他们。最好让他的董事会和高管层中的非犹太人来发言。他认为,非犹太人的政府官僚在面对自己的同类时不会那么苛刻。他只想让他们离开,这样他就能回去工作了。

"他带着12英里高的自尊[*]和对权威的强烈反抗走出集中营。"律师乔·斯坦伯格说。

让非犹太人与监管机构打交道并没有什么帮助,1994年10月,审查员们失去了耐心,FDIC 发出了令人生畏的禁止令[89]。该禁令宣布 TCNJ 从事"不健全的银行业务,并违反了法律和条例"。银行因此被责令停止所有有风险的贷款和催收行为,停止在内控合规机制不健全的情况下运作,并停止在没有合格管理的情况下运作。

禁止令的条款非常具体,以更尖锐的语言反映了谅解备忘录的条款。TCNJ 必须聘请一位新行长并遵循标准的会计程序。西吉不得参与雇佣或解雇低级别的雇员,也不得亲自签署小额贷款。任何不良贷款都将被减记或核销。该银行将出售其丧失赎回权的房产,并停止其债券交易。此外,TCNJ 还要为 FDIC 的所有要求提交一份书面的落实计划,重新评估银行的所有贷款和租赁,进一步提

---

[*] 原文为 Twelve Miles High,这是20世纪90年代一首流行单曲的名字。——译者注

高收益，制定书面的道德政策*，停止向高风险借款人提供额外信贷——这份清单有二十页之多。

根据禁止令的要求，西吉现在别无选择，只能辞去 TCNJ 的行长一职。为了满足 FDIC 对"合格管理"的要求，他聘请了曾任联合泽西银行（United Jersey bank）行长的弗雷德·摩西担任该行的新行长。为了满足禁止令对可核实的外部监督的要求，西吉不得不雇用弗拉什公司（Furash and Company），一家总部位于华盛顿特区的管理机构。在接下来的两年里，TCNJ 向弗拉什支付了数百万美元，让其出席贷款会议，并监督该银行如何开展自己的业务。

"就像为政府工作一样，"艾伦·威尔齐格评论道，"弗拉什有八到十名顾问在银行轮流值班。他们从未离开过。"

西吉认为 FDIC 最首要的两项要求尤其令他反感：要求 TCNJ 停止债券交易和出售止赎房产。他同意遵守对债券交易的要求，但断然拒绝出售止赎财产，并向银行董事会解释了原因。

"政府这帮蠢货！"他喊道，"他们这辈子从来没经营过一天公司，而且他们对房地产一无所知。这个行业是周期性的。你预计价格会上下波动。这些房产距离纽约市不到 5 英里（约合 8 公里）！它们迟早会涨回来的。他们想让我以折扣价，把我的房产卖给某个二十七岁的华尔街小鬼，让他赚大钱，这样他就可以坐享其成，两年后房市回暖的时候再赚 50% 的利润？我不干！"

到 1996 年 9 月，FDIC 认定他们的要求几乎都得到了满足，便解除了禁止令，尽管西吉始终拒绝出售 TCNJ 的止赎资产。

---

* ethics policy，指银行自行制订的行为准则和道德规范声明，以引导、规范银行董事和工作人员的行为，属于银行内控合规管理机制的一部分。——译者注

"具有讽刺意味的是,"艾伦·威尔齐格回忆说,"FDIC为抛售房产提供了令人信服的理由。他们阐述了保留这些房产的坏处,我甚至在一开始相信他们是对的。"

保留非生产性房产的坏处包括税收、保险成本、维护成本、安全成本以及重要的货币时间价值(在不考虑风险和通货膨胀的情况下,货币经过一定时间的投资和再投资所产生的增值)。审查员认为,即使西吉相信他以后可以通过卖掉这些房产获利,然而在计入持有成本后,他也无法从这些销售中获得任何收益。

"他们没有考虑到的是,"艾伦解释说,"当纽约地区的房地产价格反弹时,它们的价值可能会增加一倍以上,这将超过任何持有成本。而这正是后来发生的情况。我父亲在禁止令取消后的很长一段时间里仍持有着这些房产。它们的价值终于上升了,持有成本得到了补偿,TCNJ在FDIC希望我们卖掉的房产上涨了好几百万美元。如果我们按照他们的建议抛售,后果将是灾难性的。我们会耗尽现金储备,这将迫使我们通过发行新股来筹集新的资本,这将对银行股票的标的价值产生负面影响,并危及家族的控制权。"

事实证明,西吉在房产问题上坚持自己的立场是正确的。在随后的一次对TCNJ的监管检查中,FDIC的审查人员拍了拍他的背,笑着说:"对你来说,保留那些旧房产然后卖掉它们,这已经成为一条相当长的业务线了。你接下来打算再来点什么呢,西吉?哈!"

这位穿着得体、一头卷发的银行行长一直笑脸盈盈,礼貌地把他们送出门外,然后转身乘电梯回他十一层的办公室,嘴里咕哝着:"蠢货。"

西吉为被迫做出如此多的改变而大发雷霆,但这是银行业的规则,他别无选择,只能遵守。"我从来不认为,我父亲曾因为真正喜欢银行业而从事银行业务，"艾伦评论道，"他喜欢让自己和他人幸福、富有，而他银行业的打拼所遭受的代价几乎成了一种必然。有时他会说：'我真该查查自己的脑袋有没有毛病，为什么我要选择从事世界上监管最严格的行业？州政府法规、联邦法规、美国证券交易委员会法规，还有什么比这更有压力的呢？'他讨厌接受任何人的命令。"

"到21世纪初，"亚历克斯·保罗评论道，"《银行控股公司法》的大部分内容都将被废除，银行将自由地进行比西吉在1972年的所做所为风险大得多的赌博。他只是走在了时代的前面。"

事后看来，美联储和联邦存款保险公司的官员们本应看到，西吉的做法虽然不正规，但仍然是良性的。到2007年，非银行公司将被合法地允许拥有银行，美国将目睹金融业内部真正恶性行为的悲惨后果：涉罪的投资策略和无耻的会计欺诈，将使得数以百万计的工薪阶层失去他们的工作、房子和退休基金。

"西吉有理由感到愤慨，"丹·卡普兰评论道，"在被美联储强迫从威尔希尔分离出来后，他在银行的业绩蒸蒸日上，FDIC没有任何正当理由进行干预，但他们还是找出了问题，不是西吉赚的钱有问题，而是他赚钱的方式有问题。西吉从来没有事先请求过批准。他宁愿先想方设法地获利，然后再面对后果。"

凯西·亚历山大是吉尔福德证券公司的特殊情况分析师，他的工作包括评估那些业绩不稳定、可能会吓跑其他分析师的公司。当在库舍尔乡村俱乐部被共同的朋友介绍给西吉时，亚历山大起初一直疑心重重。

"我知道西吉最近与银行监管机构有'隔阂'，"亚历山大回忆说，"但库舍尔的朋友极力推荐他，所以我抱着开放的心态去见

1975年：西吉·B．威尔齐格，新泽西信托公司和得克萨斯威尔希尔石油公司的总裁、董事长和首席执行官。

1975年6月29日：800多名宾客聚集在纽约华尔道夫酒店的大宴会厅，参加为西吉·威尔齐格举行的以色列致敬晚宴，他被授予总理勋章。这场晚宴成为以色列国债推销史上的一个里程碑。

1977年,西吉被任命为美国大屠杀纪念馆理事会的成员,他被邀请到白宫与总统夫妇共进晚餐。从左至右:西吉、第一夫人罗莎琳·卡特、总统吉米·卡特和娜奥米·威尔齐格。

西吉在与副总统沃尔特·蒙代尔讨论事宜。

1977年,美国国会众议院议长蒂普·奥尼尔见证西吉宣誓,使其成为美国大屠杀纪念馆理事会的创始成员。他身后是理事会主席埃利·威塞尔。

1981年4月，西吉在白宫举行的大屠杀纪念日仪式上点燃蜡烛，埃利·威塞尔（右二）、里根总统（最右）、参议员泰德·肯尼迪（左三）等人在一旁观看。

作为新泽西犹太社区的领袖之一,西吉在1990年应邀与总统老布什会面。

1996年,克林顿总统会见了西吉和女儿雪莉。

1996年,著名喜剧演员杰基·梅森为西吉庆祝70岁生日。

1996年，西吉在所罗门·谢克特学校为他举行的晚宴上。

从左至右：西吉、长子伊凡、女儿雪莉和最小的孩子艾伦。坐着的是妻子娜奥米和雪莉的两个儿子杰西和乔纳森。

西吉站在他银行的办公室里,墙上挂着一块大理石牌匾,上面写着他的座右铭。

了他。通常情况下，在这样的初次会面上，你可能会与一些高级主管待上一小时。但西吉亲自见了我，我们肯定聊了得有四小时，就我们两个人。很自然地，他告诉了我他的大屠杀背景，而这四小时后的印象是，这个人的经历比我的经历跌宕起伏得多。他对生活和成就有如此大的热情，你不得不认真对待他。我的结论是，这个人将对股东和借款人极其忠诚。听了他的说法，我开始相信这家银行成功的可能性很大，我的公司同意推荐这只股票，认为值得买。我还告诉媒体，我相信TCNJ是一个有吸引力的收购目标。"[90]

他与联邦存款保险公司的麻烦终于解决了，西吉把注意力转向了更重要的事情。特别是，他的孩子们在家族企业中晋升的时机已经到来了。

第二十四章 | **严厉的爱**

艾伦·威尔齐格出生于1965年3月20日,长大后成为一个外向、好运动、头脑灵活的魅力人物,相貌英俊,对跑车和美女情有独钟。在童年时代,他的哥哥伊凡和姐姐雪莉经常和朋友们一起度过周六,艾伦则享受着父亲无微不至的关注。西吉给了他一个旧公文包让他玩,艾伦看着里面的年度报告和新闻通稿,感到满头问号。

偶尔,西吉会把艾伦放在他的腿上,给他读《华尔街日报》。西吉的办公室经理丽莎·罗奇记得艾伦模仿他父亲的动作和习惯,用舌头舔舔手指,然后翻开报纸,准备追随父亲的脚步。

每到周六早上,西吉就会脱去西装和领带,穿上白色网球短裤和汗衫,瘫坐在电视机前的沙发上。艾伦很熟悉这个仪式,他会和父亲一起看《奥马哈的狂野王国》(*Mutual of Omaha's Wild Kingdom*)*或者一部纪录片,这在某种程度上弥补了西吉未曾受过完整教育的缺憾。"我可能是一家石油天然气公司的总裁,也可能是一家银行的董事长,"他对艾伦承认,"但我没法告诉你,是

---

* 《奥马哈的狂野王国》(*Mutual of Omaha's Wild Kingdom*),美国一档以野生动植物和大自然为主要内容的电视节目,1963年首播,一直持续到20世纪80年代。——译者注

什么让我的手表嘀嗒作响。"

当艾伦准备上大学时，在西吉的坚持下，他去了宾夕法尼亚大学的沃顿商学院，并获得了经济学学士学位。沃顿商学院成立于1881年，被认为是世界上最好的商学院。对西吉来说，成功的外表和成功本身一样重要，他坚持认为艾伦去那里是为了头衔：沃顿商学院的学士学位可与其他商学院的硕士学位相媲美，或许哈佛的MBA例外。

"如果有人问你在哪里上学，"西吉告诉艾伦，"你说沃顿，他们就不会再问你别的了。"

毕业后，艾伦开始在TCNJ的设施部门工作，在那里他负责清理银行分行外被积雪覆盖的街道，防止鸽子落在屋顶的护栏上，预防地下室里有老鼠。西吉无意拒绝让他的儿子在银行里获得更高的职位，但必须在艾伦掌握了必要的技能之后再说。西吉告诉儿子，从基层做起会赢得老员工的尊重，他们中的一些人在艾伦出生之前就已经在银行工作了。

艾伦的下一个职位是客户关系主管。"客户不会知道你才二十多岁，"西吉说，"你所要做的就是倾听他们的抱怨，让他们感觉好一些，这样他们就会继续和我们做生意。"艾伦很欣赏这个策略：不满的客户可以冲着银行行长的儿子大喊大叫。

艾伦的每一次晋升都伴随着汽车的升级。首先，他把他的旧款科迈罗换成了一辆新型号的，然后是一辆科尔维特。到了下一次升职，艾伦拿出了他的储蓄债券，掏空了银行账户，买了一辆亮黄色的法拉利。他把这辆超跑停在父亲的窗下，希望能给他留下深刻印象，然后乘电梯到了十一楼。

艾伦走进父亲的办公室，发现西吉正在和乔·布基特聊天。乔是 TCNJ 的大客户，也是奥斯维辛集中营的幸存者。这两个朋友正从窗户往下看那辆法拉利，它已经吸引了一群人围观。

西吉转向他的儿子。"把它退了！"他要求道。

"我不打算退。"艾伦说。

西吉摇了摇头："这是个可怕的错误，这么早就功成名就。你接下来打算干点什么？如果你对生活无欲无求，你从哪里找到成功的动力？如果你二十多岁就开上了法拉利，那四十岁的时候你该开什么？"

艾伦垂头丧气地离开了办公室，但他意识到父亲的话有道理。走到半路，他想起了在责骂声中忘记问的一个商业问题。他回到父亲的办公室，把耳朵贴在门上。他能听到他和乔·布基特在哈哈笑，就像两个小学生一样。

"你能相信生活有多疯狂吗？"西吉在说，"五十年前，我们还在担心我们会怎么死：饿死，或者死在毒气室里。今天，我最大的问题是必须向年轻的艾伦王子解释，为什么这么年轻就买法拉利是一个坏主意。你能相信吗？"

对孩子们的生活发号施令，是西吉保护他们的方式。无论是选择汽车还是恋爱对象，他们的喜好都要得到他的批准，而他的批准是不容置疑的。

"父亲，"儿子艾伦有一次问他，"为什么你会因银行的每一个决定而如此无情地责骂我？"

"因为我不会永远在你身边，"西吉回答说，"如果你能一次又一次地容忍我，那么在我走后，你就能抵抗住任何人。永远不要放弃，只有死亡是永恒的，其他一切都可以解决。"

"尽管我的父亲在商业上很成功，但他的简朴令人惊讶，"儿子伊凡评论道，"他不在乎名牌时装或昂贵的珠宝，他也不以人们的教育水平或谋生方式来评判他们，除非涉及他的孩子。当说到我们约会的人时，他有点势利眼。他很少这么直来直去地明确告诉我们，我们的对象不仅必须是犹太人，而且他更希望他们来自全美国最成功、最慈善、最著名的犹太家庭，如蒂施家*、提什曼家**或布朗夫曼家***——为什么不呢？在他看来，他的三个在常春藤盟校接受教育的孩子都是天才的后代，所以他们为什么不应该与犹太上流社会的精英结婚呢？他曾说过一句话：'爱上富人和爱上穷人一样容易。'"

"我弟弟、妹妹和我都原谅了他强加给我们的严格规定，"伊凡说，"因为我们知道他的过去给他留下了创伤。如果我们胆敢质疑或违抗，他就会以残忍的方式进行抨击，比如假装不再给予他的爱。父母的爱应该是无条件的，但他会利用这种戏剧性的负罪感，来操纵我们去做他想做的事。他一直爱着我们，但并不总是能感觉得到。"

"我曾认真地与一个不是来自名门望族的男人约会，"雪莉说，"我父亲让我别再和他约会了。他说：'他的智力水平比不上你。和你比起来，他就是个白痴。从长远来看，这是行不通的。'"

"当我告诉父亲这个人让我开心时，"雪莉继续说，"他说，'开心，什么是开心？当一条狗最开心。你活着，你生存，你有责任，谁在乎开心？'我的快乐对他来说似乎无关紧要。"

---

* 蒂施家（The Tisches），代表人物有劳伦斯·蒂施，华尔街投资者、亿万富翁，曾为 CBS 的首席执行官。——译者注
** 提什曼家（The Tishmans），美国房地产投资公司铁狮门的创始者。——译者注
*** 布朗夫曼家（The Bronfmans），加拿大裔美国商人和慈善家，曾创立酒业帝国，被《纽约时报》誉为"犹太慈善世界中最大的一支力量"。——译者注

"最糟糕的情况就是和一个非犹太人结婚，"雪莉说，"如果我们胆敢这么做，他不仅会与我们断绝关系，还威胁说他会为我们居丧守灵。他会认为我们已经死了。给一个幸存者父亲造成如此的痛苦，哪个孩子愿意带着这样的愧疚感生活？"

伊凡记得，有一次他跟父母去佐治亚州的亚特兰大出差。伊凡当时十六岁。他喜欢跳舞，于是告诉父母，当他们与商业伙伴共进晚餐时，他想去酒店的迪斯科舞厅。

"不行，你不能去，"西吉告诉他，"答应我，你不会离开酒店房间。"

"我才不会待在房间里，"伊凡断然道，"我要出去。"

"你不知道吗？"西吉警告说，"3K党的总部就在佐治亚州的卡明斯，离这家酒店不到一小时的路程。难道你不知道，1964年，两名犹太民权工作者安德鲁·古德曼和迈克尔·施韦纳，在离这儿不远的密西西比州被谋杀吗？我可不想回来后发现你被绑架或者谋杀了。你要待在房间里！"

说完，他就把伊凡锁在他的房间里，把一把椅子顶在门把手下面，拉着娜奥米去吃晚饭了。

"他没必要把我锁在里面，"伊凡评论道，"告诉我暴力的反犹分子就在外面等着杀我，已经把我吓得半死了。"

"你知道这个世界是怎么看我们的吗？"西吉在儿子们小的时候问他们，"他们把我们看作杀害耶稣的人。他们说，是犹太人把他们的上帝钉在了十字架上。"

他指着伊凡说："他们认为是你带来了木头。"

他指着艾伦说："他们认为是你带来了钉子。"

然后他指着自己："他们还认为是我带来了锤子。"

就像西吉害怕反犹分子对犹太人造成身体层面的伤害一样，他同样害怕犹太人通过通婚对自己造成伤害。如果他的任何一个孩子胆敢与异教徒结婚，这将不仅仅是他个人的家门不幸，也是对所有大屠杀受害者的背叛。

"如果你娶了一个shiksa（意思是非犹太女性），我为之而活的一切，我为之奋斗的一切，我一生中所取得的一切成就都将是徒劳的、毫无意义的。我还不如死在奥斯维辛。"

"他在我十三岁的时候对我说了这些话，"伊凡在五十年后说，"直到现在，我仍然会害怕爱上一个非犹太女人，害怕伤了父亲的心，失去他的爱。而他已经过世很久了。"

尽管西吉在通婚问题上的立场很坚定，但他对孩子们的爱是无限的。在他们还小的时候，每天晚上睡觉前，西吉都会坐在他们的床边，亲吻他们三次。"我吻你一次，"他对他们说，"因为你是我的孩子。我吻你第二次，是因为我爱你。我第三次吻你，是为了那150万遇害的犹太儿童，他们再也没有机会被亲吻了。"

寒冷的天气会使他想起那些在从奥斯维辛到毛特豪森的死亡行军中死于肺炎的犹太人，因此出于爱，只要天气稍微有一点冷，他就又会变得过度保护起来。"你会得肺炎的。"在一个凉飕飕的秋日，他告诫伊凡，并命令娜奥米给他们的儿子裹上暖和的袜子、运动衫、夹克、手套和帽子。快被捂死了的伊凡站在街角等校车，躲避着同学们的目光，他们穿着薄夹克，像看疯子一样瞅着他。

西吉从早到晚都在展示他对孩子们无尽的爱。伊凡记得他曾在孩子们熟睡时冲进他们的卧室，大声唱着一首古老的德国儿歌：

"Raus Klaus!""出来，克劳斯！"他用一个典型的德国男孩的名字叫着他的三个孩子。

"Aufstehen ruft der Fuchs zum Hasen! Hoerst du nicht die Jaeger blasen!""起来，起来，狐狸对兔子说，你没听到猎人的动静吗？"

然后西吉会一遍又一遍地吹响想象中的号角："嗒——嗒——嗒——嗒——啊！嗒——嗒——嗒——嗒——啊！嗒——嗒——嗒——嗒——啊！"简直要把他的孩子们都逼疯了。

"他就像一个烦人的闹钟，你还关不掉，"伊凡笑着回忆说，"大声地喊着令人讨厌的军队起床号。为了把我们弄醒，他简直是无所不用其极。"

偶尔，西吉甚至会稍稍违反正统犹太教的行为准则，如果这能给孩子们带来一些快乐的话。比如，每逢少年棒球联盟的训练在周末进行时，西吉就会带着伊凡从新泽西克里夫顿的新家步行3英里（约合4.8公里）去球场，因为严格遵守教规的犹太人在安息日是不开车的。严格来说，伊凡根本就不应该在安息日打棒球，但西吉不会拒绝让儿子享受这种简单的快乐。

"现在在安息日打球是没有问题的，但当你成年后，"西吉告诉儿子，"你必须以犹太棒球明星桑迪·库法克斯为榜样。"

库法克斯被认为是棒球界最好的投手，但他拒绝参加1965年世界职业棒球大赛的比赛，因为那天正好是赎罪日，犹太人一年中最神圣的日子。

"这是尊重我们传统的人的典范。"西吉自豪地宣称。

伊凡回忆起1969年10月16日，西吉带他去谢亚球场观看世界职业棒球大赛的最后一场比赛。在那一天，神奇大都会队逆转击败了巴尔的摩金莺队，爆出了赛事历史上最大的冷门之一，被载入了棒球史史册。在他们存在的八年时间里，大都会队的排名从来没有高于过第九名。当他们赢得最后一场比赛时，现场的5.7万名球迷全都疯了，他们拆毁座位，冲进球场，撕扯垒包和草皮，把能抢到的一切通通作为纪念品带回了家。伊凡和他的父亲在一垒侧上方的包厢座位上观看了这一盛况，就在大都会队休息区后面。这些VIP座位是由撒切尔·布朗提供的，他的投资经纪公司G.H.沃克父子公司拥有大都会队的部分股份，并与TCNJ有业务往来。在大都会队历史上最重要的一场比赛中，这是体育场里最好的座位。

但伊凡的父亲岂是常人，他所做的一切都是这么的与众不同。在比赛开始前，他站起来模仿食物小贩，大声吆喝："啤酒！来这儿买冰啤酒！"引得他周围的人纷纷掏出钱包。西吉看着他们，好像他们是疯子似的。"你们看我干什么？"他说，"我没那么说。"他在椅子下面踢了踢伊凡的脚，把他的儿子弄得歇斯底里。

1971年，西吉带伊凡观看了穆罕默德·阿里对乔·弗雷泽的第一场世界重量级冠军赛，有人认为这是本世纪最伟大的拳击赛。拳击是西吉感兴趣的一项运动，因为他了解如何躲避别人的拳头。不过，他还是更喜欢让儿子伊凡打网球，西吉认为这是一项需要更多脑力而不是体力的运动，而且不是特别危险。

尽管他的孩子们经历了坎坷，西吉还是尽可能多地花时间和他们在一起，并惊叹于他们是如何成为事业有成的成年人的。1996年5月，他聆听了雪莉在所罗门·谢克特学校为纪念大屠杀幸存者及其家属所做的演讲。看到自己的女儿，一位成熟的女商人站在讲台上，对他来说一定是一个非常自豪的时刻。他拿自己过去上高中的女儿的数学作业开玩笑的日子一去不复返了。雪莉，他三个孩子中最用功的一个，如果正在做一道微积分或三角学题，她的父亲会将头探过她的肩膀，说："哦，对了，把那个数字移到那边就可以了。"他们俩都很清楚，他对自己在说什么一无所知。雪莉是个优等生，而西吉连小学都没毕业。他的数学技能和其他人不相上下，但仅限于基本的加减乘除。这种滑稽的玩笑在父女俩之间创造了一个充满爱的时刻。

雪莉把所罗门·谢克特的活动作为一个机会，来表达她对父亲的敬仰之情。这所学校是一个宗教全日制学校网络之一，以创立20世纪保守犹太教的拉比命名。起初，雪莉并不确定是否要把她的孩子送到那里，因为她和她的兄弟们只上过公立学校，而不是犹太日校*，她怀疑自己的孩子能否适应。然后她意识到，这样做会增强她的孩子对犹太人身份的认同感，而对她父亲来说，没有什么比这个更好的礼物了。

"现在，作为一个母亲，"雪莉告诉观众，"我作为一个幸存者女儿的角色凸显出来了。因为现在，我也必须将见证的责任代代相传。"

她描述说，有一天她年幼的儿子问她："妈妈，为什么纳粹要杀害爷爷的父母？"没有现成的答案，她感到非常失落。她说，她很感激谢克特的教育，后者正在重现被纳粹摧毁的犹太家庭丰富的生活圈。她补充说，在幸存者数量减少的同时，否认大屠杀的人数却在增加，这多么令人难过。"确保世界永远不会忘记，这是我们的责任。"她提醒与会者。

西吉坐在观众席上，被她的演讲所吸引。他的一个孩子终于举起了铭记大屠杀的旗帜。他亲眼见证了这一刻，证明他已经兑现了到达美国之初，自己在那"冰冷"的几周里所许下的诺言：诞下孩

---

* 犹太日校（Jewish day school），一种现代的犹太教育机构，旨在为犹太父母的子女同时提供全日制的犹太教育和世俗教育。——译者注

子,把他们培养成好的犹太人,并确保大屠杀及其受害者永远不会被遗忘。他后来告诉雪莉,听她的演讲是他饱受战争摧残、充满噩梦的一生中最自豪的时刻。

第二天,西吉送给女儿一串优雅的珍珠作为礼物,并将她的演讲稿印了几百份。任何来他办公室找他谈生意的人都必须先读一读,然后他才会同意谈其他事情。

为了给西吉庆祝七十岁生日,伊凡向他的母亲和弟弟妹妹提议,让全家一起前去观看杰基·梅森的百老汇独角戏《爱你的邻居》(*Love Thy Neighbor*)的首演。西吉很喜欢这位六十五岁的犹太喜剧演员和他无下限的社会和政治模仿秀,《纽约时报》曾这样描述梅森的表演:"一场诽谤的嘉年华。"[91]梅森恶毒吐槽了每一个能想到的群体,最常见的是犹太人("我前几天去参加一个改革派的仪式,它是如此的改革,连拉比都不是犹太人")和意大利人。

无论梅森大胆的言论多么有争议性,西吉都很喜欢。梅森抨击了人类的愚蠢,为自己赢得了"机会均等的罪犯"*的绰号,并获得了牛津大学辩论协会的荣誉学位,此前这个荣誉只授予过三个人:圣雄甘地、约翰·F. 肯尼迪和吉米·卡特。西吉对杰基·梅森是如此着迷,以至于他会在董事会的会议上抽出时间,来回顾梅森最新的笑话。

"董事们都是重要的商人,他们特意抽出时间来参加这些会议,"伊凡说,"而我父亲会花二十分钟来模仿杰基·梅森的表演。"在他的办公室里,西吉几乎每天都会模仿梅森的手势和语调,或者

---

* 原文为 Equal opportunity offender,意指冒犯任何人的人,不论其种族、性别、性取向、政治倾向等,但声称自己并非基于任何成见、歧视或者仇恨。近似于"无差别攻击"。——译者注

转述他最新的俏皮话来逗乐别人。

伊凡打了一通电话，最后终于找到了一个和这位著名喜剧演员有联系的人。

首演当晚，威尔齐格夫妇坐在布斯剧院的前排，旁边是纽约市长鲁迪·朱利安尼和其他贵宾。梅森状态很好，火力全开，调侃了各族裔群体，取笑了犹太人和外邦人的古怪行为，提供了政治评论，讽刺了保守派和自由派，并对星巴克咖啡连锁店进行了大胆的解构，他的经典段子第二天登上了纽约各大媒体的头条。当晚的演出结束后，西吉和他的家人被带到后台与这位明星单独会面，随后他们获准参加这位制作人在附近的马奎斯万豪酒店举行的派对。西吉非常高兴。

"爸爸，明天晚上也不要安排事情。"伊凡在开车回家的路上对他说。

"为什么呢？"西吉问，"我们已经庆祝过我的生日了。"

"你到时看就知道了。"

第二天晚上，一家人开车送西吉去了 Le Marais，这是纽约最好的犹太牛排餐厅。他们刚坐下来点菜，杰基·梅森就走了进来。这位鼎鼎大名的喜剧演员伸出双臂，欢呼道："生日快乐，西吉！"在近三小时的晚餐中，梅森和他最忠实的粉丝不断地开玩笑"互黑"，竞相甩包袱、说段子，看谁能成为餐桌上最有趣的犹太人。

另一方面，讨论谁将在西吉死后掌管他的帝国的问题，这可不是开玩笑的事。西吉为他的长子伊凡制定了雄心勃勃的计划，希望他成为一名医生、律师或商人。这将为他赢得经济地位和尊重。如果伊凡选择法律，西吉就会让他担任待遇优厚的银行内部法律顾问，就这么定了。讨论结束。

1980年，伊凡从纽约的本杰明·卡多佐法学院毕业。西吉在克里夫顿家外面的街道上为他准备了一份令人惊喜的毕业礼物：一辆金色与黑色交相辉映的十周年限量版达特桑280ZX。车子的后窗上贴着一个巨大的硬纸板标牌，上面写着一首诗，内容是伊凡是一个多么优秀的儿子，以"Mazel Tov"（希伯来语中的"祝贺"）的大字结尾。整辆车都用一条超大号的红丝带包裹着。

伊凡获得法律学位后，西吉安排他到银行在新泽西州的主要律师事务所洛温斯坦·桑德勒实习，以了解未来在TCNJ的角色对他的要求。伊凡不忍心让父亲失望，但他确实对法律毫无兴趣，两次律师资格考试都没有通过，第二次只是因为做错了两道多项选择题。伊凡认为这表明他不可能成为一名执业律师了，便宣布他不会再参加第三次考试。西吉非常愤怒。

"那是我们有史以来最激烈的一次争吵，"伊凡回忆说，"在那之前，我做了他要求我做的一切，我也同意了，认为也许娱乐法的某些方面会让我感兴趣，但我对成为富人之间告来告去的中间人一点兴趣都没有。我去法学院就是为了让我父亲开心。在连续牺牲了两个暑假的时间，为律师资格考试拼死拼活，两次竭尽全力之后，我受够了。"

西吉挥挥手，对儿子的抱怨不以为然。"肯尼迪家族的一个孩子考了三次才通过律师资格考试，"他说，他指的是小约翰·肯尼迪（John Kennedy Jr.），"再考一次吧！如果你现在放弃，你这一辈子都得背着临阵脱逃的名声！"

"我不，"伊凡告诉他，"我不干了。通过考试并不能让人变聪明或者变快乐。我已经在洛温斯坦·桑德勒实习一年多了，我很痛苦。你想让家里有个律师，那你就自己去考律师资格证吧！贷款文件？取消抵押品赎回权？干这个我这辈子都舒服不了！"

自从小时候参加百老汇音乐剧演出以来，唱歌一直是伊凡的爱好，他告诉父亲，他打算从事音乐事业，这是西吉无法忍受的，他拼命想让伊凡放弃。起初，西吉试图用逻辑论证来说服儿子，让他放弃这个愚蠢的念头。

"你不是来自娱乐圈的家庭，"他说，"你在音乐界没有门路，你不住在好莱坞，所以你也没法和那些人建立联系。再说了，这是一个肮脏的行业，薪水也很低。普通的歌手都快饿死了，只能在街头巷尾和公园里卖唱。另一方面，一个普通律师从法学院毕业的第一年就能赚到 7.5 万美元，足够养活妻子和孩子，再买一套漂亮的房子，两辆车，还能加入一个高级乡村俱乐部，这还只是普通律师。你比一般人要聪明得多。"

这套花言巧语并没有打动伊凡，所以西吉祭出了胡萝卜战术——很多很多胡萝卜。

"如果你同意把你对音乐的兴趣放到一边，"西吉说，"我会给你买一栋漂亮的房子。我会给你雇管家和女仆。你可以加入任意两个你喜欢的乡村俱乐部。你想要什么跑车都可以。我会给你丰厚的薪水，还能无限报销。你将拥有自己的豪华轿车和司机，而且你将成为 21 俱乐部（21 Club）历史上最年轻的、拥有自己专属餐桌的人。" 21 俱乐部是纽约的一家传奇餐厅，广受政治掮客和各界名流的青睐。

"这些都很好，"伊凡说，"我并不反对物质的东西。我喜欢车和衣服，喜欢被当作名人对待。但我不希望这一切送到我手上，都只是因为我是西吉·威尔齐格的儿子。我想靠自己的力量赢得人们的尊重。我不想在回首往事时，后悔自己从来没有尝试过成为一名歌手。也许我会失败，但我必须试一试。对不起，留着你的那些高官厚禄吧，我想唱歌跳舞！"

"不可能！"西吉大吼。他对艺术家没有敬意，他们是梦想家，也许只有百万分之一的人赚到过钱。伊凡拒绝了他的胡萝卜，西吉举起了大棒。

"如果你不放弃这些愚蠢的想法，你就别想从我这里得到一个子儿。你会没有地方睡觉，没钱吃饭，也没钱付房租。如果你违抗我，那么当你作为歌手摔个狗吃屎的时候，就不会有银行的工作等着你了。我的银行里不需要一个有抱负的歌手！如果你现在不去银行工作，我就跟你一刀两断。"

"别担心，"娜奥米对伊凡说，"只要我还是你的妈妈，你就会有一个家，有一个吃饭和睡觉的地方。"

从他们结婚那天起，娜奥米就一直是一个传统的妻子，顺从而乖巧，但她不允许西吉用这些威胁来恐吓他们的儿子。具有讽刺意味的是，如果西吉的妻子和孩子们敢于反抗他，在很大程度上是因为他自己激励他们永远不接受"不"作为答案。他从未放弃为自己的信念而战，他们也是如此。

妻子的反抗激怒了西吉，但在他们漫长的婚姻中，这并不奇怪：在过去几年里，他们变得疏远了。西吉的生意越做越大，他对娜奥米的需求的关注也越来越少，也愈发不关心和她一起享受生活。他们没有离婚，但最终他们的婚姻变得名存实亡，西吉在新泽西发光发热，而他的妻子大部分时间都在佛罗里达，没有他的陪伴。现在，更多的时候是雪莉和她父亲一起出席公共活动。"如果有人问你母亲为什么不在，"他对她说，"就说她在照顾一个生病的亲戚。"他仍然是新泽西州一家主要商业银行的总裁、董事长和首席执行官，不能让人们猜测他的婚姻出现了问题，那会对他的声誉不利。有人可能会认为他并不完美，不像他的客户认为的那样是个天才。

多年来，娜奥米一直在努力忍受与这样一个男人的生活：他不仅试图控制她自己和孩子们生活的方方面面，而且遭受着地狱般的记忆闪回和没完没了的噩梦的折磨，这些都是由看似微不足道的导火索引发的。例如，西吉禁止娜奥米烹饪"混合"食物，不许做炖菜或其他食材拌在一起的菜式，因为那会让他想起他在奥斯维辛吃过的残羹剩饭。由于曾经生活在极其肮脏的集中营里，所以在餐馆吃饭前，他会一丝不苟地洗手和清洗银器，擦拭每一件餐具的表面，直到最轻微的污点消失。对此，娜奥米什么也没说过，也从不抱怨他的习惯。

她提醒孩子们不要买任何会让他们的父亲生气的东西。例如，他们在去威廉斯堡殖民地博物馆旅行时买下的一个普普通通的锡杯纪念品，就会让西吉想起奥斯维辛的囚犯杯子，从而引发另一场噩梦。当黑色皮风衣流行时，娜奥米禁止她的孩子们穿它。它们看起来太像盖世太保穿的外套了。

但现在，她丈夫的铁腕意志导致他们的儿子在职业选择上陷入了僵局。到1982年，伊凡已经受够了在银行的律师事务所的实习，他离职了。为了在音乐界闯荡，同时也为了谋生，伊凡在纽约一家餐馆找到了一份服务生的工作。受过高等教育的儿子竟然当起了服务员，这实在令西吉颜上无光。当人们问他伊凡最近在做什么时，他该怎么说？胡萝卜和大棒对伊凡都不起作用。西吉的叫喊也不再像孩子们年幼时那样有效果了。要想让伊凡回心转意，还需要更多的手段。他和娜奥米现在不怎么说话，但他知道她和儿子的关系有多好，于是请她来做中间人。

"你父亲想给你一个提议,"娜奥米告诉伊凡,"到银行工作,他可以让你追求你的音乐梦。就当是份副业吧。除了你父亲,没人需要知道你在哪里。只要你的秘书在紧急情况下能联系到你,你就可以兼得鱼和熊掌了。"

伊凡连兼职都不愿意,但他怎么能拒绝一个遭受了如此多苦难的父亲?他怎么能拒绝这个为了让家人过上舒适生活而拼命工作、对家人的安全时刻牵肠挂肚的人呢?伊凡怎么能让这个人失望呢?他不能,所以他同意到银行工作,同时继续追求音乐事业。事实上,在接下来的二十年里,他乐此不疲地在TCNJ完成了一件又一件的创意性工作:设计广告,提出营销理念,寻找新分行的地点,策划盛大的开业典礼,并为银行的大客户提供体育赛事和音乐会的门票。伊凡的大手笔是与新泽西州各大超市达成协议,在这些超市中开设四十家TCNJ迷你银行,包括Shop Rite、A&P、Pathmark和Stop & Shop等。这让西吉印象深刻。"这是本行历史上最重要的事件",他告诉媒体[92]。

几年过去了,伊凡终于向自己承认,他不可能兼职从事音乐事业。为了父亲的梦想,他牺牲了自己的梦想。尽管如此,伊凡的目光仍然没有离开音乐,这在一定程度上是受到父母在他小时候带他去看的百老汇音乐剧的启发。他清晰地记得《绿野仙踪》(*The Wizard of Oz*)的魔力、《西区故事》的张力、《屋顶上的小提琴手》的盛典、《牛奶与蜂蜜》(*Milk and Honey*)的浪漫、摇滚音乐剧《头发》(*Hair*)的青春活力,以及《梦幻骑士》激动人心的理想主义。伊凡想,也许,现在追寻自己的梦想还为时不晚。

2000年秋天,西吉从他位于新泽西州李堡的新公寓的阳台向外望去,欣赏着哈德逊河对岸的纽约市。这套超现代的公寓原本是伊凡的，后来他搬到了纽约市的一套较小的房子。这不是西吉的风格，但现在西吉见到娜奥米的机会越来越少，他的孩子们也搬到了各自的住处，拥有一套能看到曼哈顿的阳台公寓已经很足够了。

西吉的公寓在"广场大厦"的第十七层，这是新泽西一家著名的合作公寓*。许多租户都是 TCNJ 的客户，"现在还不是（租户）的人，"西吉告诉自己，"很快就会是了。"他坐在餐桌前，为一封致股东的年终信做最后的润色。"毫无疑问，"他写道，"2000年是新泽西信托公司历史上最好的一年。"就像他在过去三十年里，每年都会在银行的财务报告中所做的那样，他详细描述了 TCNJ 的诸多成功之处：净收入较上一年增加，新的和受改进的产品、服务和网点。西吉将他的银行的资产从 1.8 亿美元增长到 2000 年的 40 多亿美元，而且完全没有依靠合并或收购。"我们期待着一个成功且有利可图的未来。"他总结道，并签上了自己的名字。

但他最近感觉不太舒服，厨房的桌子上到处都是治疗头晕和恶心的药物的处方和收据。

"吃几片药，我就又会精神焕发了。"他对自己说。

这天是星期四，第二天他要开车去库舍尔酒店。在公园大道上痛快地飙一阵车，可以让他放空大脑。也许他会在路上先去趟昆特家。自从三十多年前他在萨克森酒店第一次见到他们，杰里·昆特、他的妻子特里和女儿凯莉就好似成了他的家人。现在，娜奥米在佛罗里达，孩子们也都独立生活了，昆特一家在西吉所剩无几的社交生活中占据了很大一部分。

---

* 合作公寓（Co-op），一般由大业主或者公司购买下整栋公寓，再将楼内的公寓卖给不同的户主。——译者注

"当西吉第一次邀请我加入董事会时,"杰里回忆说,"我告诉他,我只是个大夫,帮不上什么忙。西吉说:'我们已经有了沃顿商学院的人,他们无所不知。我需要一个像你这样会问问题的人。'"

"进入那个银行和金融的世界让我大开眼界,"昆特描述道,"每个为西吉工作的人都支支吾吾、欲言又止,而我和西吉相处的方式,就是总是以真相告知。"

杰里·昆特是那种总是对病人直截了当的医生,所以,一加入TCNJ的董事会,他就毫不犹豫地对西吉直言不讳:"我可能是唯一一个对西吉·威尔齐格说'去死吧'的人。西吉的反应是:'你说什么?你不能这样跟我说话!''行,我就说了。'他把所有人都吓坏了,但并没有吓到我。"

西吉和昆特夫妇在各种慈善项目上合作。杰里是温斯洛的支持者,这是一个为残疾儿童安排骑马体验的非营利组织。杰里和其他赞助者希望帮助温斯洛增添一些更好的设施。三家银行起初同意分担抵押贷款,但后来相继反悔。银行很少单独为非营利组织提供资金,风险太大。西吉和TCNJ伸出援手,贷给了他们所需的全部资金。昆特一家从此对他刮目相看。

西吉打电话给昆特夫妇。"到我们家来吧,"他们建议,"我们一起出去吃晚饭。"昆特夫妇对此轻车熟路。西吉会一身正装,当他们入座后,他会告诉服务员每个人想吃什么。"三位都要鸡肉,但只要鸡腿。"昆特夫妇喜欢热闹,和他们"专制"的朋友一起度过的夜晚总是很愉快,但当西吉来到昆特家时,杰里对他的样子很是担心。

"一段时间以来,我一直在催促他去做检查,"昆特回忆说,"但很明显,他没去做。他说他第二天要开车去库舍尔酒店,所以我让他在我们家过夜。我们住的地方离库舍尔更近，而且我们在二楼有一个空房间。"

夜里，昆特夫妇听到西吉在呕吐。他们跑上楼，发现厕所里到处是血，西吉趴在地板上。他们把他抬进车里，飞驰到杰里的医院。在那里，X光和血液检查显示，西吉的身体已经被一种无法治愈的血癌——晚期的多发性骨髓瘤摧毁了。

"当他第一次得知自己得了癌症时，"雪莉说，"他打电话给我说：'宝贝，我是个幸存者。我将与之斗争，打败它。你不用担心。'他知道自己最终会死，但他在大屠杀中多次死里逃生，因此他坚信自己是幸存者，能够战胜一切。在整个过程中完全没有自怨自艾。他常说，在集中营里，那些认为自己会死的囚犯在某种意义上已经死了。如果你觉得自己会死，那就完了。他从来没这样觉得过。"

他拒绝相信医生的报告。在接下来的几周里，如果他的验血结果恰好显示出轻微的改善，他就会无视报告的其他部分，并向家人宣布："看到了吗？我好多了。"斗争是西吉的生活方式，就像有些人有棕色的眼睛，或其他永久性特征一样。他曾与纳粹做斗争，他曾与美联储和联邦存款保险公司做斗争，现在他将与癌症做斗争。哪个敌人攻击他并不重要，他会反击的。他一直以来都是这样做的：参加那些普通人认为不可能的战斗，无视痛苦，忍受任何需要的治疗，以便继续真正的工作；铭记过去，建设光明的未来。

当家人来到李堡的公寓探望他时，西吉用一头梳得整整齐齐的头发和安慰性质的话语，掩饰着自己的身体状况。"我很感谢你们来探望，"他对孩子们说，"但现在去银行，告诉他们我们正在考虑收购另一家银行。就说我有外面的会议，所以他们最近不会经常看见我。我不希望让任何人觉得我病了。"银行行长患病的传闻，可能会削弱客户或股东对银行经营状况的信心。对西吉来说，这比癌症更要命。

他不能长时间离开他的公寓，他的骨头太脆弱了，但在2001年年初，银行董事会说有一个重要的议题要讨论，他们需要他在。他穿上西装，打好领带，梳理着一头卷发，幸运的是，化疗还没有夺走他的头发。他的司机在早上7点到达，把他轻轻地安置在后座，然后开到泽西城的日报广场。那是一个温暖的秋日，天空很晴朗。

"他走进银行，打扮得特别惹眼，"银行董事会成员鲍勃·麦卡锡回忆道，"他很长一段时间没露面了，各种说法都在流传。但他来了，头发梳得整整齐齐，西装和领带也一尘不染。他走过大厅，向我挥手：'嗨，你好吗？'这是他正常的老样子。这在大楼里激起了一阵涟漪：老板回来了！"

西吉乘上为董事长和首席执行官准备的私人电梯，进入他那宽敞的会议室，并再次坐在了那张25英尺（约合7.6米）长的红木桌子的首位。已经就座的，有他的金牌律师罗金·科恩；爱德华·戴文和雷·卡特劳，两位银行的高管；以及拉里·科迪，银行最负盛名的董事。西吉的指尖碰在一起，仿佛在祈祷，抬头凝视着画有壁画的天花板。他已经知道接下来会发生什么了。

"我们将任命艾伦为代理行长。"科迪说，并解释说，他们不是来征求他的意见的。科迪自1988年以来一直是TCNJ的董事，是唯一能向西吉宣布这种决定的人。科迪是新泽西州最大的公用事业公司——公共服务电力和天然气公司的前副董事长，向来都是有话直说，毫无顾忌的。他的意思表达得明确而直接。如果银行想要成功渡过这个过渡期，西吉现在就需要下台，让艾伦接手。

西吉静静地坐着。在他看来，董事会把癌症看得太重了。他正在康复的路上，随时都可能回来工作。难道他们不明白，他是一个天生的斗士，知道如何处理这样的事情，如何躲闪和避开对手的拳头吗？他们是根据什么来做出如此重大的决定的？血液测试吗？他没有让纳粹拖住他的脚步，也不会让癌症拖住他的脚步。癌症是无关紧要的，他所认为的现实，才是现实。他可以否认自己处境的真实性，因为他擅长自己定义现实。

"医生说我的情况很好，"他说，"我度过了愉快的一周。"

董事会对情况了解得很清楚，不能再这样被动下去了。国王必须放开手了。

"现在是时候了，西吉。"科恩轻声说。

西吉起身走出会议室，走向电梯，经过装饰着走廊墙壁的牌匾和奖项：霍夫斯特拉大学法学院和本杰明·N.卡多佐法学院的荣誉博士学位；泽西城之钥[*]；美国正统犹太教会联合会颁发的荣誉证书；以及镶在镜框里的埃利斯岛奖，该奖授予那些对美国历史产生过重大影响的移民。

他乘电梯下到大堂，回到了他在李堡的公寓。据所有参加过会议的人回忆，西吉再也没有回到过银行。

回到李堡后，伊凡向他的父亲说了一些宽慰的话。"爸爸，大家都同意你必须卸任，"他说，"你应该专注于康复。"

"卸任？你在说什么？"西吉大吼，"我哪儿也不去。放弃对银行的控制？谁来负责？"然后经过片刻的思考，他补充道："也许你和艾伦一起，多一双眼睛盯着总归好些。"

---

[*] 一把装饰性的钥匙，赠送给受人尊敬的访客、居民或其他城市希望尊敬的人。这个奖项也被称为"城市自由奖"。——译者注

"爸爸，"伊凡说，"你不能让两个船长来管理一艘船。人们希望由一个人说了算。让艾伦管理银行吧！他是沃顿商学院的，我不是，他是这份工作的合适人选。我宁愿和你在一起，一切都会好的，你不用担心，董事会里有你可以信任的人。"

女儿雪莉把罗金·科恩带到了李堡的公寓。他和西吉一起工作了三十年，彼此也是朋友。科恩知道这对他来说有多痛苦。

"我们现在还不需要发声明，"科恩温和地说道，"可以这么说，你休假了，公司暂时由艾伦负责。给公众传达的信息是，艾伦自1987年以来一直在这家银行工作，现在的情况比以往任何时候都好。"

家人雇了一名护士在李堡的公寓里照顾他，他恢复了每周一晚上打牌的传统。如果这样的团聚每周都有，那事情至少有了正常的样子。多年来，金拉米一直是西吉的首选游戏。他喜欢一对一的比赛，尤其喜欢"突袭"对手，一把牌都不让对方赢下，而且在接下来的一周里，他会没完没了地在输家身旁叽叽喳喳，吹嘘他赢得多漂亮多彻底。纸牌游戏成了分散西吉注意力的可靠方法。

其他大多数晚上，西吉都会给昆特夫妇打电话，谈论脑海中浮现的任何事情，重温记忆，讨论新闻，评论他在电视上看到的纪录片。

"我拿着一个话筒，"杰里回忆说，"我妻子特里拿着分机。我们会和西吉聊上几小时。即使生病了，他还是我认识的最聪明的人。每当他就历史或政治发表的言论，令我觉得不对的时候，我就会去核实一下，他总是对的。他也很搞笑，在最奇怪的事情上也能看到幽默感。他可能是在谈论俄罗斯革命，然后把它变成一段单口相声。"

杰里·昆特有飞行员执照，驾驶飞机是他的业余爱好。为了振作西吉的精神，他想出了一个不同寻常的主意。他打电话给拉瓜迪亚机场，说他正在拍摄照片，需要获得飞越帕利塞兹的许可，帕利塞兹位于哈德逊河的新泽西一侧。然后他借了一架四座的直升机，起飞后向北飞过河流。他把电话和飞行耳机连在一起，然后打电话到公寓。西吉接了电话。

"到你的阳台上来！"昆特大声说道。

西吉走出来，抬头一看，简直不敢相信。昆特！在天上，在直升机上！昆特让直升机左转右转，绕着大楼转了一圈，微笑着从空中向西吉挥手。西吉跳上跳下，尽管他很不舒服，仍在跳着，挥舞着手臂，像个十岁的孩子一样转着圈蹦。昆特！那个连打牌都不会的笨蛋，却救过他的命！看他在上面！那是我的空军！没有空军，陆军能干啥！在那短暂的一刻，火焰再次熊熊燃烧起来，西吉想起了向暴君发动战争的感觉，在逆境中一路高歌。昆特！那个疯子！看看他！

"我们为这天笑了很久。有那么一阵，他还跟以前一样，"杰里说，"但形势对他不利。"

第二十五章 ｜ 见证

在哥伦比亚长老会医院，医生们首先用沙利度胺治疗西吉的癌症，这种药物在动物试验中成功地减少了癌细胞，但在人类身上有时会诱发呕吐、肺栓塞和心力衰竭。医生们研究了他每况愈下的指标，推荐了地塞米松，也叫德沙美松，它治疗癌症的效力是其他类固醇的25倍。兽医把它作为消炎药治疗马的瘀伤，尽管在人类身上，这种药物可能会带来严重的副作用：失忆、昏迷、头晕、恶心、失眠和幻觉。西吉的医生朋友杰里·昆特警告威尔齐格一家，使用地塞米松有风险。"我接到过警察的电话，"他告诉他们，"他们发现服用地塞米松的病人赤身裸体地走在高速公路上。它会让你发疯。"西吉别无选择：他的病情正在恶化，并允许医生采取极端大胆的治疗方法。

有时，在药物的影响下，西吉会发现自己不是身处纽约市的医院，而是在集中营里。他找来一支铅笔，画了走廊、护理站和洗衣房的地图。他记住了路线，并记下了他的病房与外部世界之间的障碍物，然后把画给一直在他身边的雪莉看，并低声告诉她，这就是他的逃跑计划。奥斯维辛集中营的记忆是如此清晰，以至于他感觉到党卫军正潜伏在壁橱里，在走廊的边缘窥视。雪莉回忆说，当医生想让他躺进磁共振成像仪（MRI）时，他拒绝了，说它看起来像个焚尸炉。

一名护士推着西吉走过一间病房，那里的孩子们在接受化疗时要被接上管子和监控器，西吉为他们的境遇哭泣。一名护士指着其中一个孩子。"今天是他的生日。"她说。西吉从病号服的口袋里掏出 11 美元，给了那个孩子。在回自己病房的路上，他一直在抱怨身上没有更多的钱可以给。

最终，医生允许他待在家里，因为在李堡的公寓里也可以进行化疗。他坚决要求不让楼里的人知道他生病了。护士们不得不签署保密协议，穿着便服前来。癌症引起的疼痛非常严重，他的护士给他打了吗啡点滴，好让他能熬过夜晚。吗啡让他以为自己有很多会议要参加，每天早上他都穿上刚熨好的卡其色裤子和纽扣衬衫，然后坐在餐桌前，一边下着命令，一边等待电话。

"雪莉，你在哪里？给我准备好，"他会大喊，"我和汽车经销商约好了谈贷款的事。"雪莉会配合着答应他。有一次，他打电话给伊凡，说他要参加一家新分行的开业典礼，并提醒儿子不要对任何人说起他的健康状况。并没有新的分行开业，但伊凡也配合了。

2000 年，伊凡雇用了一位音乐制作人，帮助他录制约翰·列侬的热门歌曲《想象》（*Imagine*）的电音高能舞曲版。这首单曲于 2001 年 9 月 4 日在 Tommy Boy 厂牌上发行，讽刺的是，这是在"9·11 事件"悲剧发生的前一周。最终，这首曲子在公告牌舞蹈排行榜（Billboard Dance Chart）上进入前四十名。

几周后，一个来自 ProSieben 频道*的德国摄制组来到纽约，

---

* 一个德国免费电视频道。——译者注

希望拍摄一部纪录片，捕捉双子塔倒塌后这座城市的情绪。伊凡（现在的艺名是"伊凡爵士"）在纪录片中扮演了重要角色，因为他录制了自己版本的《想象》，这是世界上最知名的和平歌曲之一。

一年后，一个日本摄制组打来电话。他们听过了伊凡爵士翻唱的《想象》，想要采访他，拍摄一部纪录片，探讨这首著名的列侬歌曲是如何影响世界的。最终完成的影片包括小野洋子和约翰·列侬的档案镜头，以及尼尔·杨、史蒂夫·汪达和伊凡爵士的《想象》表演。该片在日本历史最悠久的电视网络NHK上播出，并被观众评为年度最佳纪录片。

西吉和儿子一起在李堡的公寓看了这部日本影片的DVD。电影制作人被伊凡对他父亲的一生的讲述所打动，并将西吉的照片和奥斯维辛的档案图片一起放入了影片。如果说西吉对儿子的音乐兴趣仍然心存怨恨，那么看到伊凡的才华成为大屠杀记忆的载体，这种怨恨就会被抵消。

"你激励了我录制一首关于美好世界的歌。"伊凡告诉他的父亲。

西吉的护士玛丽·费伊正在看伊凡递给她的公告牌排行榜。

"你应该为你的儿子感到骄傲，"她说，"他上了《公告牌》。"

"公告牌是什么？"西吉问。

玛丽不知道如何表达这份音乐行业杂志的重要性。"《公告牌》之于音乐行业，就像《华尔街日报》之于银行业。"她说。她表达清楚了。西吉向儿子举起双臂。

"恭喜！"他高呼，"伊凡，预支了多少钱？我会把它加倍，作为我对你成功的礼物。"

如果不是死神已经近在咫尺，他对伊凡的名字出现在公告牌排行榜上的反应可能会更挑剔。"浪费时间！"他可能会喊，"你永远也赚不到钱!"那些日子已经一去不复返了。即使是一个小小的好消息也是一股新鲜空气,他向每个来拜访他的人吹嘘他儿子的成功。当有人问起伊凡是如何开始当歌手的,西吉抢着回答说:"你在开玩笑吗?是我说服他去学唱歌的!"

由于父亲无法外出旅行,雪莉不得不独自主持威尔希尔的年度股东大会。西吉给她写了一封鼓励信。"你跟三个男人加在一起一样厉害。"他写道。当雪莉作为威尔希尔石油公司的负责人,应邀敲响美国证券交易所的开市钟时[93],西吉在电视上观看了她的采访,像任何一个父亲一样骄傲自豪。第二天,他给她捎去口信:"完美!精彩!"

西吉已经履行了他的誓言——不再挨饿,养育健康、成器的犹太孩子,并帮助保存大屠杀的记忆。但还有一个项目没有完成,他还没有为后人记录自己的经历。有些事情他还没有告诉别人,甚至没有告诉他的孩子们。他需要将自己的故事加入到不断扩大的幸存者证词档案中,时间已经所剩无几了。

大屠杀目击者证词始于1945年秋天,当时四十九岁的心理学家戴维·博德花了两个月的时间游历法国、瑞士、意大利和德国,用当时最先进的磁带录音机录制音频。当时,成千上万的人从集中营里被解放出来,但没有地方可以称之为家,他们住在欧洲各地的流离失所者营地。博德记录了一百三十次采访,包括对犹太幸存者和非犹太幸存者,对作恶者,以及对居住在集中营附近的所谓旁观者的采访[94]。

其他证词项目也随之而来。1979年,以色列开设了大屠杀纪念馆,这个博物馆至今仍是该国首屈一指的大屠杀、研究和文献中心。同年,一个草根组织开始在康涅狄格州的纽黑文对大屠杀幸存者进行录像。1981年,幸存者将收集到的录像存放在耶鲁大学。次年,在福图诺夫珠宝家族的资助下,耶鲁大学成立了福图诺夫大屠杀证词录像档案馆。1994年,史蒂文·斯皮尔伯格创立了大屠杀幸存者视觉历史基金会,也被称为浩劫基金会。1994年至1999年,该基金会在56个国家用32种语言进行了5.1万次访谈,最终成为世界上最大的大屠杀目击者资料库。

多年来,西吉一直拒绝让浩劫基金会记录他的记忆,声称有一天他会以自己的方式在书中讲述他的故事。他之所以拒绝,还因为他认为将记忆托付给这样一个大型档案馆,意味着放弃对他人生故事的控制权。浩劫基金会有那么多的证词,他心想,他的证词可能只会被放到某个仓库里,成为成千上万的幸存者叙述中的一个,等待学者们有朝一日偶然发现它。然而,癌症正吞噬着他的生命,西吉出版自己记忆的希望正在迅速破灭。

伊凡想知道,是否还有时间说服史蒂文·斯皮尔伯格录下他父亲的证词。2001年夏天,伊凡在一份长岛报纸上看到,斯皮尔伯格将出席一场在东汉普顿举行的慈善募捐活动。伊凡捐了两千美元,为艾伦和自己争取到了参加该活动的邀请。如果有必要,他准备整晚都跟着斯皮尔伯格,以确保他同意给他们的父亲录像。伊凡和西吉也许有过磕磕绊绊,但他们对彼此的爱从来都不是问题。将西吉的记忆录下来,由世界上最负盛名的大屠杀档案馆留给子孙后代,这将是最后的善举,是伊凡对这个为家人的安全和舒适牺牲了太多的人所做的最后的致敬。

伊凡和艾伦来到汉普顿的活动现场,发现这位著名导演正在与其他与会者交谈。伊凡大步走过后院,艾伦陪在他身边。

"对不起,斯皮尔伯格先生,"伊凡说,"我能和你谈谈吗?"

这很重要。几年前,你们组织的人曾找过我父亲,想把他的证词录下来,但我父亲是个工作狂,错过了这个机会。现在他因多发性骨髓瘤而生命垂危,我们不知道他还能活多久。你得给他录音。他极其善于表达,也许是世界上口齿最伶俐的奥斯维辛幸存者之一。他在你朋友埃利·威塞尔在波士顿大学的课上演讲过。他们一起在美国大屠杀纪念博物馆的理事会工作。我们的父亲在奥斯维辛之后一无所有地来到这里,并接管了美国最反犹的两个行业(石油业和银行业)里的公司。如果你们的基金会没有把他的证词录下来,那将是一个悲剧。"伊凡为他的演讲做了充分的准备。

斯皮尔伯格深表同情,但还是摇了摇头。"我很抱歉,"他说,"但是项目的采访阶段已经结束了。我们进入了第二阶段,也就是编目和翻译。我们不会再做采访了。"

"也许是这样,"伊凡争辩道,"但你必须破例一次。"伊凡继承了他父亲从不接受别人拒绝的本领。

"他和其他幸存者不一样,"伊凡恳求道,"你不会后悔的。我们家族将以大量的捐款来表达我们的感激之情。请重新考虑一下,请看看我们是谁。我们拉比的儿子,希蒙,与你的妹妹南希结婚了……"斯皮尔伯格不点头,伊凡是不会离开的。参加募捐活动的客人们在好奇地看着。

过了好一会儿,斯皮尔伯格才给出了他的回答。"偶尔,"他说,"我们确实会有例外。我会尽力安排的。给我你的名片,我会通知你的。"

这对伊凡来说已经足够好了,他迫不及待地想告诉西吉。

当伊凡来到李堡的公寓,宣布斯皮尔伯格已经同意录下他的证词时,西吉的眼睛睁得大大的,泪流满面。

"什么时候？"他轻声问道。

"他们会打电话给我们安排的，"伊凡说，"不管谈多长时间，他们都会一直录下去。他们知道你在接受化疗，你的声音可能……"

西吉拉着伊凡的手，亲了一下。"太棒了，儿子，"他说，几个月来第一次喜极而泣，"我非常爱你。"

"我们终于达成了共识。"伊凡说起这一刻。

作为一个不常赞同孩子们人生选择的父亲，西吉的话对伊凡来说是一剂抚慰人心的良药。他在那一刻感到，他在父亲眼中所犯的每一个错误都得到了原谅，每一次失望都被忘记了。

2002年8月29日，摄制组第一次来到李堡公寓。年轻的工作人员做了自我介绍，并开始布置灯光、三脚架、摄像机和麦克风。西吉已经为采访做了最大的努力。他刚刚洗过头发，做了造型，穿着一件漂亮的棉衬衫和熨平的裤子。然而，每周的极端治疗已经对他造成了损害，他的说话速度变慢了，思维也变得飘忽不定。

"他的身体已经被癌症和各种各样的强效药物灌满了，"伊凡描述道，"什么都救不了他，但知道他终于要把他的故事讲出来，这比任何医生团队或实验性药物都更能让他活下去。在他说出自己的故事之前，他是不会死的。"

"他已经接受了几百小时的治疗，"雪莉补充说，"他已经完全精疲力竭了，但他还是找到了力量，与采访者进行了一个又一个小时的录像。而且他从未抱怨过。这说明，无论他感觉多么糟糕，也没有什么比讲述他的回忆更重要。作为一个成年人，我越是回想过去，就越是不明白，怎么会有人能从他所经历的事情中幸存下来。他一生都是一名幸存者，他为了能活到在摄像机前讲述自己的故事而奋斗着。那时，也只有那时，他才能作为一个幸存者死去。这是他人生最后一章的关键。"

纳粹浩劫基金会的摄制组多次前往李堡,以完成对西吉证词的录像。2002年8月至11月期间,摄制组在李堡公寓录下了西吉十个半小时的证词,文字记录达三百多页。在浩劫基金会的5.1万份证词档案中,那是最长的记录之一。在2002年10月和11月录制的最后几次谈话中,他坦率地评价了自己的生活。

"当人们问我这个问题时,"西吉说,"你是怎么活下来的?我漏掉了一件小事,其实并不小。也就是说,任何一位有良心和善念的幸存者都活在内疚中。他们活了下来,而其他人却没有。我的母亲被直接送进毒气室,我的父亲被打死了,我的姐姐玛莎被杀害了,我的哥哥威利、马丁和路易斯被杀害了,而我在这里,他们都死了。为什么是他们而不是我?就好像上帝把手搭在我的肩膀上,在我孤身一人、身处绝境的时候,指引我前进。"

"我记得我三岁半以后的所有事情,"他继续说,"我可以告诉你我母亲毛衣上条纹的颜色,从我还是个小男孩的时候。有这样的回忆力,好坏参半,因为一切都留在你身边,你想忘也忘不掉。我记得小时候我们去哪里钓鱼,但我也记得奥斯维辛的营房是什么样子,还有那个手里拿着棍子的卡波和他所做的一切,这些记忆非常非常糟糕。它永远不会消失。"

他弯下腰,卷起一条裤腿。"看。看到了吗?从我被解放的那天起,我就穿两双袜子。在过去的五十年里,我没有一次出门不穿两双袜子的。这儿,还有一个别针。因为在集中营里,一双袜子可以决定生死。身上的伤口、污垢、肮脏、一根小木刺就能让你身上的肉烂掉。木鞋上的一块碎片扎进脚里,你就会死。那别针呢?在集中营里,一根小小的别针能救你的命,如果你需要用一块布(或一双袜子)作为绷带缠在腿上,或者把裤子提起来。

"我是怎么在奥斯维辛活了近两年的?"他在大屠杀幸存者基金会的一次采访快结束时说,"这不是靠教育,我没有受过教育,也不是靠脑子,我也没有什么头脑。全靠上帝之手。"

"我要告诉你一些我认为我从来没有说过的话,"他告诉采访者,"虽然听起来很可怕,但我觉得我的生活离不开噩梦。它让生与死对我来说有了实实在在的区别。它向我展示了现在的生活,尤其是作为一个犹太人,我永远不会放弃它。永远、永远、永远不会。"

2003年1月6日,一股寒冷的冬季风吹过哈德逊河,吹得西吉河景公寓的飘窗哗哗作响。他的护士玛丽·费伊准备了午餐。她摆出了餐具垫和银器,小心翼翼地避开生日蛋糕,那是她为伊凡的生日准备的惊喜。西吉已经没有力气去任何地方了,他大部分时间都在眺望河对岸,或者坐在电视机前看纪录片。史诗般的战斗已经成为过去,孤独成为如今生活的主题。灾难和胜利都已成为过去,在记忆中逐渐消逝。

现在,他已经七十六岁了,日子里唯一的盼头就是吃午饭和偶尔的访客。娜奥米仍然爱着他,从佛罗里达飞到他的床边。她知道他们之间已经不存在的感情是无法恢复的,但这个与她共度了如此多时光的男人命不久矣,她要尽一切可能来使他过得更舒服些。得知父亲的病情恶化,伊凡中断了在迈阿密的度假。那天是伊凡的四十七岁生日。当他到达父亲的公寓时,发现他正坐在餐桌旁。西吉高兴地指着蛋糕,上面有蜡烛、彩色糖圈和雪白的糖霜。

"生日快乐!"西吉有气无力地说道,他瘦弱的手臂高兴地举了起来。

护士点燃了蜡烛,西吉用尽全身的力气,用缓慢而颤抖的声音唱了起来:"祝你……生日快乐……祝你……生日快乐……祝祝祝……你生日快乐,亲爱……的伊凡,祝……你生日快乐。"他尽可能地打着节拍。他唱完了歌,指着儿子,让他吹灭蜡烛,儿子照做了。

第二天早上,西吉被紧急送往医院。那天晚上他就去世了。

第二十六章 | 不可能的梦

西吉于 2003 年 1 月 9 日被安葬在所罗门王公墓，就是西吉已故岳父所拥有的纪念公园，它自 1942 年以来一直为犹太社区服务。西吉的墓地位于犹太退伍军人协会捐赠的方尖碑旁边，这是一座 3 米高的大理石纪念碑，用来纪念在大屠杀中丧生的 600 万犹太人。在纪念碑下，赞助人安葬了一盒从奥斯维辛收集来的骨灰。

"20 世纪 70 年代，当退伍军人协会埋葬那个骨灰盒时，我和父亲就在那里，"雪莉回忆说，"我们看着他们挖洞。他不知道他父母的骨灰是否真的在骨灰盒里，但他想相信那是真的。那是我第一次看到眼泪从我父亲的脸上流下来。现在，站在这里，我意识到他选择了一个合适的长眠之地，就在其他奥斯维辛受害者的遗体旁边。他的人生已经走完了一个轮回。"

西吉去世的消息出现在全美各地的报纸和杂志上，威尔齐格一家不知道他们计划的追悼会将有多少人参加，他们只知道，仅 TCNJ 就有 1000 多名员工，以及成千上万的客户和股东参加，而在新泽西，没有一座犹太教堂或犹太殡仪馆能够容纳这么多人。由于无法预估实际人数，威尔齐格一家别无选择，只能在纽瓦克市中心租下庞大的新泽西表演艺术中心（NJPAC）。

追悼会那天的早晨，NJPAC门外开始排起了长长的队伍。到了中午，排队人数已经超过了1000人，而且还在不断增加。"我从来没有见过这样的事情，"他们家的朋友菲尔·库普曼说，"新泽西州最大的会场被挤得水泄不通。"悼念者纷至沓来，表示敬意。

追悼会伊始，伊凡、雪莉和艾伦走上舞台，望着容纳了近3000名与会者的礼堂。艾伦首先发言，坦率地描述了为父亲工作需要面临的挑战。他说，家族企业是有问题的，因为你永远不知道个人感情和职业需要之间的界限在哪里。他说，当这位CEO还是一位奥斯维辛集中营的幸存者时，这种挑战就变得更加复杂了。

雪莉接下来发言，介绍了她已故的父亲对慈善事业的承诺，并承诺将继续沿着他的脚步前进。

然后，伊凡走到了麦克风前。"第三座塔楼倒了！"*他喊道，声音响亮而有力，就像他父亲过去那样，"但总有一天，世贸中心将被更重要、更持久的东西所取代，因此，我们也将在父亲去世后建立一些更重要、更持久的东西。大屠杀教育是他最重要的使命：保存记忆，使种族灭绝不再发生。我请求你们，不要送花，而是向纳粹浩劫基金会捐款，我的家人将捐赠相同的数额。"

出席者们共捐了15万美元，威尔齐格家族又捐了15万美元，总共向斯皮尔伯格的组织捐赠了30万美元。

在西吉去世前的几年里，银行业经历了前所未有的转型，导致中小型商业银行的数量减少。1984年年底，美国有15084家银行和储蓄机构。到2003年年底，这一数字已经下降了近50%，主要

---

* "9·11事件"中，47层高的世贸中心7号塔，也就是"第三座塔楼"，在世贸中心南北塔被撞击倒塌7小时后倒塌，令美国人感到雪上加霜。电视解说员"第三座塔楼倒了！"的哀鸣，成为一代美国人痛心疾首的记忆。——译者注

是由于美国最大的金融机构之间的合并与收购[95]。快速变化的技术所带来的巨大成本，使小银行更难跟上大银行的步伐。此外，所有银行都面临着来自更广泛和更多样化的竞争对手的压力，如货币市场基金和人寿保险公司——把钱放在哪里，消费者面前的选项前所未有的多，而且其中很多机构的利率往往高于商业银行。

为了竞争和生存，美国的顶级银行试图通过兼并和收购来尽快做大。早在1993年，西吉就意识到出售TCNJ的时机到了[96]。他一直在寻找买家，但从未找到一个愿意出高价、同意与他分享权力，而且可以让他放心地托付家族命运的人。

TCNJ的特许经营权变得极其宝贵，因为它的近百家分行都在距离曼哈顿市中心一小时车程的范围内，而且都在新泽西州北部，财富和产业高度集中的地方。现在，随着父亲的离去，终于轮到孩子们为交易拍板了。为了谈判这笔交易，他们聘请了奥利维尔·萨科奇，瑞银投资银行金融机构集团的全球联席主管。

2003年12月，《纽约时报》宣布，长岛的北福克银行（NFBC）已同意以7.53亿美元的股票收购TCNJ。对于那些从1983年分拆之日起就持有TCNJ的股票，一直持有到2004年被北福克银行收购的人来说，其收益是惊人的。经拆股调整后，该股的价值从每股0.63美元增长至42.22美元，增幅为6755%。得益于一种非常罕见的情况：收购方和被收购方的股票在宣布合并时双双上涨，并在实际合并前的整个期间保持上涨，许多华尔街人士认为这是本年度的最佳银行合并[97]。

西吉一直是这家银行最大的股东。因此，在他死后不到一年，他的遗产就价值数亿美元了。对于一个来到美国时兜里只有二百四十美元的移民来说，这还不错。

后记

2017年，当西吉三十一岁的孙子杰西来到这里，为本书的写作接受采访时，我吃了一惊，他与像他这么大时的西吉简直就是从一个模子里刻出来的，同样英俊的面孔，轮廓分明的下巴，以及一头浓密的黑发。杰西也继承了祖父对延续犹太教和大屠杀记忆的奉献精神，他是宾夕法尼亚大学大屠杀教育委员会的联合主席，从沃顿商学院毕业后，就加入了美国大屠杀纪念博物馆的下一代委员会。杰西说，是西吉鼓励他支持犹太社区，娶一位虔诚的犹太妇女，并戴上犹太小帽。杰西和我咯咯地笑着说，西吉一定是在凝视着下方，张开双臂，喊着"Mazel Tov"*，声音大得足以让美国的每一个犹太人都听到。

杰西出生后，西吉组织了"bris"，即为犹太男性举行的割礼仪式，其中包括一个不寻常的步骤，让房间里的人们把他8天大的孙子传来传去，从一个大屠杀幸存者传给另一个幸存者。由埃利·威塞尔将婴儿传给西吉，西吉扮演sandak的角色，即在mohel（受过专门训练的拉比或医生）进行割礼时，将新生儿抱在膝盖上。

---

* 希伯来语中的"祝贺"或"恭喜"。——译者注

"这种代代相传是我祖父活着的目的，"杰西回忆道，"他深信，他之所以能在大屠杀中幸存下来，是为了帮助确保犹太民族的未来，他所做的一切都隐含着这种信念。"

从 20 世纪 90 年代开始，西吉每个星期天的下午都与他的孙子们在一起。这个人很少有时间处理公务以外的事情，但没有任何事情可以阻碍他参加孩子们的学校活动和节日聚餐。几乎每个星期天下午，他都会准时到达女儿雪莉的家，带着几盒巧克力，准备与杰西和乔纳森玩牌。

"在暖和的日子里，"杰西描述道，"他可能会说：'你知道，奥斯维辛从来就没有阳光。'如果是冬天，他就会揉着手上的关节说：'毛特豪森总是很冷。'我想，他把我们看作他的主要听众，所以星期天总是意味着巧克力、卡牌和大屠杀讲座。我觉得我的性格是遗传自他的。如今，只有有人说点什么，什么都行，我就会像我祖父一样，以此为契机开始一场关于大屠杀的演讲。"

雪莉的小儿子乔纳森也继承了祖父的遗产。他的名字来自两个在大屠杀中遇难的年轻家庭成员。在他十三岁时，雪莉向每位参加成人礼的客人都提供了一份《最后的蝴蝶》（*The Last Butterfly*），这是二十一岁的帕维尔·弗里德曼在泰雷津集中营写的一首诗。两年后，弗里德曼死于奥斯维辛。其他犹太男孩的成人礼主题往往是体育或好莱坞电影。帕维尔的诗向乔纳森的客人们传达了这样一个信息：这不是一场典型的美国成人礼，而是对他祖父的大屠杀历史的传承。

乔纳森后来学习了计算机科学，并创办了一家软件公司，为患有自闭症的年轻人开发教育程序。"我父亲非常欣赏乔纳森的善良和富有同情心的天性，"雪莉说，"他用一种敬畏的表情看着他，这与他平时一心只想着用分数和金钱来衡量的成功是如此不同。也许这是他过去的反映，但我父亲被乔纳森的正直、善良和同情心所感动。"

"有这样一个以帮助那些有需要的人为人生目标的孙子，西吉一定会感到无比自豪。"她说。

和他的哥哥一样，乔纳森也会娶一个犹太女子，站在传统的犹太婚礼天篷下，并裹着西吉的talis，那是西吉使用了三十多年的祈祷披肩。

到 2001 年，西吉因为癌症再也不能旅行了，雪莉就开车带着她的儿子们到李堡的公寓和他们的祖父共度周日。"看到他们来看望他时，他眼中总是有泪水，孩子们是他生命中最重要的东西。"她说，"当他知道他们要来时，他会盛装打扮，假装他没有病得那么厉害。"

"他为我们全副武装，穿着西装，打着领带，他可能整个星期都没有这么穿过。"杰西说。对西吉来说，这是宝贵的时间，比任何商战的胜利或公众的赞誉都重要。

"这里有一些我们在我的成人礼上跳舞的照片，"杰西说，"他抱着我哭，我弟弟和我意识到，他把我们看作犹太教会继续存在、看作犹太人拥有未来的证据。"

在给孙子们的信中，西吉称他们是他大屠杀记忆中的"伙伴"，并分享了他童年的经历。在 1997 年 10 月的一封信中，他描述了发生在 1934 年他八岁生日那天的一件事。他的哥哥约瑟夫、两个男同伴和两名年轻的女士乘火车来到克罗扬克，参加西格伯特的生日聚会。当他们离开车站时，5 个纳粹党卫军袭击了他们。他们用带刺的马靴狠踩约瑟夫，并毫不留情地殴打其他人，把他们都打进了医院。

"对于八岁的我来说，"西吉给他的孙子们写道，"那是接下来十一年痛苦的开始。但我活下来了，就是为了看看你们俩。"

在我对杰西的采访中，他描述了他最近参加一个婚宴的经历。来自新泽西的客人向他讲述了他祖父在20世纪70年代资助帕塞伊克犹太学习中心的故事。"他的目标不是点燃蜡烛或保存历史文物，"杰西说，"尽管他谈到了铭记过去的重要性，但他最关心的是犹太民族的未来，而教育在其中起着核心作用。"

听到杰西和乔纳森致力于为犹太民族建设未来时，我明显地感觉到，西吉在他的孙辈身上取得了他最持久的胜利。

在西吉生命的最后几小时，雪莉一直坐在医院的床边，握着他的手，西吉对她说的最后一句话是："回家，回到孩子们身边。"在人生的最后几小时，他的思绪都集中在这个世界上对他来说最重要的事情上。他不再考虑生意，但他的孙子和整个犹太民族的未来，在他的脑海中仍然清晰可见。

如果他还活着，看到自己的遗产代代相传，西吉一定会高唱百老汇热门音乐剧《梦幻骑士》中的《不可能的梦》来庆祝。这首歌是他的最爱，是对势不可当的西吉·B.威尔齐格这一生的抒情总结。这位奥斯维辛集中营的幸存者和身无分文的移民，从未停止过与不可战胜的敌人战斗，也从未停止过追求那遥不可及的繁星。

附笔

在出售银行后的几年里，伊凡继续追求他的音乐事业，并成为"公告牌十大唱片艺术家"之一。受已故父亲反复做噩梦的启发，他还创建了和平人基金会，以帮助人们与创伤后应激障碍做斗争。"我从未逃出过奥斯维辛，"西吉经常告诉他的听众，"我仍然在那里。"

雪莉成了一名慈善家，并创立了一家名为蓝卡（The Blue Card）的非营利组织，致力于帮助全美国的贫困大屠杀幸存者。蓝卡启动了一项"西吉·B.威尔齐格抗癌共同计划"，为全美范围内患有癌症的贫困大屠杀幸存者提供服务。她还成为第一位因其慈善成就而被新泽西州莫里斯敦的美国拉比学院*授予表彰的女性。

艾伦举行了一场正统犹太教婚礼，养育了两个孩子，分别叫西吉和温尼。后来，艾伦成为一名半职业赛车手，并建造了自己的赛道，这是全美国最大的私人赛道。他曾担任多个慈善机构的董事，也是威尔齐格医院的副主席。

---

* 美国拉比学院（Rabbinical College of America），美国一所私立大学，共提供4个本科和研究生课程，最受欢迎的专业是《塔木德》研究。——译者注

娜奥米凭借自己的能力赢得了赞誉，因为她是许多值得尊敬的慈善机构的慷慨支持者。除其他许多成就外，她还是耶路撒冷哈达萨医院（Hadassah Hospital）的创始人和终身成员，以色列债券公司主席俱乐部（Israel Bonds' President's Club）的成员，以及新泽西州泽西城威尔齐格医院中心的创始人。2004年5月6日，新泽西州国会议员罗伯特·梅嫩德斯为位于泽西城医疗中心（自由健康医疗保险公司的一个分部）的威尔齐格医院大楼揭幕。娜奥米曾是大迈阿密犹太人联合会大屠杀纪念馆董事会的成员，也是米里亚姆女儿养老中心的终身成员和董事。通过策划美国最大的艺术品收藏之一，娜奥米在艺术领域取得了独特的地位。她于2015年4月去世。

为了纪念他们已故的父母，威尔齐格的三个孩子每年都会赞助大迈阿密犹太人联合会的大屠杀纪念周活动。

非营利组织蓝卡推出
"西吉·B. 威尔齐格抗癌共同计划"

研究表明，大屠杀幸存者患癌症的可能性是同龄人的3倍，也更有可能死于这种疾病。

"想象一下，对于患有癌症的老年大屠杀幸存者来说，这该是一件多么悲哀和可怕的事情，"雪莉·威尔齐格描述道，"他们八九十岁，贫穷而孤独，没有家人或朋友的帮助，他们最基本的需求也无从得到满足。"

蓝卡是美国唯一一个以援助贫困的大屠杀幸存者为唯一使命的组织。目前，蓝卡为35个州的3000多个大屠杀幸存者家庭提供支持。雪莉建立了蓝卡的西吉·B.威尔齐格抗癌共同计划，这是一项重要举措，为与癌症做斗争的大屠杀幸存者提供额外援助，包括医疗护理、自付医保费用、交通费用、服装、房租补贴、食品和其他基本必需品。

欲了解更多信息和为纪念西吉而捐款，请访问：www.bluecardfund.org

致谢

许多人帮助塑造了西吉的故事：西吉的家人和朋友；前雇员和高管；律师和股票经纪人，有些人从他最一开始从事石油业和银行业时就认识他；客户和同事；在迈阿密度假和在库舍尔酒店度假的朋友；由西吉担任演讲嘉宾的犹太教堂的教徒；还有一大批西吉的"粉丝"。总的来说，为完成这部作品，总共进行了一百多次采访。

除了众多的采访之外，还有堆积如山的材料，从中可以描绘出西吉从奥斯维辛集中营到战后美国企业董事会会议室的人生细节。有一天，在研究刚开始后不久，一辆面包车停在了我长岛的家门前。司机是西吉的儿子艾伦派来的，他卸下了三个浴缸大小的橡胶箱，里面装满了报纸和杂志剪报、相册、战时身份证、奖状和奖章，以及两个荣誉博士学位证书。1985年，西吉获得了霍夫斯特拉大学法学院的荣誉法学博士学位，该院成立了西吉·B.威尔齐格银行法中心，是当时全美唯一一个银行法中心。另一个荣誉法学博士学位来自本杰明·N.卡多佐法学院，西吉是该学院的创始院长和研究员。箱子里还装着几十份来自民间和政府组织的牌匾和感谢状，无不证明着他的成就和对慈善事业的热忱。一些较早的文件，如出生证明和身份证，可以追溯到20世纪初。

为一位已故的大屠杀幸存者撰写传记是一项艰巨的挑战。由于没有机会直接询问传主，我不得不依赖那些认识他的人的主观视角。有大量的记载可以证实，他在商业上取得了许多惊人的成就。本书的第一部分描述了西吉在强迫劳动工厂和集中营的岁月，但没有目击者的佐证。因此，这些段落是根据他的证词录像和演讲稿编写的。为了尽可能准确地描述，我将细节与学术资料、教育工作者以及美国大屠杀纪念馆、以色列犹太屠杀纪念馆和其他档案馆的文献进行了比较。

西吉的遗孀娜奥米（她的记忆力极好）非常亲切。她亲自接受了几次采访，并通过电话和电子邮件接受了另外几次，态度诚恳而坦率地回答了我没完没了的问题。

雪莉·威尔齐格值得特别感谢。首先，她花了好几天的时间，在尘土飞扬的仓库里费力地翻阅一箱箱的档案，研究得克萨斯威尔希尔石油公司和新泽西信托公司的共同历史。然后，她又花了无数的时间来仔细审阅本书手稿的每一行，反复数次，以确保故事准确地反映了西吉真正高尚的品格。她对细节的孜孜不倦的关注，保证了西吉的故事被如实地讲述出来，定会让她的父亲西吉的心中充满自豪和感激。感谢她对这个项目所投入的关心、坚持、时间和努力。

艾伦·威尔齐格提供了个人和专业的见解，没有这些见解，这个故事就不会有如此丰富的个人细节。我也要感谢他。

我发现西吉的侄女索菲·威尔齐格与我志同道合，她多年来一直在编纂威尔齐格家族的历史，我很感谢她的协助。

我感谢凯西·亚历山大，迈克尔·贝伦鲍姆，诺曼·比克夫，莱尼·博克瑟，艾拉·布劳恩，迈克尔·布基特，罗金·科恩，欧文·塞兹纳，查尔斯·达米安，爱德华·戴文，赫伯特·多布林斯基，米尔顿·多南伯格，B.J. 杜克，利比·埃克雷，玛丽·费伊，巴里·法伯，里奇·弗拉卡洛，保罗·弗里德，凯利·格什，巴特舍娃·戈德堡，丽莎·戈德斯坦，布雷特·哈伍德，拉比赫希·赫斯，理查德·坎特，丹·卡普兰，西蒙和里夫卡·卡茨，托斯卡·肯普勒，马克·库舍尔，史蒂夫·兰道，玛莎·莱斯特，罗伯特和让·马古利斯，埃里克·迈耶，佩里·麦克纳利，马蒂·迈耶森，泰德·莫斯科维茨，玛丽亚·尼科西亚，彼得·奥布莱恩，拉里·潘提尔，亚历克斯·保罗，伊莱·菲弗科恩，特里和杰里·昆特（记忆力极好），梅纳赫姆·罗森萨夫特，戴夫·罗伊特，比利·施瓦兹，汤姆·塞拉罗，布鲁斯·舒尔森，乔·斯坦伯格，厄尼和罗丝·瓦赫特尔，彼得·魏德霍恩，马丁·威尔希克，索菲·威尔齐格，阿尼·杨，弗兰克·范·格罗夫斯基，欧文·沃特曼，莎朗·维纳，以及埃哈布·齐德等人。其他几十位受访者选择了匿名。

我非常感谢"愚人村代笔写手"（Gotham Ghostwriters）的大卫·格罗夫、凯拉·瑞恩和丹·格斯坦，感谢他们在编辑方面的专业知识和指导，使西吉的故事增色不少。我要特别感谢苏珊·莱昂对文本的细致和有见地的分析。如果说有哪位出版商因梦想着不可能实现的梦想而值得肯定，那一定是洞见出版社（Insight Editions）富有远见的创始人拉乌尔·戈夫。我衷心感谢他，还有瓦妮莎·洛佩兹、珍妮弗·史密斯、米歇尔·多特和帕特·沃尔什。我也非常感谢艾丽西亚·高夫，七年来，她对所有的材料进行了详细的研究和认真的编目。

感谢玛莎·莱斯特和埃斯特·福图诺夫－格林仔细阅读了这份手稿。我有幸从我的兄弟——物理学家布莱恩·格林那里得到了中肯的建议，他关于自由意志的想法，对兰格在集中营内"别无选择的选择"的说法提供了另外一种视角的解读。

也要感谢赫伯特·雷金博金教授，他在波兰的克罗扬克和弗莱托待了一段时间，研究了那里20世纪早期的情况。他的工作得到了兹洛托夫斯卡土地博物馆馆长佐菲亚·杰隆科娃，以及她的丈夫杰日·贾洛尼克、《兹洛托夫斯卡全景》（*Panorama Zlotowska*）编辑贾努斯·贾斯蒂娜和翻译艾丽嘉·海曼的协助。雷金博金教授与许多还记得二战前的故事的人进行了交谈，包括位于波兹南的亚当·密茨凯维奇大学历史研究所的科学主任普热米斯瓦夫·马图西克博士，以及亚当·密茨凯维奇大学历史学院副院长拉法尔·维特科夫斯基教授。他的工作也受益于历史学家约阿希姆·扎伦卡和普鲁士国家档案馆馆长助理康斯坦兹-克劳斯的帮助。许多有关克罗扬克历史的文件，要么在战争结束时被销毁，要么被苏军缴获并送往莫斯科。联邦档案馆的萨宾·杜姆查特博士以及国家图书馆的工作人员帮助我们找到了目前可用的所有文献。欧洲被害犹太人纪念基金会的副主任乌尔里希·鲍曼博士提供了他的专业知识，托斯滕·洛伦兹博士和马蒂亚斯·尼恩多夫教授也提供了专业知识。

石油和银行业的人士也提供了帮助。其中，安永会计师事务所的丹·卡普兰，以及沙利文&克伦威尔律师事务所的传奇银行业律师罗金·科恩值得特别提及，因为他们经常向我解释银行业务的个中奥妙。知名电台主持人巴里·法伯慷慨地回忆了他的经历。我非常感谢布鲁斯·威尔斯，美国石油和天然气历史协会的执行董事，以及《美国石油和天然气报道者》（*The American Oil & Gas Reporter*）的编辑蒂姆·贝姆斯的意见。

我感谢华盛顿特区美国大屠杀纪念博物馆的亚瑟·伯杰和杰弗里·卡特，他们帮助我找到了文件，并联系了认识西吉的博物馆顾问和工作人员。我非常感谢和平人基金会的安娜·巴顿,她在本书的写作过程中不断给予我帮助。

最值得我感谢和认可的人是伊凡·威尔齐格。感谢一个本就深爱他父亲的人是多此一举的,但只有爱才能解释为什么他会如此仔细地阅读每一个字,并以如此无懈可击的方式将每一份草稿读上几十遍。伊凡不仅是这本书的编辑。他是它的心脏和灵魂。我第一次见到伊凡时,他给我看了一个盒子,里面有六百页西吉的采访和谈话记录,其中许多是在 20 世纪 90 年代录制的,当时他是犹太教堂和学校大屠杀纪念集会上受欢迎的演讲者。西吉的大部分视频证词是在 2002 年 8 月到 11 月之间录制的,在他去世前几周才结束。为了可读性,本书对西吉的原话进行了一些改编,他在这里讲述的一些回忆是由不止一份记录稿合并而成的。伊凡值得称赞,因为他从一开始就参与了这个过程。

最后,让我们向在大屠杀中丧生的数百万人致敬,他们的故事如果无人讲述,将永远不为人知。我希望西吉的故事能像它对我一样,激发你对"历史上最黑暗的时刻"的洞察,并对西吉为确保世界永不遗忘大屠杀所做的努力表示久久敬佩。

附录

西吉的人生大事年表

1926 年　出生于西普鲁士的克罗扬克
1936 年　全家逃往柏林
1941 年　开始在军需工厂从事强迫劳动
1943 年　被驱逐到奥斯维辛集中营
1945 年　从奥斯维辛到毛特豪森的死亡行军
1945 年　第二次死亡行军,从梅尔克的工厂返回毛特豪森
1945 年　被美军解放
1946 年　开始为美国陆军反情报部队工作
1947 年　乘坐"海洋弗莱彻"号抵达纽约
　　　　 从事过的各种工作:铲雪,制造领结的血汗工厂,黏合皮包,四处推销(皮革制品、家居用品)
1953 年　与娜奥米·西塞尔曼结婚
1956 年　儿子伊凡出生
1958 年　女儿雪莉出生
1961 年　开始购买威尔希尔石油和天然气公司的股票

1962 年	遇到索尔·戴蒙德，计划接管威尔希尔石油和天然气公司
1964 年	西吉和朋友收购了威尔希尔 20% 的股份
1965 年	儿子艾伦出生
1965 年	威尔希尔董事会任命西吉为总裁、董事长兼首席执行官
1966 年	威尔希尔收购布鲁克林轮胎石油公司和东部无线电公司
1968 年	威尔希尔开始购买新泽西信托公司的股份
1969 年	威尔希尔收购电气供应公司
1969 年	威尔希尔收购了 TCNJ 25% 的股份
1970 年	威尔希尔收购了 TCNJ 50% 的股份
1971 年	TCNJ 董事会任命西吉为董事长兼首席执行官
1972 年	美联储宣布控股公司应"规范化"
1973 年	威尔希尔获得 TCNJ 的控制权（87% 的股份）
1974 年	TCNJ 董事会任命西吉为总裁
1974 年	美联储要求威尔希尔剥离对 TCNJ 的所有权
1975 年	以色列向西吉颁发总理勋章
1975 年	西点军校邀请西吉成为第一位向学员发表演讲的幸存者
1975 年	西吉成为第一个起诉美联储的人
1978 年	西吉在迈阿密萨克森酒店晚餐时与埃利·威塞尔相遇
1979 年	众议院议长蒂普·奥尼尔主持了西吉成为美国大屠杀纪念馆理事会成员的宣誓仪式
1979 年	西吉和娜奥米在白宫与卡特总统及夫人共进晚餐
1981 年	威尔希尔以 1300 万美元的价格出售威尔希尔电子公司
1982 年	美联储迫使威尔希尔剥离其银行利益
1982 年	西吉参加在白宫举行的大屠杀纪念活动的烛光仪式
1983 年	西吉任命二十三岁的女儿雪莉为威尔希尔公司的新总裁

1983 年	《福布斯》杂志刊登了关于西吉的精彩报道
1985 年	本杰明·N. 卡多佐法学院授予西吉荣誉法学博士学位
1985 年	国会议员弗兰克·瓜里尼将西吉列入国会记录
1985 年	在巴里·法伯的全国性广播节目中,西吉谴责了里根总统访问比特堡党卫军公墓的计划
1985 年	新泽西州自由州立公园的解放者纪念碑落成
1992 年	由于否认大屠杀的声浪渐高,西吉重新开始演讲(基恩大学)
1993 年	美国大屠杀纪念馆开馆
1995 年	出售威尔希尔在雅各布斯工程集团的股票,净赚 4800 万美元
1998 年	荣获埃利斯岛荣誉勋章
2000 年	TCNJ 的资产超过 40 亿美元
2001 年	西吉被诊断出患有多发性骨髓瘤
2002 年	大屠杀幸存者基金会将西吉的证词录制成视频
2003 年	西吉去世

参考书目

Bauer, Yehuda. The Holocaust in Historical Perspective. Seattle: University of Washington Press, 1978.

Berenbaum, Michael and Gutman, Israel, eds. Anatomy of the Auschwitz Death Camp. Bloomington, IN: Indiana University Press, 1994.

Bukiet, Melvin, ed. Nothing Makes You Free. New York: W. W. Norton & Company, 2002.

Dinnerstein, Leonard. Antisemitism in America. New York: Oxford University Press, 1995.

Dochuk, Darren. "Blessed by Oil, Cursed with Crude: God and Black Gold in the American Southwest." Journal of American History 99, no. 1(2012):51–61.

Epstein, Helen, Children of the Holocaust. New York: G. P. Putnam, 1979.

Felzenberg, Alvin S. Governor Tom Kean: From the New Jersey Statehouse to the 9-11 Commission (Piscataway, NJ: Rutgers University Press, 2006).

Frankel, Bruce. What Should I Do with the Rest of My Life? True Stories of Finding Success, Passion and New Meaning in the Second Half of Life. New York: The Penguin Group, 2010.

Fulbrook, Mary. A History of Germany 1918 – –2014: The Divided Nation.

Chichester, West Sussex: Wiley Blackwell, 2015.

Goldschmidt, Hermann Levin. The Legacy of German Jewry. New York: Fordham University Press, 2007.

Hakes, Jay. "Introduction: A Decidedly Valuable and Dangerous Fuel." Journal of American History 99, no. 1.

Helmreich, William B. Against All Odds: Holocaust Survivors and the Successful Lives They Made in America. New Brunswick, NJ: Transaction Publishers, 1996.

Langer, Lawrence. Using and Abusing the Holocaust. Bloomington, IN: Indiana University Press, 2006.

Langbein, Hermann. People in Auschwitz. Chapel Hill, NC: The University of North Carolina Press, 2004.

Levi, Primo. The Drowned and the Saved. New York: Summit Books, 1988.

Linenthal, Edward T. Preserving Memory: The Struggle to Create America's Holocaust Museum. New York: Columbia University Press, 1995.

Pfefferkorn, Eli. The Muselmann at the Water Cooler. Boston, MA: Academic Studies Press, 2011.

Slavin, Stephen L. and Pradt, Mary A. "Corporate Antisemitism: A Self-Perpetuating Pattern." Jewish Currents, February 1979.

Yergin, Daniel. The Prize: The Epic Quest for Oil, Money & Power. New York: Simon & Schuster, 1991.

Wiesel, Elie. And the Sea Is Never Full. New York: Alfred A. Knopf, 1999.

Wright, William. The Oil Regions of Pennsylvania. Charleston, SC: BiblioBazaar, 2008. First published 1865 by Harper & Brothers.

注释

1 今天被称为克拉延卡（Krajenka），属于波兰。
2 在奥斯维辛，被选中的囚犯会被迫脱光衣服，被锁在毒气室里用齐克隆 B 毒杀。在他们被杀害后，勤务人员（也是囚犯）将尸体从毒气室拖出来，剪掉妇女的头发用作床垫填充物，用钳子拔掉尸体上的金牙，然后将尸体扔进坑里和火葬场的焚尸炉里烧掉。焚烧后的尸体灰烬被用作肥料，或作为垃圾填埋。
3 威廉·B. 赫尔姆赖希. 不畏艰险：大屠杀幸存者和他们在美国的成功生活 [M]. 新布伦瑞克, 新泽西：交易出版社, 1996: 29-31.
4 Shoah 是希伯来语中的大屠杀。史蒂文·斯皮尔伯格的纳粹浩劫基金会最初成立于 1994 年，其全称是大屠杀幸存者视觉历史基金会，这是一个致力于对大屠杀幸存者和目击者进行视听采访的非营利组织。今天，该组织设在南加州大学，被称为南加州大学浩劫基金会。
5 赫尔曼·莱文·戈德施密特. 德国犹太人的遗产 [M]. 纽约：福特汉姆大学出版社, 2007: 207.
6 埃尔温·隆美尔（德语：Erwin Rommel）（1891—1944），德国将军和军事理论家。他被称为"沙漠之狐"，在二战期间担任纳粹德国国防军的陆军元帅。
7 研究人员计算出，纳粹在 1933 年至 1945 年间建立了大约 42500 个集中营和犹太隔离区，包括 3 万个奴隶劳动营，1150 个犹太隔离区，980 个集中营，1000 个战俘营，500 家塞满了性奴隶的妓院，以及数千个用来对老人和体弱者实施安乐死的其他营地。
参见：https://www.jewishvirtuallibrary.org/how-many-concentration-camps
8 战后记录显示，在被带到奥斯维辛集中营的 130 万人中，大约 40 万人的手臂被文上了序列号。为了避免数字过大，党卫军当局在 1944 年 5 月引入了新的数字序列。这个系列以字母"A"开头，从"1"开始，以"20000"结尾。当数字达到两万时，就会引入一个以"B"开头的新系列。西吉的编号 104732 相对较为靠前，这表明他已经在那里待了很长时间，这为他赢得了其他囚犯的一定程度的尊重。
9 西格伯特不仅会说德语和意第绪语，而且对语言也很有鉴别力。在奥斯维辛集中营的近两年里，他学会了用波兰语、俄语、罗马尼亚语、希腊语和拉迪诺语（地中海沿岸一些国家的西班牙及葡萄牙籍犹太人所讲的一种西班牙语方言）交流。在晚年，他推测他的语言能力可能是他活下来的原因。

10 纳粹宣传的两个"事实"助长了看守对集中营囚犯的仇恨。一个是认为德国人在种族上优于犹太人，德国人是一个注定要统治世界的"纯洁"民族。另一个是认为犹太人不是真正的人类，而更像是一种必须从人类社会中清除的疾病。按照这些标准，德国人有参与清洗的道德义务。历史学家索尔·弗里德兰德称之为"救赎式反犹主义"，这种对人类的两极分化——德国人处于文明的顶端，犹太人处于文明的底部——以及政府发起的、将犹太人从世界上消灭掉的命令，加剧了对集中营囚犯的反感和暴力。战后记录证实，滥用虐待是另一个因素，从德国监狱中释放出来的职业罪犯在集中营里获得了有权有势的地位，许多人把这种权力用到了极致，"赫斯（Hoess）对他的副手汉斯·奥梅尔（Hans Aumeier）在被俘期间大方承认的一些事情保持沉默——在奥斯维辛，区长们被选中担任他们的职务，是因为他们虐待成性。他做证说，他们中的大多数人都是职业罪犯"。（赫尔曼·朗拜因．奥斯维辛的人们[M]．教堂山，北卡罗来纳州：北卡罗来纳大学出版社，2004：144）

11 参见：www.ushmm.org/research/publications/encyclopedia-camps-ghettos

12 约瑟夫·门格勒（Josef Mengele）（1911—1979）被称为"死亡天使"，因为他在奥斯维辛集中营的囚犯身上进行致命的人体实验，并参与挑选将被送去毒气室杀害的受害者。1945年1月，就在苏联军队抵达奥斯维辛前十天，门格勒被调到格罗斯 - 罗森集中营。战争结束后，他逃到南美洲，在东躲西藏中度过了余生。

13 纳粹政权将消灭犹太人视为不惜一切代价也要实现的首要政治目标。尽管如此，劳工仍然是需要的，集中营制度允许某些犹太人，即有工作能力的人（Arbeitsfaehige）暂时免于在毒气室中被杀。然而，即使是有用的技能，也不能使犹太人免于因哪怕是微小的违规行为而遭到惩罚。据奥斯维辛集中营的幸存者、作家塔德乌什·博罗夫斯基说，有一个名叫塞普的囚犯官员——"所有屋顶工人的噩梦"，他会因为一根钉子被锤坏，而把囚犯从屋顶上扔下去。（赫尔曼·朗拜因．奥斯维辛的人们[M]．教堂山，北卡罗来纳州：北卡罗来纳大学出版社，2004：161.）

14 赫尔曼·朗拜因．奥斯维辛的人们[M]．教堂山，北卡罗来纳州：北卡罗来纳大学出版社，2004：161.

15 西吉的一些故事令人如此疑信参半，需要研究来决定是否应将其纳入。在奥斯维辛，很少有关于用毒土豆杀人的记载，而这个记载一开始就说不通。为什么看守不直接把生病的囚犯送进毒气室？为什么要浪费时间和土豆？在《大屠杀：百科全书和文件集》（*The Holocaust: An Encyclopedia and Document Collection, Santa Barbara: ABC-*

CLIO, edited by Paul R. Bartrop and Michael Dickerman, 597）有如下说法："在解放前的最后几天，德国人在仓库的土豆里下了毒，许多犹太人因此而死，因为这是唯一能找到的食物。"在《双环：爱与战争的故事》（*Two Rings: A Story of Love and War*, Philadelphia: Public Aairs, a member of the Perseus Books Group, Millie Werber and Eve Keller, 2012）中，两位作者之一描述道："有一次，我们被转移到（奥斯维辛）集中营的另一个区域。……在我们的新营房里，我们看到房间中央放着一个装满煮土豆的桶。女人们都很兴奋，吃的！一个意想不到的天赐之物……所有人都跑到桶边，伸手去抓土豆。但是，刚咬了一口，所有人就把它吐了出来，咳嗽着，咬牙切齿。土豆有问题：要么是烂了，要么就是被下毒了。"这两种说法都没有提及在囚犯医务室里分发的有毒土豆，但它们提供了足够的平行案例，因此我们允许西吉的说法成立。

16 普里莫·莱维（Primo Levi）写道："在奥斯维辛，口渴甚至比饥饿更让人虚弱，那里的水被污染，以至于党卫军的工作人员被指示禁止饮用它，但这一警告并不适用于囚犯。"（普里莫·莱维. 被淹死和被拯救的人 [M]. 纽约：峰会书局，1988：79）

17 到1944年8月，奥斯维辛一号主营地关押了大约17000名囚犯（大约有10000名犹太人，4000名波兰人，以及3000名其他族裔的囚犯）。这里是党卫军驻军管理部门、当地驻军指挥官和奥斯维辛一号营指挥官办公室的所在地。奥斯维辛一号还包括政治部和囚犯劳动部的办公室、主要的供应仓库、车间和党卫军的公司。在这些行政、经济单位和公司的工作，是这座集中营里的囚犯们的主要劳动任务。

18 关于西格伯特不可能知道哪辆卡车是更好的选择，兰格评论说："（集中营的）受害者陷入了我们可以称之为'别无选择的选择'的危机，在这种情况下，关键的决定并不反映为生与死之间的选择，而是一种'异常'反应和另一种'异常'之间的选择，两者都是由受害者自己选择的情况强加的"。参见劳伦斯·兰格：《死亡集中营中的选择困境》（Lawrence Langer, "The Dilemma of Choice in the Death Camps," Centerpoint: The Holocaust 4, no. 1, [Fall 1980]: 54）。

19 衣服不经常洗，但党卫军很惧怕斑疹伤寒，故定期要求对衣服进行消毒。

20 分营的囚犯并不是那么与世隔绝，他们经常在工作场所与平民接触。

21 1939年，卡杜克自愿加入武装党卫军，1940年春，他被调到奥斯维辛集中营，成为一个点名组长（Rapportfuehrer）。在1963年至1965年于法兰克福举行的奥斯维辛战争审判中，前奥斯维辛受害者米尔顿·布基做证言，他目睹了卡杜克使用凶恶的警犬强迫囚犯进入毒气室。"起初看到这种景象让人很难受，"布基说，"但后来我就习惯了。"布基还做证说,他看到卡杜克杀了一个十岁的男孩,因为他在哭。"卡杜克拉着他的手,让他平静下来,把他带到一条沟里,然后开枪打死了他。"一名看守同事称,卡杜克嗜酒如命,对他来说"杜松子酒就是一切"。卡杜克本人做证说,每天上午 10 点,他就"已经喝醉了"。(赫尔曼·朗拜因. 奥斯维辛的人们 [M]. 教堂山,北卡罗来纳州:北卡罗来纳大学出版社, 2004: 392)

22 据估算,1928 年德国有 120 万男性是同性恋。1933 年至 1945 年期间,估计有 10 万人被捕,其中大约 5 万人被官方正式定性为同性恋者,并被判刑。这些人中的大多数都被关在普通监狱里,大约 5000 至 1.5 万人被关进了集中营。这些人里有多少在集中营死去,可能永远也不会有人知道。到目前为止,关于他们的历史研究非常有限。著名学者鲁迪格·劳特曼(Ruediger Lautmann)认为,集中营里的同性恋犯人的死亡率可能高达 60%。参见:www.ushmm.org/learn/ students/learning-materials-and-resources/homosexuals-victims-of- the-nazi-era/persecution-of-homosexuals, accessed October 4, 2019

23 20 世纪 90 年代,一位奥斯维辛集中营的女幸存者描述说,为了多领一份配给物,她将自己五岁孩子的尸体藏在铺位的稻草下长达五周。"我们不得不跟动物一样行事,"她在接受采访时说,"没有别的办法。"[迈拉 -L(Myra L.)的证词,福图诺夫视频档案,耶鲁大学,证词 mssa.hvt.0299,1984 年 11 月 5 日录制]

24 并非所有囚犯都能像西吉一样谈论食物,并"感觉自己真的吃了什么"。马丁 -S.(Martin S.)被关在布痕瓦尔德集中营时年仅十二岁,他描述说:"我记得那种饥饿感。那种揪心的、扭曲的痛苦每天都伴随着你。你能想到的一切就是找点吃的。你永远填不饱肚子。它是你脑海中唯一的东西。你可能会梦见一顿大餐。你会整日做梦,梦想着自己能度过哪怕一天不这么难熬的日子。那是一种无以名状的感觉。"(耶鲁大学福图诺夫大屠杀证词录像档案馆,证词 mssa.hvt0330,1984 年 10 月 11 日录制)

25 已故的大屠杀学者特伦斯·德·普雷斯(Terrence des Pres)根据幸存者的回忆,描述了在奥斯维辛偷面包的后果。"饥饿不停地折磨着我们所有人,把人变成了不负责任的野兽。甚至那些以前被认为是正直的人,也从他们的伙伴那里偷面包,这些面包是许多人从晚上的口粮中省下的,准备第二天吃……我们知道,这些盗贼并没有意识到他们所犯下的罪行,因为饥饿已经把他们逼得几乎失去了理智。但我们也知道,这些面包是我们的救命稻草,有了它我们就可以多撑一阵,直到那梦寐以求的自由时刻到来。当我们抓住一个偷面包的人时,我们狠狠地惩罚了他,让他这辈子都不敢再偷了。"参见《幸存者:死亡集中营生活剖析》。(*The Survivor: An Anatomy of Life in the Death Camps*, [New York: Oxford University Press, 1976], 140-41)

26 到 1944 年 5 月，奥斯维辛集中营和从匈牙利通往奥斯维辛的铁路线都处在了盟军轰炸机的打击范围之内。同月，拉比迈克尔·魏斯曼德尔（Michael Weissmandel）和斯洛伐克犹太地下组织的领导人吉西·弗莱施曼（Gisi Fleischmann）从斯洛伐克偷运出一封信，信中描述了纳粹的驱逐行动和被驱逐者的命运，并恳请外部世界"轰炸奥斯维辛的死亡大厅"。其他一些人，如奥古达斯以色列世界组织（Agudath Israel World Organization，一个国际性的极端正统犹太教组织）纽约办事处的雅各布·罗森海姆（Jacob Rosenheim）也发出了呼吁。当他们的呼吁传达到美国战时难民委员会时，该委员会向战争部助理部长约翰·J. 麦克洛伊建议，战争部应指示战区指挥官尽一切可能支持救援工作。麦克洛伊在他们的来函上草草回复道："战争还在进行的时候，我对让军队卷入这件事非常谨慎。"战争部随后拒绝了所有轰炸奥斯维辛和通往该地的铁路线的建议，声称这些建议"不切实际"，因为它们需要"转移大量空中支援，而这些支援对我们对我们的军队的胜利至关重要，他们正在其他地方执行决定性的任务"，而这在后来被证明是错误的。关于盟军未能摧毁奥斯维辛的详细解释，见迈克尔·鲍姆，易色列·古特曼编. 奥斯维辛死亡集中营剖析 [M]. 布卢明顿，印第安纳州：印第安纳大学出版社，1994：567-87.

27 迈克尔·鲍姆，易色列·古特曼编. 奥斯维辛死亡集中营剖析 [M]. 布卢明顿，印第安纳州：印第安纳大学出版社，1994：32.

28 根据美国大屠杀纪念馆的百科全书，1944 年 1 月，在林茨以东 62 英里（约合 100 公里）的下奥地利城市梅尔克，在废弃的国防军弗赖赫尔 - 冯 - 比拉戈军营建立了一个毛特豪森分营。总共有来自至少 26 个国家的 14390 名囚犯被关押在梅尔克。梅尔克的囚犯中约有 30% 是犹太人。

参见：https://encyclopedia.ushmm.org/content/en/article/melk-1, accessed March 22, 2020

29 根据毛特豪森纪念组织的档案，"威尔齐格先生于 1945 年 1 月 25 日被关进毛特豪森集中营（Sign. AMM/Y36b），在从奥斯维辛集中营撤离后，他被驱逐到那里。根据我们收集到的文件，威尔齐格先生被转移到了 'WS'（维也纳索维尔瓦肯分营的缩写）。维也纳索维尔瓦肯分营于 1945 年 4 月 2 日关闭，其囚犯被疏散到斯太尔 - 慕尼黑分营，并从那里转移到谷森分营，最终于 5 月 5 日获得解放。"（资料由雪莉·威尔齐格的儿子杰西根据他在毛特豪森纪念地的研究提供）

30 西吉始终牢记并尊敬解放他的军队。他支持的纪念项目之一是设立一座名为"解放"的 15 英尺（约合 4.6 米）高的铜像，以纪念帮助解放纳粹集中营的美国士兵。这座雕像描绘了一名士兵架着一名死亡集中营的受害者走向自由，由著名的波兰雕塑家内森·拉波波特创作，于 1985 年 5 月 30 日在新泽西的自由州立公园落成。

31 战后，美国、英国、法国和苏联分别占领了德国的一部分，每个占领国都以不同的方式对其占领区进行了"去纳粹化"行动。1946年10月，盟军开始将前纳粹分子分为五类：主要罪犯（Major Offenders）、罪犯（Offenders）、罪责较轻者（Lesser Offenders）、追随者（Followers）和免除罪责者（Persons Exonerated），并打算对前四类进行惩罚。纳粹被要求填写一份调查问卷，对自己进行分类，而大多数真正的主要罪犯在自己的所作所为问题上撒了谎，根本没有受到惩罚。参见：www.yadvashem.org/odot_pdf/Microsoft%20Word%20-%206265.pdf

32 在相当长的一段时间里，美国、加拿大和西方其他国家的大门仍然对难民关闭，尽管他们在人道主义和政治方面做出了努力。1948年之前，只有12000名犹太难民成功移民到美国，以色列成为许多流离失所的犹太人首选目的地。

参见：www.yadvashem.org/articles/general/liberation-and-the-return-to-life.html

33 从1944年9月至1946年9月，《建设周刊》刊发了所有身在欧洲的大屠杀幸存者的名单。

34 当时，"忧郁症"（melancholy）被视为一种独立的疾病。现在，美国精神病学协会不再承认它是一种独立的精神疾病，而是将忧郁症归为重度抑郁症的一个亚型。

35 德系犹太人（Ashkenazi Jews）是犹太教的一分子，他们的祖先居住在莱茵河谷及邻近的法国，在11至13世纪的十字军东征后向东迁移至波兰、立陶宛和俄罗斯。德系犹太人有以已故亲属的名字给孩子取名的习俗。

36 伦纳德·丁纳施泰因. 美国的反犹主义[M]. 纽约：牛津大学出版社，1995：162.

37 伦纳德·丁纳施泰因. 美国的反犹主义[M]. 纽约：牛津大学出版社，1995：163.

38 伦纳德·丁纳施泰因. 美国的反犹主义[M]. 纽约：牛津大学出版社，1995：155.

39 斯蒂芬·L. 斯拉文，玛丽·A. 普拉特. 企业反犹主义：一种自我延续的模式[J]. 犹太潮流，1978（2）：29.

40 1965年，第二次梵蒂冈大公会议发布了《我们的时代》（Nostra Aetate，也被称为《教会对非基督宗教态度宣言》），这是天主教会历史上最激进的文件之一。《我们的时代》否定了反犹主义和长期以来的宣传，即犹太人对耶稣基督的受难负有集体责任。几个世纪以来，"基督杀手"的指控一直是教会的普遍教义，也是对犹太人施暴的主要煽动因素，在大屠杀中达到顶点。

41 伯纳德·劳·蒙哥马利元帅（1887—1976），绰号"蒙蒂"（Monty）和"斯巴达将军"，是英国陆军高级军官，两次世界大战都有参加。

42 威廉·赖特. 宾夕法尼亚的产油区[M]. 查尔斯顿，南卡罗来纳州：BiblioBazaar出版公司，2008：57.

43 达伦·多丘克.被石油祝福,被原油诅咒:美国西南部的上帝和黑金[J].美国历史杂志, 99, no. 1(2012):56.

44 穆迪的《1981年手册》讲述了这段复杂的历史,不过仍有一些问题没有得到解答。根据《1981年手册》,得克萨斯威尔希尔石油公司于1951年在特拉华州成立。1960年,威尔希尔与塔尔萨的里夫石油公司合并。1962年10月,威尔希尔公司成为布里塔石油有限公司的子公司。这种说法与威尔希尔时任总裁罗伯特·L.里德在1964年1月发表的一份声明有所冲突,该声明支持一项公司重组计划。根据里德的声明,威尔希尔在1962年8月1日以本公司的普通股,换取了"布里塔的几乎所有资产"。(资料来自西吉·B.威尔齐格档案)

45 泰隆·埃德蒙·鲍华(Tyrone Edmund Power Jr.)(1914—1958),美国电影和舞台剧演员。从20世纪30年代到50年代,鲍华出演了几十部电影,通常是扮演传奇游侠或浪漫主角。他的代表作有《佐罗的面具》(The Mark of Zorro)、《碧血黄沙》(Blood and Sand)、《黑天鹅》(The Black Swan)、《狐狸王子》(Prince of Foxes)、《控方证人》(Wit-ness for the Prosecution)《黑玫瑰》(The Black Rose)和《长胜将军》(Captain from Castile)。

46 罗杰·D.弗里德曼.从奥斯维辛到汉普顿的城堡:威尔齐格的故事[DB/CD]. https://observer.com/1999/02/from-auschwitz-to-a-castle-in-the-hamptons-the-wilzig-story/,1999-02-01.

47 美国证券交易委员会条例规定,当一个人或一群人获得根据1934年《证券交易法》第12条注册的公司股权证券的投票类别的5%以上的实际所有权时,他们必须向美国证券交易委员会提交附表13-D。

48 "在致命车床上塑造的传动装置"(A Drive Shaped on a Deadly Lathe),《先驱新闻》,1971年1月19日。

49 《纽约邮报》,1974年11月14日,引自斯蒂芬·L.斯拉文,玛丽·A.普拉特.企业反犹主义:一种自我延续的模式[J].犹太潮流,1978(2):30.

50 伦纳德·丁纳施泰因.美国的反犹主义[M].纽约:牛津大学出版社,1995:238.

51 正如《纽约观察家》1999年1月所报道的那样。

52 为了量化这一合并报告程序的价值,在截至1983年2月的二十六个月里,TCNJ向威尔希尔输送的税款达到9389000美元。威尔希尔与TCNJ产生联系的其他好处还包括,他们可以根据合并后的财务报表筹集资金。在1982年之前的银行业"寒冬"期,TCNJ已经失去了筹集资金的能力,除了通过威尔希尔,后者通过投资3万股TCNJ的优先股,为银行增加了300万美元的资本。(参见威尔希尔高级副总裁兼财务主

管威廉·戈德堡写给律师、投资顾问伯顿·阿伦斯的信，日期为1985年12月23日，西吉·B.威尔齐格档案）

53 见1969年7月25日得克萨斯威尔希尔石油公司章程附录B，附件C-附属银行（西吉·B.威尔齐格档案）。

54 《电子买家新闻》，第029期，1972年10月16日。

55 纳斯达克（NASDAQ）最初是全美证券交易商协会自动报价的首字母缩写。它由全美证券交易商协会（NASD）于1971年创立，该协会在2000年和2001年的一系列出售中剥离了纳斯达克。

56 纽约观察家在线，作者罗杰·D.弗里德曼，1999年2月10日。

57 "这家银行没有忘记'小人物'，"《新泽西商业》杂志这样描述道，"它的客户群包括40%拥有支票、储蓄账户和抵押贷款的个人，40%的小企业和20%的大中型公司。虽然该银行经常处理2000万美元的企业贷款，但它并没有抛弃那些被威尔齐格称为'劳动人民'的人。'在我领导这家银行的二十多年里，我们只有二十起住宅止赎案，这并非偶然。我们解决了这个问题，'他说，'在商业抵押贷款方面，我们很强硬。但我们与（房主）一起解决问题，而且从未因此而受到损失。'"（引自James T. Prior, New Jersey Business 38, no. 4 [April 1992]: 18）

58 在希基·威尔齐格致敬会上为以色列的经济筹集了255万美元[N].犹太标准报，1975-07-04.

59 阿尔文·S.费尔岑贝格.州长汤姆·基恩：从新泽西州议会到9·11委员会[M].皮斯卡塔韦，新泽西州：罗格斯大学出版社，2006，第一章.

60 就有关欧洲犹太人遭到毁灭的公开信息而言，1942年年初，伦敦的《犹太编年史和犹太复国主义评论》（*Jewish Chronicle and Zionist Review*）就刊登了相关报道。1942年3月1日，《纽约时报》刊登了一篇文章，援引犹太社区代表亨利·肖斯克（Henry Shoske）博士的话说，根据可靠的信息，"五六年后，波兰将不再有犹太人"。（耶胡达·鲍尔.历史视角下的大屠杀[M].西雅图：华盛顿大学出版社，1978：20）

61 《战争中的世界》是一部英国电视系列纪录片，记录了第二次世界大战中的事件。在1973年完成时，它是有史以来最昂贵的系列片。该片共26集，由杰里米·艾萨克斯制作，劳伦斯·奥利弗担任旁白。1975年，这部剧在美国公共广播公司（PBS）各电视台联合播出，就在西吉在西点军校演讲前不久。

62 詹姆斯·费隆.西点军校的学生从一个幸存者口中听到了大屠杀[N].纽约时报，1975-12-14.

63 犹太人的选票在许多重大选举中发挥了决定性的作用，包括肯尼迪总统的选举。"如果犹太人的选票分裂，"一位历史学家写道，"尼克松就会当选。"参见阿瑟·赫茨伯格，《犹太辩论学》（Arthur Hertzberg, *Jewish Polemics* [New York: Columbia University Press, 1992], 113）

64 "州长的任命得到确认"，《先驱新闻》特伦顿分社，1976 年 2 月 4 日。

65 到 1970 年 4 月，威尔希尔拥有塞拉斯公司 7.03% 的流通普通股。（见 1969 年 7 月 25 日得克萨斯威尔希尔石油公司章程附录 B，附件 F- 子公司以外的非银行公司。来自西吉·B. 威尔齐格档案）

66 买入价和卖出价是股票市场术语，代表股票的供给和需求。买入价代表投资者愿意为股票支付的最高价格。卖出价代表一个股东愿意放弃股票的最低价格。上市收盘价是在交易所营业时间内人们为该股票支付的最后价格。

67 詹姆斯·T. 普赖尔，《新泽西商业》第 38 期（1992 年 4 月），第 18 页。

68 "祖父条款"（grandfather clause）是指旧规则继续适用于一些现有情况，而新规则将适用于所有未来的情况。那些被豁免于新规则的人被称为拥有"祖父权利"或"已获得的权利"。

69 早在 1972 年，美联储就对 TCNJ 的立场提出了异议。"（美联储）董事会宣布其决定，威尔希尔无权享有《银行控股公司法》规定的'祖父权利'，因为根据董事会的判断，威尔希尔在 1968 年 6 月 30 日并没有对信托公司施加'控制性影响'"（1972 年 7 月 27 日美联储的新闻稿，西吉·B. 威尔齐格档案）。在其董事会的命令中，美联储认为"似乎在 1968 年 6 月 30 日，威尔希尔确实能够通过其持有的股份、在董事会的代表，以及主要通过其总裁的存在，对该银行施加一些影响……然而，在美联储看来，这种'影响'并不等同于对信托公司的'控制性影响'……这些结论建立在对威尔希尔公司与信托公司在 1968 年 6 月 30 日的关系特征的一些观察之上，包括以下内容……威尔希尔仅拥有信托公司 8% 的流通有表决权股份……如果没有其他因素的存在，似乎不足以确立'控制性影响'……从威尔希尔与信托公司的第一次接触，到其所谓的建立'控制性影响'之间的时间间隔只有短短的 8 个月，且只有两名威尔希尔的代表在 1968 年 6 月 30 日之前两个月成为'内部人士'（16 名信托公司董事中的两名），这都表明威尔希尔和信托公司之间没有形成牢固的历史联系"。基于这些和其他调查结果，"美联储无法得出结论，威尔希尔在 1968 年 6 月 30 日行使或拥有对信托公司的管理或决策有控制性影响的权力。因此，美联储确定威尔希尔不是《银行控股公司法》第 2（b）条意义上的'1970 年涵盖的公司'"（美联储"根据《银行控股公司法》对得克萨斯威尔希尔石油公司地位的决定"，10—13 页，1972 年 7 月 27 日生效）。

70 本·韦伯曼，罗伯特·麦高.失败的战役，胜利的战争[J].福布斯，1983-01-31.
71 最终，最高法院拒绝复审此案。
72 代理银行是指被授权从另一家银行接受存款、代表其付款或为其办理其他金融业务的银行。
73 休伯特·P.贾尼基，爱德华·辛普森·普雷斯科特.美国银行规模分布的变化：1960—2005年[J].里士满联邦储备银行经济季刊，第92卷，第4册（2006年秋季）：291.
74 玛莎·里昂.珠宝商盛会上的闪亮之夜：西吉的回忆[N].犹太前进报，2003-01-24.
75 伊莱·菲弗科恩.饮水机旁的穆塞尔曼[M].波士顿，马萨诸塞州：学术研究出版社，2011：25.
76 埃利·威塞尔.海永不满[M].纽约：阿尔弗雷德·A.克诺夫出版公司，1999：10.
77 埃利·威塞尔.海永不满[M].纽约：阿尔弗雷德·A.克诺夫出版公司，1999：221.
78 玛丽·富尔布鲁克.德国历史1918—2014：分裂的国家[M].奇切斯特，西萨塞克斯郡：威利·布莱克威尔出版公司，2015：235.
79 康拉德·阿登纳（Konrad Adenauer）（1876—1967），德国政治家，1949年至1963年担任德意志联邦共和国首任总理。
80 第一场白宫大屠杀纪念日于1981年4月30日举行。
81 "在他的内心深处，"记者埃里克·特雷格在宾夕法尼亚大学攻读政治学博士学位时写道，"罗纳德·里根对美国犹太人是真心友好的。"他援引反诽谤联盟（1913年在芝加哥成立，旨在打击反犹主义和其他形式的偏见和歧视）全美主任亚伯拉罕·福克斯曼的话说："我认为这是一段插曲，一段悲伤的插曲。犹太社区对里根的态度是，他是一个朋友，当然也是以色列的朋友……（比特堡之行）并没有给他带来很大的污点。"（Forward.com，2007年10月12日）
82 直到20世纪80年代，欧文一直被学术界认为是一位正派的历史学家，他写了几本广受好评的书，包括《德累斯顿的毁灭》（1963）和《希特勒的战争》（1977）。1988年，当他开始支持否认大屠杀的观点时，他被边缘化了。1996年，在一起针对美国历史学家黛博拉·利普斯塔特和她的英国出版商企鹅图书的诽谤案中，他剩下的信誉丧失殆尽，被告方证明欧文故意歪曲历史证据以否认大屠杀。欧文不仅输掉了官司，而且根据审判中提出的证据，他的一些以前没有受到认真审查的作品现在也都被质疑了。（戴维·欧文.希特勒的战争[M].纽约：维京出版社，1977）
83 "起初他们来抓……"是马丁·尼莫拉牧师（1892—1984）对德国知识分子的懦弱的描绘，在纳粹上台、并对他们选定的目标进行了一轮又一轮的清洗之后，知识分子已经噤口不言了。对于这段引文的确切措辞以及它的创作时间，人们存在一些分歧。根据历史学家哈罗德·马尔库塞的说法，"1945 年 11 月，尼莫拉到访了原达豪集中营，他在 1941 年至 1945 年 4 月期间曾被关押在那里。他的日记记录了那次访问和随后的一些演讲，暗示那次访问引发了思考，从而创作出了这首著名的诗。参见 www.history.ucsb.edu/faculty/marcuse/niem.htm

84 财务流动性指的是企业的资产容易地转化为现金的程度。当其他新泽西州的银行家们一头扎进房地产企业和有问题的贷款与投资时，TCNJ 避开了垃圾债券、外国贷款、合资企业、杠杆收购、长期债券和固定利率长期抵押贷款。因此，该行通过投资短期美国国债，度过了房地产崩盘和该地区的经济低迷时期。短期美国国债是一种几乎没有风险的产品，它给银行带来了利润，也使 TCNJ 具有极强的流动性。

85 詹姆斯·T. 普赖尔，《新泽西商业》第 38 期（1992 年 4 月），第 18 页。一家银行的健康状况是由其资本来衡量的。1992 年，根据联邦指导方针，商业银行必须将一级风险资本比率维持在 4% 以上。1991 年，TCNJ 的该比率为 11.97%。

86 梅尔文·布基特. 没有什么能让你自由 [M]. 纽约：W. W. 诺顿出版公司，2002：13-14.

87 海伦·爱泼斯坦. 大屠杀的孩子们：与幸存者的儿女的对话 [M]. 纽约：帕特南之子出版公司，1979.

88 雅各布斯工程公司的股票斗争仍在继续：前董事敦促创始人出售股票 [N]. 明星新闻商业，1992-07-23.

89 停止与终止命令，FDIC-94-129b，1994 年 10 月 12 日（西吉·B. 威尔齐格档案）.

90 信托公司的收益增长 25%：增加银行收购的变动 [J]. 《记录》商业版，1997-10-22.

91 格伦·柯林斯. 杰基·梅森，压轴的大明星 [N]. 纽约时报，1988-07-24.

92 引用自罗杰·D. 弗里德曼. 从奥斯维辛到汉普顿的城堡：威尔齐格的故事 [DB/CD]. https://observer.com/1999/02/from-auschwitz-to-a-castle-in-the-hamptons-the-wilzig-story/,1999-02-01.

93 纽约证券交易所根据股票交易量、所有股票的总价值和每股价格来判断一家公司的会员资格。威尔希公司的资产已经缩水到不再符合纽约证券交易所的要求，因此转移到了美国证券交易所。

94 1949 年，博德录音中的部分文字记录以《我没有采访死者》为题出版。关于博德的更多事迹，可见艾伦·罗森所撰写的传记《他们声音的奇迹：戴维·博德的 1946 年大屠杀访谈录》。（艾伦·罗森. 他们声音的奇迹：戴维·博德的 1946 年大屠杀访谈录 [M]. 纽约：牛津大学出版社，2010）

95 肯尼斯·D.琼斯，蒂姆·克里奇菲尔德.美国银行业的整合："漫长而奇怪的旅程"即将结束吗？[J].联邦存款保险公司银行评论，第 17 期，第 4 卷（2005）
96 "信托公司对收购提议持开放态度"，《国家公报》，1993 年 4 月 26 日。
97 市场通常认为买家出价过高，因为通常有"不可告人的秘密"，直到交易完成后才被发现。这在 21 世纪初的银行合并热中尤其如此。在 NFBC 与 TCNJ 合并的案例中，市场反应异常热情。由于这笔交易是以"以股换股"的方式进行，而不是以固定的美元价值，TCNJ 和 NFBC 的股价都出现了上涨，这使得它可以说是本年度的最佳银行合并，艾伦·威尔齐格回忆说，他在《银行并购月刊》上看到了这一赞誉。

Published by arrangement with Insight Editions, LP, 800 A Street, San Rafael, CA 94901, USA.
www.insighteditions.com
No Part of this book may be reproduced in any form without written permission from the publisher.
Copyright © 2020 by Ivan Wilzig.
Text copyright © 2020 Joshua M. Greene
Foreword copyright © 2020 Deborah E. Lipstadt, Ph.D.
The simplified Chinese translation copyright © 2022 by China Translation and Publishing House
All rights reserved.

著作权合同登记号：图字 01-2021-7479

图书在版编目 (CIP) 数据

逆袭人生：从奥斯维辛到华尔街 /（美）约书亚·M. 格林著；袁野译 . -- 北京：中译出版社，2022.4
书名原文：Unstoppable: Siggi B. Wilzig's Astonishing Journey from Auschwitz Survivor and Penniless Immigrant to Wall Street Legend
ISBN 978-7-5001-7021-1

Ⅰ.①逆… Ⅱ.①约…②袁… Ⅲ.①西吉·威尔齐格－传记 Ⅳ.① K837.125.38

中国版本图书馆 CIP 数据核字 (2021) 第 261121 号

出版发行：	中译出版社
地　　址：	北京市西城区新街口外大街 28 号普天德胜大厦主楼 4 层
电　　话：	(010)68359376，68359827（发行部）68002926（编辑部）
传　　真：	(010)68357870
邮　　编：	100044
电子邮箱：	book@ctph.com.cn
网　　址：	http://www.ctph.com.cn

责任编辑：	温晓芳
助理编辑：	陈逸轩　吴中杰
封面设计：	东合社 - 安宁
内文排版：	澄怀文化

印　　刷：	北京中科印刷有限公司
经　　销：	新华书店
规　　格：	710 毫米 ×1000 毫米　1/16
印　　张：	21.25
字　　数：	197 千字
版　　次：	2022 年 6 月第一版
印　　次：	2022 年 6 月第一次

ISBN 978-7-5001-7021-1　　定价：89.00 元

版权所有　侵权必究
中 译 出 版 社